# Paris
## Atlas

1/10 000 - 1cm : 100m

**Répertoire des rues
Sens uniques · Transports
Renseignements pratiques**

Utilisez les avantages
du pliage accordéon :
développez
les plis successifs du plan
pour augmenter votre surface de lecture.

*Les Services de Tourisme du Pneu Michelin vous présentent leur plan « Paris-Atlas », ouvrage spécialement destiné à faciliter la pratique journalière de Paris.*

*Cet ouvrage, périodiquement révisé, tient compte de la situation au moment de sa rédaction. Mais certains renseignements perdent de leur actualité en raison de l'évolution incessante de l'activité dans la capitale. Nos lecteurs sauront le comprendre.*

# LA CLÉ DU GUIDE

## KEY TO THE GUIDE

## ÜBERSICHT

## LA CLAVE DE LA GUÍA

# Les rues de Paris

**Streets of Paris**
**Straβen von Paris**
**Calles de París**

## Index alphabétique des rues de Paris

Les deux premières colonnes renvoient à la page et au carroyage qui permettent de localiser la rue sur le plan *(découpage cartographique, p. ▯)*. Dans certains cas, les lettres *N* (Nord) ou *S* (Sud) apportent une précision supplémentaire.

Les colonnes suivantes, sur fond bleu, indiquent le nom de la rue, ainsi que le ou les arrondissements dont elle dépend.

*L'Association Valentin Haüy, 5 rue Duroc 75007 Paris, diffuse (prix 75 F) la liste alphabétique des rues de Paris, transcrite en écriture braille.*

## Index to the streets of Paris

The first two columns giving the page of plan and square reference, enable you to locate a street on the map *(key map p. ▯)*. In some cases the square references may be followed by the letters *N* (North) or *S* (South) indicating the position of the street more closely.

The following columns, on a blue background, give the street's name and its arrondissement, or two if it overlaps into a second.

## Alphabetisches Straβenverzeichnis

Die beiden ersten Spalten enthalten die Angabe der Seite sowie die der Koordinaten des Planquadrates und erlauben Ihnen, die Straβe auf dem Plan zu finden *(Seiteneinteilung s. S. ▯)*. Manchmal wurde ein *N* (Norden) oder *S* (Süden) hinzugefügt, wodurch die Lage noch genauer bestimmt ist.

In den folgenden Spalten auf blauem Grund sind der Name der Straβe und die Nummer des bzw. der entsprechenden Arrondissements angegeben.

## Índice alfabético de las calles de París

Las dos primeras columnas le remiten a la página del plano y a las coordenadas de la cuadrícula que permiten localizar con exactitud la calle en el plano *(división cartográfica pág. ▯)*. En algunos casos las letras *N* (Norte) o *S* (Sur) proporcionan una precisión complementaria.

Las columnas siguientes, en fondo azul, indican el nombre exacto de la calle, así como el o los distritos de que depende.

7

**8**

## b

11

| Plan n° | Repère | Nom | Arrond. | | Plan n° | Repère | Nom | Arrond. |
|---|---|---|---|---|---|---|---|---|
| 57 | R17 N | Bourgoin imp. | 13 | | 21 | E18 N | Brie pass. de la | 19 |
| 57 | R17 N | Bourgoin pass. | 13 | | 47 | L22 | Briens sentier | 12 |
| 56 | R16 | Bourgon r. | 13 | | 28 | G8 S | Brignole r. | 16 |
| 32 | J16 | Bourg-Tibourg r. du | 4 | | 56-55 | R15-R14 | Brillat-Savarin r. | 13 |
| 18 | D11 S | Boursault imp. | 17 | | 19 | D14 | Briquet pass. | 18 |
| 6-18 | D11 | Boursault r. | 17 | | 19 | D14 | Briquet r. | 18 |
| 19 | G14 N | Bourse pl. de la | 2 | | 53 | P9 S | Briqueterie r. de la | 14 |
| 19 | G14-G13 | Bourse r. de la | 2 | | 32 | H15 | Brisemiche r. | 4 |
| 41-40 | M9-M8 | Bourseul r. | 15 | | 45 | K17 S | Brissac r. de | 4 |
| 55 | R14-P14 | Boussingault r. | 13 | | 23 | F21-G21 | Brizeux sq. | 20 |
| 32 | K15 N | Boutarel r. | 4 | | 44-43 | M15-N14 | Broca r. nos 1-49, 2-52 | 5 |
| 31 | K14 | Boutebrie r. | 5 | | | | nos 51-fin, 54-fin | 13 |
| 55 | P14 | Boutin r. | 13 | | 5-6 | C10-C11 | Brochant r. | 17 |
| 20-21 | E16-E17 | Boutron imp. | 10 | | 19 | G14 N | Brongniart r. | 2 |
| 57 | R18 | Boutroux av. | 13 | | 32 | J15 | de Brosse r. | 4 |
| 43 | K14 S | Bouvart imp. | 5 | | 7 | C13 | Brouillards allée des | 18 |
| 34 | K20 N | Bouvier imp. | 11 | | 55 | P13 | Broussais r. | 14 |
| 35-47 | K21 | Bouvines av. de | 11 | | 41 | M10 N | Brown-Séquard r. | 15 |
| 35-47 | K21 | Bouvines r. de | 11 | | 45 | N17 N | Bruant r. | 13 |
| 35-22 | G21-G20 | Boyer r. | 20 | | 55 | P13 | Bruller r. | 14 |
| 42-54 | N11 S | Boyer-Barret r. | 14 | | 34-46 | K19 | Brulon pass. | 12 |
| 21 | E17 | Boy-Zelenski r. | 10 | | 53-54 | P9-R12 | Brune bd | 14 |
| 20 | F16-F15 | Brady pass. | 10 | | 54 | P11 S | Brune villa | 14 |
| 52 | P8 | Brancion porte | 15 | | 16 | E7 | Brunel r. | 17 |
| 41-52 | N9-P8 | Brancion r. | 15 | | 58 | R20-R19 | Bruneseau r. | 13 |
| 52 | P8 | Brancion sq. | 15 | | 23 | D21 | Brunet porte | 19 |
| 28 | H8-J7 | Branly quai nos 1-71 | 7 | | 4 | C8 | Brunetière av. | 17 |
| | | nos 73-fin | 15 | | 45-46 | L18-L19 | Brunoy pass. | 12 |
| 32 | H15 | Brantôme pass. | 3 | | 18 | D12 | Bruxelles r. de | 9 |
| 32 | H15 | Brantôme r. | 3 | | 18 | E12 N | Bucarest r. de | 8 |
| 32 | H16 S | Braque r. de | 3 | | 32-31 | K15-K14 | Bûcherie r. de la | 5 |
| 27 | K6 | Brazzaville pl. de | 15 | | 31 | J13 S | de Buci carr. | 6 |
| 42 | L12 S | Bréa r. | 6 | | 31 | J13 S | de Buci r. | 6 |
| 47 | N21-M21 | Brèche-aux-Loups r. | 12 | | 18 | E12 | Budapest pl. de | 9 |
| 33 | J18 | Bréguet r. | 11 | | 18 | E12 S | Budapest r. de | 9 |
| 17 | D9 | Brémontier r. | 17 | | 32 | K16 | Budé r. | 4 |
| 17 | D9 | Brésil pl. du | 17 | | 28 | J7 | Buenos Aires r. de | 7 |
| 38 | M3 S | Bresse sq. de la | 16 | | 19 | F14-E14 | Buffault r. | 9 |
| 33-32 | H17-G16 | Bretagne r. de | 3 | | 45-44 | L17-M16 | Buffon r. | 5 |
| 29-41 | K10-L10 | Breteuil av. de | | | 15 | G6-F5 | Bugeaud av. | 16 |
| | | nos 1-69, 2-76 | 7 | | 38 | L4 N | Buis r. du | 6 |
| | | nos 71-fin, 78-fin | 15 | | 21 | F18 | Buisson-St-Louis pass. | 10 |
| 41 | L10 N | Breteuil pl. de | | | 21 | F18 | Buisson-St-Louis r. du | 10 |
| | | nos 1-11, 2 seulement | 7 | | 33-34 | J18-J19 | Bullourde pass. | 11 |
| | | nos 13-fin, 4-fin | 15 | | 56 | P15 S | Buot r. | 13 |
| 23-35 | G22 | Bretonneau r. | 20 | | 35 | K21 N | Bureau imp. du | 11 |
| 21 | F18 S | Bretons cour des | 10 | | 35 | J21 S | Bureau pass. du | 11 |
| 32 | K16 | Bretonvilliers r. de | 4 | | 21 | F18-E18 | Burnouf r. | 19 |
| 16 | E8 S | Brey r. | 17 | | 7 | D13-C13 | Burq r. | 18 |
| 54 | P12-N12 | Brézin r. | 14 | | 56 | P15 | Butte-aux-Cailles r. | 13 |
| 19 | E14 S | Briare imp. | 9 | | 9 | C17 | Buzelin r. | 18 |
| 6 | D11 N | Bridaine r. | 17 | | 47-35 | K22-J21 | Buzenval r. de | 20 |

## C

| Plan n° | Repère | Nom | Arrond. | | Plan n° | Repère | Nom | Arrond. |
|---|---|---|---|---|---|---|---|---|
| 55 | P14-P13 | Cabanis r. | 14 | | 56 | R16 | Caillaux r. | 13 |
| 55 | R14 S | Cacheux r. | 13 | | 48 | L23-M24 | Cailletet r. | 12 |
| 19 | F14-E14 | Cadet r. | 9 | | 9-21 | D17 | Caillié r. | 18 |
| 40 | N7 | Cadix r. de | 15 | | 20 | G15 N | Caire galerie du | 2 |
| 19 | D14 | Cadran imp. du | 18 | | 20 | G15 | Caire pass. du | 2 |
| 32-33 | H16-H17 | Caffarelli r. | 3 | | 20 | G15 | Caire pl. du | 2 |
| 56 | R15-S15 | Caffieri av. | 13 | | 32 | G15 | Caire r. du | 2 |
| 11 | D21 N | Cahors r. de | 19 | | 18 | D12 S | Calais r. de | 9 |
| 20 | D16 | Cail r. | 10 | | 7 | B13 | Calmels imp. | 18 |
| 33 | J18 S | Caillard imp. | 11 | | 7 | B14-B13 | Calmels r. | 18 |

**14**

**16**

# d

17

| Plan nº | Repère | Nom | Arrondissement |
|---|---|---|---|
| 43 | M13-N13 | Denfert-Rochereau av. | 14 |
| 42-43 | N12-N13 | Denfert-Rochereau pl. | 14 |
| 16 | E7 S | Denis-Poisson r. | 17 |
| 22 | F19 | Dénoyez r. | 20 |
| 29 | J9-J10 | Denys-Cochin pl. | 7 |
| 5 | D10 N | Déodat-de-Séverac r. | 17 |
| 7 | C13 S | Depaquit pass. | 18 |
| 42 | N12 N | Deparcieux r. | 14 |
| 42 | L11-M11 | Départ r. du | |
| | | $n^{os}$ impairs | 14 |
| | | $n^{os}$ pairs | 15 |
| 9-8 | D17-C16 | Département r. du | |
| | | $n^{os}$ 1-19 ter, 2-18 | 19 |
| | | $n^{os}$ 21-fin, 20-fin | 18 |
| 28 | J8-K7 | Desaix r. | 15 |
| 28 | K7 N | Desaix sq. | 15 |
| 21 | G18 N | Desargues r. | 11 |
| 38 | L4 N | Désaugiers r. | 16 |
| 27 | H5 | Desbordes-Valmore r. | 16 |
| 44 | L15 | Descartes r. | 5 |
| 16 | D7 N | Descombes r. | 17 |
| 46 | M20 N | Descos r. | 12 |
| 29 | H9-H10 | Desgenettes r. | 7 |
| 9 | C18 N | Desgrais pass. | 19 |
| 53 | P10 S | Deshayes villa | 14 |
| 20 | F16 | Désir pass. du | 10 |
| 34 | H20-G20 | Désirée r. | 20 |
| 23 | F22 | Désirée villa | 20 |
| 7 | B13 | Désiré-Ruggieri r. | 18 |
| 40-39 | N7-N6 | Desnouettes r. | 15 |
| 39 | N6 | Desnouettes sq. | 15 |
| 38 | L3 | Despréaux av. | 16 |
| 41 | N10 | Desprez r. | 14 |
| 57 | R18-P18 | Dessous-des-Berges r. du | 13 |
| 31 | J13 | Deux-Anges imp. des | 6 |
| 56 | P16 | Deux-Avenues r. des | 13 |
| 31 | H14 S | Deux-Boules r. des | 1 |
| 16 | D7 N | Deux-Cousins imp. des | 17 |
| 31 | H14 N | Deux-Ecus pl. des | 1 |
| 20 | E16 | Deux-Gares r. des | 10 |
| 6 | D12 N | Deux-Nèthes imp. des | 18 |
| 31 | G13 S | Deux-Pavillons pass. des | 1 |
| 32 | K16 | Deux-Ponts r. des | 4 |
| 19 | F14 | Deux-Sœurs pass. des | 9 |
| 23 | F21 | Devéria r. | 20 |
| 23-35 | G22 | Dhuys r. de la | 20 |
| 18 | F12 | Diaghilev pl. | 9 |
| 22 | F19 | Diane-de-Poitiers allée | 19 |
| 7 | C14 N | Diard r. | 18 |
| 45-47 | L17-K21 | Diderot bd | 12 |
| 45 | L18 | Diderot cour | 12 |
| 53 | P10 | Didot porte | 14 |
| 42-53 | N11-P10 | Didot r. | 14 |
| 38 | M3 | Dietz-Monnin villa | 16 |
| 35 | J22 | Dieu pass. | 20 |
| 21 | F17 S | Dieu r. | 10 |
| 57 | R18-R17 | Dieudonné-Costes r. | 13 |
| 56 | R16-R15 | Dieulafoy r. | 13 |
| 46 | N19-N20 | Dijon r. de | 12 |
| 57 | R17 | Disque r. du | 13 |
| 42 | L11 | 18-Juin-1940 pl. du | 6 |
| 15 | D6 | Dixmude bd de | 17 |
| 15 | D6 | Dobropol r. du | 17 |
| 21 | F17 | Dr-Alfred-Fournier pl. | 10 |
| 34-46 | K19 | Dr-Antoine-Béclère pl. | 12 |
| 47 | M22-L22 | Dr-Arnold-Netter av. du | 12 |
| 7-6 | A13-A12 | Dr-Babinski r. du | 18 |
| 26 | J4-K3 | Dr-Blanche r. du | 16 |
| 26 | K4 N | Dr-Blanche sq. du | 16 |
| 56 | S16 | Dr-Bourneville r. du | 13 |
| 28 | J8 | Dr-Brouardel av. du | 7 |
| 57 | N17 S | Dr-Charles-Richet r. | 13 |
| 6 | C11 S | Dr-Félix-Lobligeois pl. | 17 |
| 27-28 | K6-K7 | Dr-Finlay r. du | 15 |
| 27 | K6-J5 | Dr-Germain-Sée r. du | 16 |
| 24 | E23 | Dr-Gley av. du | 19 |
| 47 | M21 | Dr-Goujon r. du | 12 |
| 27 | K5 N | Dr-Hayem pl. du | 16 |
| 6 | C11 | Dr-Heulin r. du | 17 |
| 40 | L8-M8 | Dr-Jacquemaire-Clemenceau r. du | 15 |
| 28 | G8 | Dr-Jacques-Bertillon imp. | 8 |
| 24 | G23 N | Dr-Labbé r. du | 20 |
| 9 | C18 | Dr-Lamaze r. du | 19 |
| 11 | E10-F9 | Dr-Lancereaux r. du | 8 |
| 56 | R15 | Dr-Landouzy r. du | 13 |
| 54 | S12 N | Dr-Lannelongue av. du | 14 |
| 56 | R16 N | Dr-Laurent r. du | 13 |
| 56 | R15 | Dr-Lecène r. du | 13 |
| 56 | R16-R15 | Dr-Leray r. du | 13 |
| 56 | R15-R16 | Dr-Lucas-Championnière r. | 13 |
| 56 | P16 S | Dr-Magnan r. du | 13 |
| 57 | P17 | Dr-Navarre pl. du | 13 |
| 23 | G22 N | Dr-Paquelin r. du | 20 |
| 6 | B11 | Dr-Paul-Brousse r. du | 17 |
| 37 | M2 | Dr-Paul-Michaux pl. du | 16 |
| 23 | E21 S | Dr-Potain r. du | 19 |
| 41 | M10 | Dr-Roux r. du | 15 |
| 36 | J23 | Drs-Déjérine r. des | 20 |
| 56 | R16-R15 | Dr-Tuffier r. du | 13 |
| 57 | N17 S | Dr-Victor-Hutinel r. du | 13 |
| 57 | R18 S | Dr-Yersin pl. du | 13 |
| 38 | N3 N | Dode-de-la-Brunerie av. | 16 |
| 16 | E7 | Doisy pass. | 17 |
| 44 | L15 S | Dolomieu r. | 5 |
| 32-31 | K15-K14 | Domat r. | 5 |
| 40 | N8 | Dombasle imp. | 15 |
| 40 | N8 N | Dombasle pass. | 15 |
| 40 | M8-N8 | Dombasle r. | 15 |
| 16 | F7 S | Dôme r. du | 16 |
| 57 | P18-P17 | Domrémy r. de | 13 |
| 38 | K4 S | Donizetti r. | 16 |
| 4 | C8 | Dordogne sq. de la | 17 |
| 11 | C21 S | Dorées sente des | 19 |
| 47 | L21 N | Dorian av. | 12 |
| 47 | L21 N | Dorian r. | 12 |
| 15 | G6-F6 | Dosne r. | 16 |
| 19-18 | D13-D12 | Douai r. de | 9 |
| 54 | P12 S | Douanier-Rousseau r. du | 14 |
| 5 | B9 | Douaumont bd de | 17 |
| 32 | K15 N | Double pont au | 4-5 |
| 8 | C16-C15 | Doudeauville r. | 18 |
| 30 | J12-K12 | Dragon r. du | 6 |
| 34 | G19 S | Dranem r. | 11 |
| 15 | E6 | Dreux r. de | 16 |
| 7-19 | D14 N | Drevet r. | 18 |
| 46 | K19 S | Driancourt pass. | 12 |
| 19 | F14 | Drouot r. | 9 |
| 34-46 | K19 | Druinot imp. | 12 |
| 20 | F16 | Dubail pass. | 10 |
| 27 | J5 N | Duban r. | 16 |
| 22 | D19 | Dubois pass. | 19 |
| 35 | H22 | Dubourg cité | 20 |
| 46 | M20 | Dubrunfaut r. | 12 |
| 7 | C14-B14 | Duc r. | 18 |
| 57 | N17 S | Duchefdelaville imp. | 13 |
| 57 | N18-N17 | Duchefdelaville r. | 13 |
| 34 | H19 | Dudouy pass. | 11 |

## e

**20**

| Plan n° | Repère | Nom | Arrondissement |
|---|---|---|---|
| 6 | A11 | Floréal r. | 17 |
| 18 | D12 S | Florence r. de | 8 |
| 27-39 | K5 | Florence-Blumenthal r. | 16 |
| 22 | E20 | Florentine cité | 19 |
| 38 | L4 N | Florentine-Estrade cité | 16 |
| 35 | J22-H22 | Florian r. | 20 |
| 53 | N10 S | Florimont imp. | 14 |
| 6 | B12 N | Flourens pass. | 17 |
| 16-15 | F7-F5 | Foch av. | 16 |
| 33 | J17 | Foin r. du | 3 |
| 33-21 | H18-G17 | Folie-Méricourt r. de la | 11 |
| 34 | H20 | Folie-Regnault pass. | 11 |
| 34 | J20-H20 | Folie-Regnault r. de la | 11 |
| 40 | K7-L8 | Fondary r. | 15 |
| 40 | L8 N | Fondary villa | 15 |
| 33 | G18 | Fonderie pass. de la | 11 |
| 46 | M20 S | Fonds-Verts r. des | 12 |
| 19 | E13-D13 | Fontaine r. | 9 |
| 56 | R15 | Fontaine-à-Mulard r. de la | 13 |
| 21-22 | G17-G19 | Fontaine-au-Roi r. de la | 11 |
| 10-11 | D20 | Fontainebleau allée de | 19 |
| 7 | C13 | Fontaine-du-But r. de la | 18 |
| 32 | G16 S | Fontaines-du-Temple r. des | 3 |
| 35 | J22 N | Fontarabie r. de | 20 |
| 22 | E20 N | Fontenay villa de | 19 |
| 29 | K9 | Fontenoy pl. de | 7 |
| 10 | A20 | Forceval r. | 19 |
| 6 | D12 N | Forest r. | 18 |
| 33 | H17 N | Forez r. du | 3 |
| 34 | K19 | Forge-Royale r. de la | 11 |
| 20-32 | G15 | Forges r. des | 2 |
| 5-4 | B9-B8 | Fort-de-Vaux bd du | 17 |
| 17 | F9 | Fortin imp. | 8 |
| 17 | D9 S | Fortuny r. | 17 |
| 31 | H14 | Forum-des-Halles | 1 |
| | | Arc-en-Ciel r. de l' | |
| | | Basse pl. | |
| | | Basse r. | |
| | | Berger porte | |
| | | Bons-Vivants r. des | |
| | | Brève r. | |
| | | Equerre-d'Argent r. de l' | |
| | | Grand-Balcon | |
| | | Lescot porte | |
| | | Orient-Express r. de l' | |
| | | Pirouette r. | |
| | | Poquelin r. | |
| | | Rambuteau porte | |
| | | Réale pass. de la | |
| | | St-Eustache balcon | |
| | | Verrières pass. des | |
| 44 | K16-L15 | Fossés-St-Bernard r. des | 5 |
| 43 | L14 | Fossés-St-Jacques r. des | 5 |
| 44 | M16 | Fossés-St-Marcel r. des | 5 |
| 32 | K15 | Fouarre r. du | 5 |
| 56 | R15-P15 | Foubert pass. | 13 |
| 28 | H8 N | Foucault r. | 16 |
| 24 | F23 | Fougères r. des | 20 |
| 31-30 | K13-K12 | Four r. du | 6 |
| 40 | M8 S | Fourcade r. | 15 |
| 16 | E8-D8 | Fourcroy r. | 17 |
| 32 | J16 S | Fourcy r. de | 4 |
| 6 | C11 | Fourneyron r. | 17 |
| 21 | E18 | Fours-à-Chaux pass. des | 19 |
| 19 | D14 | Foyatier r. | 18 |
| 5 | B10 | Fragonard r. | 17 |
| 32 | H15-G15 | Française r. nos 1-5, 2-6 | 1 |
| | | nos 7-fin, 8-fin | 2 |

| Plan n° | Repère | Nom | Arrondissement |
|---|---|---|---|
| 33 | G17 S | Franche-Comté r. de | 3 |
| 34 | J19 S | Franchemont imp. | 11 |
| 8 | C16 | Francis-Carco r. | 18 |
| 7 | A14 | Francis-de-Croisset r. | 18 |
| 56 | S15 | Francis-de-Miomandre r. | 13 |
| 41 | N10 | Francis-de-Pressensé r. | 14 |
| 6 | A12 S | Francis-Garnier r. | 17 |
| 43 | K13 S | Francis-Poulenc sq. | 6 |
| 31 | K14 N | Francisque-Gay r. | 6 |
| 27 | H6 S | Francisque-Sarcey r. | 16 |
| 57 | R18 S | Franc-Nohain r. | 13 |
| 7 | C14 | Francœur r. | 18 |
| 41 | L9 | François-Bonvin r. | 15 |
| 40 | M7 | François-Coppée r. | 15 |
| 34 | J19 | François-de-Neufchâteau r. | 11 |
| 38 | K4 S | François-Gérard r. | 16 |
| 27-39 | K5 | François-Millet r. | 16 |
| 32 | J15-J16 | François-Miron r. | 4 |
| 40 | M7 | François-Mouthon r. | 15 |
| 22 | D20 S | François-Pinton r. | 19 |
| 27 | J5-H5 | François-Ponsard r. | 16 |
| 29 | G9 S | François-Ier pl. | 8 |
| 29-16 | G9-F8 | François-Ier r. | 8 |
| 40 | M8 S | François-Villon r. | 15 |
| 28 | H8 | Franco-Russe av. | 7 |
| 33-32 | J17-H16 | Francs-Bourgeois r. des nos impairs 4e - nos pairs | 3 |
| 27 | H6 S | Franklin r. | 16 |
| 29-17 | G10-F10 | Franklin-D.-Roosevelt av. | 8 |
| 41 | N9 | Franquet r. | 15 |
| 27-26 | H5-H4 | Franqueville r. de | 16 |
| 20 | E15 | Franz-Liszt pl. | 10 |
| 23 | D21 S | Fraternité r. de la | 19 |
| 17 | F9 | Frédéric-Bastiat r. | 8 |
| 6 | A12 S | Frédéric-Brunet r. | 17 |
| 22-23 | F20-F21 | Frédérick-Lemaître r. | 20 |
| 29 | J9 S | Frédéric-Le-Play av. | 7 |
| 47 | K22 S | Frédéric-Loliée r. | 20 |
| 40 | L7-M7 | Frédéric-Magisson r. | 15 |
| 39 | M6 | Frédéric-Mistral r. | 15 |
| 23 | E21-E22 | Frédéric-Mourlon r. | 19 |
| 32 | K15 | Frédéric-Sauton r. | 5 |
| 7 | A13 S | Frédéric-Schneider r. | 18 |
| 41 | N9 N | Frédéric-Vallois sq. | 15 |
| 40 | L8-K8 | Frémicourt r. | 15 |
| 27 | J6 N | Frémiet av. | 16 |
| 35 | J22 | Fréquel pass. | 20 |
| 57 | R17 | Frères-d'Astier-de-la-Vigerie r. des | 13 |
| 24 | F23-E23 | Frères-Flavien r. des | 20 |
| 40 | L7-M7 | Frères-Morane r. des | 15 |
| 28 | H8-G8 | Frères-Périer r. des | 16 |
| 50-51 | P4-P5 | Frères-Voisin allée des | 15 |
| 50-51 | P4-P5 | Frères-Voisin bd des | 15 |
| 28 | H8-H7 | Fresnel r. | 16 |
| 28 | G8 S | Freycinet r. | 16 |
| 54 | P12-R11 | Friant r. | 14 |
| 17-16 | F9-F8 | Friedland av. de | 8 |
| 19 | E13-D13 | Frochot av. | 9 |
| 19 | E13-D13 | Frochot r. | 9 |
| 42 | N12-M11 | Froidevaux r. | 14 |
| 33 | H17 | Froissart r. | 3 |
| 33 | J18 N | Froment r. | 11 |
| 19 | D13 S | Fromentin r. | 9 |
| 45 | M18 S | Fulton r. | 13 |
| 31 | J13 S | de Furstemberg r. | 6 |
| 54 | P11 N | Furtado-Heine r. | 14 |
| 43 | M13-M14 | Fustel-de-Coulanges r. | 5 |

g

| Plan n° | Repère | Nom | Arrondissement |
|---|---|---|---|
| 48 | L23 | Gabon r. du | 12 |
| 30-17 | G11-G10 | Gabriel av. | 8 |
| 17 | D10 | Gabriel-Fauré sq. | 17 |
| 46 | N20 N | Gabriel-Lamé r. | 12 |
| 20 | F15 | Gabriel-Laumain r. | 10 |
| 7 | D14-D13 | Gabrielle r. | 18 |
| 42 | L11 S | Gabrielle villa | 15 |
| 22 | F19 | Gabrielle-d'Estrées allée | 19 |
| 18 | F11 N | Gabriel-Péri pl. | 8 |
| 32 | G16 S | Gabriel-Vicaire r. | 3 |
| 41 | M9 S | Gager-Gabillot r. | 15 |
| 23 | F22-E22 | Gagliardini villa | 20 |
| 19 | G13 N | Gaillon pl. | 2 |
| 19 | G13 N | Gaillon r. | 2 |
| 42 | M11-M12 | Gaîté imp. de la | 14 |
| 42 | M11 | Gaîté r. de la | 14 |
| 32-31 | K15-K14 | Galande r. | 5 |
| 16 | G7-F8 | Galilée r. nᵒˢ 1-53 - 2-50 | 16 |
| | | nᵒˢ 55-fin - 52-fin | 8 |
| 35 | J22-H22 | Galleron r. | 20 |
| 28 | G8 S | Galliera r. de | 16 |
| 16 | D7 | Galvani r. | 17 |
| 34-23 | H20-E22 | Gambetta av. | 20 |
| 23 | F22 | Gambetta pass. | 20 |
| 23 | F22 | Gambetta petite-imp. | 20 |
| 35 | G21 S | Gambetta pl. | 20 |
| 33 | G18 S | Gambey r. | 11 |
| 56 | R16-S16 | Gandon r. | 13 |
| 56 | R16-S16 | Gandon ruelle | 13 |
| 6 | D12-C12 | Ganneron r. | 18 |
| 31-43 | K13 | Garancière r. | 6 |
| 8 | D15-C15 | Gardes r. des | 18 |
| 46-45 | N19-M18 | Gare port de la | 13 |
| 58 | P19-20 | Gare porte de la | 13 |
| 58-45 | P19-M18 | Gare quai de la | 13 |
| 9 | A18 | Gare r. de la | 19 |
| 47 | M21-L21 | Gare-de-Reuilly r. de la | 12 |
| 41 | L9 | Garibaldi bd | 15 |
| 38 | M4 | Garigliano pont du | 16-15 |
| 42 | L11 | Garnier imp. | 15 |
| 7 | D13 N | Garreau r. | 18 |
| 36 | J23 S | Gascogne sq. de la | 20 |
| 35 | G21 S | Gasnier-Guy r. | 20 |
| 42 | N12 | Gassendi r. | 14 |
| 53 | P10 | Gaston-Bachelard allée | 14 |
| 16 | E7 | Gaston-Bertandeau sq. | 17 |
| 52 | P8-P7 | Gaston-Boissier r. | 15 |
| 7 | C14 | Gaston-Couté r. | 18 |
| 9 | A18-A17 | Gaston-Darboux r. | 18 |
| 27-39 | K6 | Gaston-de-Caillavet r. | 15 |
| 28 | H8-G8 | Gaston-de-St-Paul r. | 16 |
| 22 | D20 S | Gaston-Pinot r. | 19 |
| 9 | B18 | Gaston-Tessier r. | 19 |
| 9 | A17 | Gaston-Tissandier r. | 18 |
| 46 | L19 | Gatbois pass. | 12 |
| 35 | G21 S | Gâtines r. des | 20 |
| 34 | G19 S | Gaudelet imp. | 11 |
| 55 | P13 S | Gauguet r. | 14 |
| 4 | C8 | Gauguin r. | 17 |
| 6 | C11-B11 | Gauthey r. | 17 |
| 22 | F19-E19 | Gauthier pass. | 19 |
| 27 | J6-H6 | Gavarni r. | 16 |
| 43 | L14-M14 | Gay-Lussac r. | 5 |
| 55 | R14 | Gazan r. | 14 |

| Plan n° | Repère | Nom | Arrondissement |
|---|---|---|---|
| 17 | D10-D11 | Geffroy-Didelot pass. | 17 |
| 15 | E5-F5 | Général-Anselin r. du | 16 |
| 15 | G5 N | Général-Appert r. du | 16 |
| 48 | M23 | Général-Archinard r. du | 12 |
| 27 | J5 | Général-Aubé r. du | 16 |
| 38 | L3 | Général-Balfourier av. du | 16 |
| 28 | K8 | Général-Baratier r. du | 15 |
| 41 | K10-L10 | Général-Bertrand r. du | 7 |
| 41 | M9 N | Général-Beuret pl. du | 15 |
| 41-40 | M9-M8 | Général-Beuret r. du | 15 |
| 34 | H19 | Général-Blaise r. du | 11 |
| 17 | E9 | Général-Brocard pl. du | 8 |
| 22-23 | E20-D21 | Général-Brunet r. du | 19 |
| 28 | H8 S | Général-Camou r. du | 7 |
| 17 | D10 | Général-Catroux pl. du | 17 |
| 38 | N3 N | Général-Clavery av. du | 16 |
| 15 | G6-F6 | Général-Clergerie r. du | 16 |
| 11 | D21 N | Général-Cochet pl. du | 19 |
| 28-40 | K8 | Général-de-Castelnau r. du | 15 |
| 59-58 | P21-P20 | Gén.-de-Langle-de-Cary r. | 12 |
| 28-40 | K8 | Général-de-Larminat r. du | 15 |
| 38-37 | L3-M2 | Général-Delestraint r. du | 16 |
| 53 | R10 N | Général-de-Maud'huy r. du | 14 |
| 28 | J8-K8 | Général-Détrie av. du | 7 |
| 47 | N22 | Général-Dodds av. du | 12 |
| 26 | J4 S | Général-Dubail av. du | 16 |
| 29 | G10 | Général-Eisenhower av. du | 8 |
| 39 | L6 | Général-Estienne r. du | 15 |
| 18-17 | E11-E10 | Général-Foy r. du | 8 |
| 28 | J8 N | Général-Gouraud pl. du | 7 |
| 38 | M3 S | Général-Grossetti r. du | 16 |
| 34 | H19 | Général-Guilhem r. du | 11 |
| 52 | P7 | Général-Guillaumat r. du | 15 |
| 6 | B12 N | Général-Henrys r. du | 17 |
| 53 | P9 S | Général-Humbert r. du | 14 |
| 15 | D6-E6 | Général-Koenig pl. du | 16 |
| 28 | J8-J7 | Général-Lambert r. du | 7 |
| 27 | H5 N | Général-Langlois r. du | 16 |
| 16 | E7 S | Général-Lanrezac r. du | 17 |
| 47-48 | N22-N23 | Général-Laperrine av. du | 12 |
| 38 | K4 S | Général-Largeau r. du | 16 |
| 22 | F19 N | Général-Lasalle r. du | 19 |
| 42-54 | N12-R12 | Général-Leclerc av. du | 14 |
| 30 | H12 | Général-Lemonnier av. du | 1 |
| 38-39 | M4-N5 | Général-Lucotte r. du | 15 |
| 53 | R10 N | Général-Maistre av. du | 14 |
| 38 | M3-N3 | Général-Malleterre r. du | 16 |
| 27 | J6 S | Général-Mangin av. du | 16 |
| 48 | M23 S | Général-Messimy av. du | 12 |
| 47 | N21-M22 | Général-Michel-Bizot av. | 12 |
| 41 | N9 | Général-Monclar pl. du | 15 |
| 48 | L23-K23 | Général-Niessel r. du | 20 |
| 38 | M3 S | Général-Niox r. du | 16 |
| 15-16 | E6-E7 | Général-Patton pl. du | 16 |
| 34 | H19 | Général-Renault r. du | 11 |
| 37 | M2 | Général-Roques r. du | 16 |
| 22 | E19 | Général-San-Martin av. du | 19 |
| 37 | L2 | Général-Sarrail av. du | 16 |
| 53 | P10 S | Gén.-Séré-de-Rivières r. | 14 |
| 37 | M2 | Général-Stéfanik pl. du | 16 |
| 28 | J8 S | Général-Tripier av. du | 7 |
| 24 | E23 | Général-Zarapoff sq. du | 19 |
| 46 | K20 S | Génie pass. du | 12 |
| 55 | S14 | Gentilly porte de | 13 |

| Plan nº | Repère | Nom | Arrondissement |
|---|---|---|---|
| 36 | H23 | Henri-Duvernois r. | 20 |
| 21 | F18 N | Henri-Feulard r. | 10 |
| 15 | F5 | Henri-Gaillard pass. | 16 |
| 26 | K4 N | Henri-Heine r. | 16 |
| 7-6 | A13-A12 | Henri-Huchard r. | 18 |
| 27-26 | H5-H4 | Henri-Martin av. | 16 |
| 29 | H9 | Henri-Moissan r. | 7 |
| 31 | K13 N | Henri-Mondor pl. | 6 |
| 19 | E13 N | Henri-Monnier r. | 9 |
| 21 | E18 | Henri-Murger r. | 19 |
| 56 | R16-R15 | Henri-Pape r. | 13 |
| 23 | G22-F22 | Henri-Poincaré r. | 20 |
| 32-33 | K16-K17 | Henri-IV bd | 4 |
| 31 | H13 N | Henri-IV pass. | 1 |
| 45-32 | L17-K16 | Henri-IV port | 4 |
| 45-32 | L17-K16 | Henri-IV quai | 4 |
| 41 | L10 | Henri-Queuille pl. | 15 |
| 34 | J20-H20 | Henri-Ranvier r. | 11 |
| 54 | R12 N | Henri-Regnault r. | 14 |
| 23 | E21 | Henri-Ribière r. | 19 |
| 31 | J14 | Henri-Robert r. | 1 |
| 17 | D9 S | Henri-Rochefort r. | 17 |
| 40 | N7 N | Henri-Rollet pl. | 15 |
| 21 | E18 S | Henri-Turot r. | 19 |
| 26 | J3 | Henry-Bataille sq. | 16 |
| 53 | R10 N | Henry-de-Bournazel r. | 14 |
| 31 | K13 | Henry-de-Jouvenel r. | 6 |
| 38 | N3 | Henry-de-La-Vaulx r. | 16 |
| 30 | H12 | Henry-de-Montherlant pl. | 7 |
| 38-39 | K4-K5 | Henry-Paté sq. | 16 |
| 6 | A11 | Hérault-de-Séchelles r. | 17 |
| 39 | K6 S | Héricart r. | 15 |
| 8 | B15 | Hermann-Lachapelle r. | 18 |
| 7 | C14 N | Hermel cité | 18 |
| 7 | C14-B14 | Hermel r. | 18 |
| 31 | G14 S | Herold r. | 1 |
| 21 | F17 N | Héron cité | 10 |
| 27 | G6 S | Herran r. | 16 |
| 27 | G5 S | Herran villa | 16 |
| 43 | L13 S | Herschel r. | 6 |
| 41 | M9 S | Hersent villa | 15 |
| 19 | E14-E13 | Hippolyte-Lebas r. | 9 |
| 42-54 | N11-P11 | Hippolyte-Maindron r. | 14 |
| 31 | J14 S | Hirondelle r. de l' | 6 |
| 20 | F16 S | Hittorff cité | 10 |
| 20 | F16 | Hittorff r. | 10 |
| 21-22 | E18-E19 | Hiver cité | 19 |
| 17-16 | E9-F8 | Hoche av. | 8 |
| 43-42 | K13-K12 | Honoré-Chevalier r. | 6 |
| 45-44 | L17-N16 | Hôpital bd de l' | |
| | | nos 1-fin, 44-fin | 13 |
| | | nos 2-42 | 5 |
| 21 | F17 S | Hôpital-St-Louis r. de l' | 10 |
| 31 | J14 | Horloge quai de l' | 1 |
| 32 | H15 | Horloge-à-Automates pass. de l' | 3 |
| 32 | J16 N | Hospitalières-St-Gervais r. | 4 |
| 32 | J16 | Hôtel-d'Argenson imp. | 4 |
| 32 | K15 | Hôtel-Colbert r. de l' | 5 |
| 32 | J15 | Hôtel-de-Ville pl. de l' | 4 |
| 32 | K16-J15 | Hôtel-de-Ville port de l' | 4 |
| 32 | J16-J15 | Hôtel-de-Ville quai de l' | 4 |
| 32 | J16-J15 | Hôtel-de-Ville r. de l' | 4 |
| 33 | J17 S | Hôtel-St-Paul r. de l' | 4 |
| 34 | H20 N | Houdart r. | 20 |
| 34 | M7 | Houdart-de-Lamotte r. | 15 |
| 19 | D13 | Houdon r. | 18 |
| 40 | M8 | Hubert-Monmarché pl. | 15 |
| 31 | K14 N | Huchette r. de la | 5 |
| 20 | E16 S | Huit-Mai-1945 r. du | 10 |
| 31 | G13 S | Hulot pass. | 1 |
| 28 | K7 | Humblot r. | 15 |
| 42 | M12 N | Huyghens r. | 14 |
| 42 | L12 N | Huysmans r. | 6 |

**i**

| Plan nº | Repère | Nom | Arrondissement |
|---|---|---|---|
| 36 | G23 | Ibsen av. | 20 |
| 28-16 | H7-F8 | Iéna av. d' | 16 |
| 28 | G7 | Iéna pl. d' | 16 |
| 28 | H7 | Iéna pont d' | 16-7 |
| 32 | H15 | Igor-Stravinsky pl. | 4 |
| 35 | J22-J21 | Ile-de-France imp. de l' | 20 |
| 43 | N13 | Ile-de-Sein pl. de l' | 14 |
| 35-47 | K21 S | Immeubles-Industriels r. | 11 |
| 23-11 | D21-C21 | Indochine bd d' | 19 |
| 35 | H22 | Indre r. de l' | 20 |
| 34 | G19 S | Industrie cité de l' | 11 |
| 34 | K20 | Industrie cour de l' | 11 |
| 20 | F16-F15 | Industrie pass. de l' | 10 |
| 56 | R16 | Industrie r. de l' | 13 |
| 34 | J19-H19 | Industrielle cité | 11 |
| 39 | K6-L6 | Ingénieur-Robert-Keller r. | 15 |
| 26 | J4 N | Ingres av. | 16 |
| 32-31 | H15-H14 | Innocents r. des | 1 |
| 23 | E21 | Inspecteur-Allès r. de l' | 19 |
| 31 | J13 N | Institut pl. de l' | 6 |
| 52 | P7 | Insurgés-de-Varsovie pl. | 15 |
| 18 | E12 S | Intérieure r. | 8 |
| 56 | R15 | Interne-Loeb r. de l' | 13 |
| 29-41 | J10-L10 | Invalides bd des | 7 |
| 29 | H10 | Invalides esplanade des | 7 |
| 29 | J10 N | Invalides pl. des | 7 |
| 29 | H10 N | Invalides pont des | 8-7 |
| 35-36 | G22-G23 | Irénée-Blanc r. | 20 |
| 55 | R14 | Iris r. des | 13 |
| 23 | E22 | Iris villa des | 19 |
| 43 | L14 | Irlandais r. des | 5 |
| 38 | K3 S | Isabey r. | 16 |
| 20 | D15 | Islettes r. des | 18 |
| 18 | F12 N | Isly r. de l' | 8 |
| 5 | D9 N | Israël pl. d' | 17 |
| 38 | N4 | Issy quai d' | 15 |
| 39 | N6 | Issy-l.-Moulineaux pte d' | 15 |
| 38 | M4-N4 | Issy-l.-Moulineaux qu. d' | 15 |
| 56 | P16-S16 | Italie av. d' | 13 |
| 56 | N16 S | Italie pl. d' | 13 |
| 56 | S16 | Italie porte d' | 13 |
| 56 | R16-R15 | Italie r. d' | 13 |
| 19 | F13 | Italiens bd des nos impairs | 2 |
| | | nos pairs | 9 |
| 19 | F13 | Italiens r. des | 9 |
| 57-56 | R17-P16 | Ivry av. d' | 13 |
| 57 | S18 N | Ivry porte d' | 13 |
| 58 | P20 S | Ivry quai d' | 13 |

## j

| Plan n° | Repère | Nom | Arr. |
|---|---|---|---|
| 31 | J13 | Jacob r. | 6 |
| 33 | G18 S | Jacquard r. | 11 |
| 6 | C11 S | Jacquemont r. | 17 |
| 6 | C11 S | Jacquemont villa | 17 |
| 30 | H11-J11 | Jacques-Bainville pl. | 7 |
| 53 | P9 | Jacques-Baudry r. | 15 |
| 17 | D10 | Jacques-Bingen r. | 17 |
| 20 | F16 S | Jacques-Bonsergent pl. | 10 |
| 31 | J13 | Jacques-Callot r. | 6 |
| 6 | B12 | Jacques-Cartier r. | 18 |
| 33 | K17 N | Jacques-Cœur r. | 4 |
| 31 | K13-J13 | Jacques-Copeau pl. | 6 |
| 6 | C12 N | Jacques-Froment r. | 18 |
| 3-4 | C6-C7 | Jacques-Ibert r. | 17 |
| 9-8 | D17-D16 | Jacques-Kablé r. | 18 |
| 6 | B12-B11 | Jacques-Kellner r. | 18 |
| 21 | F17-F18 | Jacques-Louvel-Tessier r. | 10 |
| 40 | M7 S | Jacques-Mawas r. | 15 |
| 27 | J5 | Jacques-Offenbach r. | 16 |
| 19 | F13 | Jacques-Rouché pl. | 9 |
| 28 | J8 | Jacques-Rueff pl. | 7 |
| 33 | K18 N | Jacques-Viguès cour | 11 |
| 54-53 | P11-P10 | Jacquier r. | 14 |
| 17 | E9-D9 | Jadin r. | 17 |
| 53 | P10 | Jamot villa | 14 |
| 22 | F19-E19 | Jandelle cité | 19 |
| 23 | E21 | Janssen r. | 19 |
| 35 | G22-G21 | Japon r. du | 20 |
| 34 | J19 | Japy r. | 11 |
| 31 | K14-K13 | Jardinet r. du | 6 |
| 34 | K20 N | Jardiniers imp. des | 11 |
| 47 | N21 | Jardiniers r. des | 12 |
| 32 | K16-J16 | Jardins-St-Paul r. des | 4 |
| 33 | J17 | de Jarente r. | 4 |
| 20 | F16 | Jarry r. | 10 |
| 26 | K4 N | Jasmin cour | 16 |
| 26 | K4 N | Jasmin r. | 16 |
| 26 | K4 N | Jasmin sq. | 16 |
| 47 | L21 N | Jaucourt r. | 12 |
| 39-38 | K6-M4 | Javel port de | 15 |
| 39-40 | L5-M7 | Javel r. de | 15 |
| 57 | P17-R17 | Javelot r. du | 13 |
| 34 | G19 S | Jean-Aicard av. | 11 |
| 58 | P20-P19 | Jean-Baptiste-Berlier r. | 13 |
| 7 | C13 S | Jean-Baptiste-Clément pl. | 18 |
| 16 | D7 | Jean-Baptiste-Dumas r. | 17 |
| 22 | F20 N | Jean-Baptiste-Dumay r. | 20 |
| 23 | D22-D21 | Jean-Baptiste-Semanaz r. | 19 |
| 42 | K12-L12 | Jean-Bart r. | 6 |
| 33 | J17 | Jean-Beausire imp. | 4 |
| 33 | J17 S | Jean-Beausire pass. | 4 |
| 33 | J17 S | Jean-Beausire r. | 4 |
| 27 | J6 | Jean-Bologne r. | 16 |
| 45 | L18 | Jean-Bouton r. | 12 |
| 44 | M15 N | Jean-Calvin r. | 5 |
| 28 | K8 N | Jean-Carriès r. | 7 |
| 8 | A15 | Jean-Cocteau r. | 18 |
| 57 | P18-P17 | Jean-Colly r. | 13 |
| 8 | B16 | Jean-Cottin r. | 18 |
| 41 | L9 | Jean-Daudin r. | 15 |
| 44-43 | K15-K14 | Jean-de-Beauvais r. | 5 |
| 43 | N14-N13 | Jean-Dolent r. | 14 |
| 7 | B13 N | Jean-Dollfus r. | 18 |
| 32 | K15-J15 | Jean-du-Bellay r. | 4 |
| 21 | E18-E17 | Jean-Falck sq. | 10 |
| 42 | L11 N | Jean-Ferrandi r. | 6 |
| 40 | M8 N | Jean-Formigé r. | 15 |
| 42 | L12-L11 | Jean-François-Gerbillon r. | 6 |
| 8 | D16 N | Jean-François-Lépine r. | 18 |
| 16 | F7-G8 | Jean-Giraudoux r. | 16 |
| 47 | N22 N | Jean-Godard villa | 12 |
| 29 | G9 | Jean-Goujon r. | 8 |
| 7 | A14-A13 | Jean-Henri-Fabre r. | 18 |
| 16 | F8-G8 | Jean-Henry-Dunant pl. | 8 |
| 15 | G5 N | Jean-Hugues r. | 16 |
| 31 | H14-G14 | Jean-Jacques-Rousseau r. | 1 |
| 9-11 | D18-C21 | Jean-Jaurès av. | 19 |
| 31 | J14-H14 | Jean-Lantier r. | 1 |
| 6 | B12 | Jean-Leclaire r. | 17 |
| 38 | K3-K4 | Jean-Lorrain pl. | 16 |
| 4 | C8 | Jean-Louis-Forain r. | 17 |
| 34 | K19 N | Jean-Macé r. | 11 |
| 39-40 | M6-M7 | Jean-Maridor r. | 15 |
| 56 | P15 | Jean-Marie-Jégo r. | 13 |
| 22 | E19 N | Jean-Ménans r. | 19 |
| 17 | G10-F10 | Jean-Mermoz r. | 8 |
| 21 | F18 | Jean-Moinon r. | 10 |
| 4 | C7 S | Jean-Moréas r. | 17 |
| 54 | P12-R11 | Jean-Moulin av. | 14 |
| 57 | P17 | Jeanne-d'Arc pl. | 13 |
| 57-44 | P17-M16 | Jeanne-d'Arc r. | 13 |
| 40 | M8 N | Jeanne-Hachette r. | 15 |
| 29 | H9-J9 | Jean-Nicot pass. | 7 |
| 29 | H9 | Jean-Nicot r. | 7 |
| 26 | J4 S | Jean-Paul-Laurens sq. | 16 |
| 21-22 | G17-G19 | Jean-Pierre-Timbaud r. | 11 |
| 21 | F17 | Jean-Poulmarch r. | 10 |
| 23 | E21 | Jean-Quarré r. | 19 |
| 28 | J7 | Jean-Rey r. | 15 |
| 27 | H5 | Jean-Richepin r. | 16 |
| 8 | C16 | Jean-Robert r. | 18 |
| 21 | F18 | Jean-Rostand pl. | 19 |
| 57 | P17-N17 | Jean-Sébastien-Bach r. | 13 |
| 52 | P8 | Jean-Sicard r. | 15 |
| 40 | L8 N | Jean-Thébaud sq. | 15 |
| 31 | H14 S | Jean-Tison r. | 1 |
| 7 | A13 S | Jean-Varenne r. | 18 |
| 36 | H23 | Jean-Veber r. | 20 |
| 21 | G17-E17 | Jemmapes quai de | 10 |
| 45-44 | N17-N16 | Jenner r. | 13 |
| 4 | D7 | Jérôme-Bellat sq. | 17 |
| 8-20 | D16 N | de Jessaint r. | 18 |
| 33 | G17 S | Jeu-de-Boules pass. du | 11 |
| 19 | G14 N | Jeûneurs r. des | 2 |
| 53 | P10 | Joanès pass. | 14 |
| 54-53 | P11-P10 | Joanès r. | 14 |
| 40 | N8 | Jobbé-Duval r. | 15 |
| 27 | G5 S | Jocelyn villa | 16 |
| 29-28 | J9-K8 | Joffre pl. | 7 |
| 20 | G16 | Johann-Strauss pl. | 10 |
| 10 | C19 N | de Joinville imp. | 19 |
| 10 | C19 | de Joinville pl. | 19 |
| 10 | C19 | de Joinville r. | 19 |
| 42 | M11 N | Jolivet r. | 14 |
| 34 | H19 | Joly cité | 11 |
| 10 | C19 | Jomard r. | 19 |
| 56 | P15 N | Jonas r. | 13 |
| 39 | M5-M6 | Jongkind r. | 15 |

| Plan n° | Repère | Nom | Arrondissement | Plan n° | Repère | Nom | Arrondissement |
|---|---|---|---|---|---|---|---|
| 53 | P9 *N* | Jonquilles r. des | 14 | 45 | K17-K18 | Jules-César r. | 12 |
| 53 | P10 | Jonquoy r. | 14 | 42 | L12 *S* | Jules-Chaplain r. | 6 |
| 41 | K9-L9 | José-Maria-de-Heredia r. | 7 | 36 | J23 | Jules-Chéret sq. | 20 |
| | | | | 27 | H5 | Jules-Claretie r. | 16 |
| 27 | H6 | José-Marti pl. | 16 | 6-7 | B12-B13 | Jules-Cloquet r. | 18 |
| 43 | L13-M13 | Joseph-Bara r. | 6 | 33 | K17 | Jules-Cousin r. | 4 |
| 57 | R18 *S* | Joseph-Bédier av. | 13 | 23 | G22 *N* | Jules-Dumien r. | 20 |
| 28 | J8 | Joseph-Bouvard av. | 7 | 52 | P8 *N* | Jules-Dupré r. | 15 |
| 47 | N22 | Joseph-Chailley r. | 12 | 21-23 | G17 | Jules-Ferry bd | 11 |
| 7-6 | D13-B12 | Joseph-de-Maistre r. | 18 | 42 | M11-N11 | Jules-Guesde r. | 14 |
| 7 | B14 | Joseph-Dijon r. | 18 | 54 | R12 *N* | Jules-Hénaffe pl. | 14 |
| 15 | E5 | Joseph-et-Marie-Hackin r. | 16 | 27 | H5 *S* | Jules-Janin av. | 16 |
| | | | | 7 | B14 *S* | Jules-Joffrin pl. | 18 |
| 29 | J9 *S* | Joseph-Granier r. | 7 | 7 | C14 *N* | Jules-Jouy r. | 18 |
| 7 | B13 | Joséphine r. | 18 | 18 | E12 *N* | Jules-Lefebvre r. | 9 |
| 40 | L8 | Joseph-Liouville r. | 15 | 48 | L23 *S* | Jules-Lemaître r. | 12 |
| 36 | G23-H23 | Joseph-Python r. | 20 | 47 | N21 | Jules-Pichard r. | 12 |
| 18 | F11-E11 | Joseph-Sansbœuf r. | 8 | 16 | D7 | Jules-Renard pl. | 17 |
| 35 | J22 *S* | Josseaume pass. | 20 | 22 | F19 | Jules-Romains r. | 19 |
| 33 | K18 *N* | Josset pass. | 11 | 27-26 | H5-H4 | Jules-Sandeau bd | 16 |
| 19-18 | F13-F12 | Joubert r. | 9 | 23 | E22 | Jules-Senard pl. | 19 |
| 35 | J21 *S* | Joudrier imp. | 11 | 35-36 | G22-G23 | Jules-Siegfried r. | 20 |
| 19 | F14 | Jouffroy pass. | 9 | 40 | M7 *N* | Jules-Simon r. | 15 |
| 5-16 | C10-D8 | Jouffroy r. | 17 | 34 | K20-J20 | Jules-Vallès r. | 11 |
| 31 | H14 *N* | Jour r. du | 1 | 21 | F18 *S* | Jules-Verne r. | 11 |
| 22 | F20 *N* | Jourdain r. du | 20 | 53 | P9-R9 | Julia-Bartet r. | 14 |
| 55-54 | S14-R12 | Jourdan bd | 14 | 22 | F19-F20 | Julien-Lacroix pass. | 20 |
| 38 | M4-L3 | Jouvenet r. | 16 | 22 | G20-F19 | Julien-Lacroix r. | 20 |
| 38 | L4 *S* | Jouvenet sq. | 16 | 43-44 | N15-N14 | de Julienne r. | 13 |
| 32 | J16 | de Jouy r. | 4 | 21 | F18-E17 | Juliette-Dodu r. | 10 |
| 22 | F19 | Jouye-Rouve r. | 20 | 5 | C9 | Juliette-Lamber r. | 17 |
| 6 | B11 *N* | Joyeux cité | 17 | 7 | C13 | Junot av. | 18 |
| 28-40 | K7 | Juge r. | 15 | 44 | M16 *S* | Jura r. du | 13 |
| 40 | K7 *S* | Juge villa | 15 | 31 | G14 *S* | Jussienne r. de la | 2 |
| 32 | J15-H15 | Juges-Consuls r. des | 4 | 44 | L16-L15 | Jussieu pl. | 5 |
| 22-34 | G20 | Juillet r. | 20 | 44 | L16-L15 | Jussieu r. | 5 |
| 4 | C8 *S* | Jules-Bourdais r. | 17 | 7 | C13 | Juste-Métivier r. | 18 |
| 44 | M16 *S* | Jules-Breton r. | 13 | 23-24 | G22-G23 | Justice r. de la | 20 |

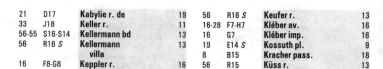

| Plan n° | Repère | Nom | Arrondissement | Plan n° | Repère | Nom | Arrondissement |
|---|---|---|---|---|---|---|---|
| 21 | D17 | Kabylie r. de | 19 | 56 | R16 *S* | Keufer r. | 13 |
| 33 | J18 | Keller r. | 11 | 16-28 | F7-H7 | Kléber av. | 16 |
| 56-55 | S16-S14 | Kellermann bd | 13 | 16 | G7 | Kléber imp. | 16 |
| 56 | R16 *S* | Kellermann villa | 13 | 19 | E14 *S* | Kossuth pl. | 9 |
| 16 | F8-G8 | Keppler r. | 16 | 8 | B15 | Kracher pass. | 18 |
| | | | | 56 | R15 | Küss r. | 13 |

### Echelle

*1 cm sur l'atlas représente 100 m sur le terrain.*

### Scale

1 cm on the map represents 100 m on the ground
(1 in. : 278 yards approx.).

### Maβstab

*1 cm auf dem Atlas entspricht 100 m.*

### Escala

*1 cm sobre el atlas representa 100 m sobre el terreno.*

| Plan n° | Repère | Nom | Arrondissement |
|---|---|---|---|
| 44 | M16-N15 | Le Brun r. | 13 |
| 23-35 | G22 | Le Bua r. | 20 |
| 6 | D12 N | Lechapelais r. | 17 |
| 4 | D8 N | Le Châtelier r. | 17 |
| 33 | H18 N | Léchevin r. | 11 |
| 35 | H22 S | Leclaire cité | 20 |
| 43 | N13 | Leclerc r. | 14 |
| 18 | D12 | Lécluse r. | 17 |
| 6 | C11 | Lecomte r. | 17 |
| 37 | L2 S | Lecomte-du-Noüy r. | 16 |
| 38 | K4 S | Leconte-de-Lisle r. | 16 |
| 38 | K4 S | Leconte-de-Lisle villa | 16 |
| 37 | L2 | Le Corbusier pl. | 16 |
| 41-39 | L10-N6 | Lecourbe r. | 15 |
| 40 | M7 S | Lecourbe villa | 15 |
| 54 | P11 N | Lecuirot r. | 14 |
| 7 | C14 | Lecuyer r. | 18 |
| 55-56 | P14-P15 | Le Dantec r. | 13 |
| 53 | P10 S | Ledion r. | 14 |
| 45-34 | L17-J19 | Ledru-Rollin av. | |
| | | nos 1-87, 2-88 | 12 |
| | | nos 89-fin, 90-fin | 11 |
| 52-53 | N7-P9 | Lefebvre bd | 15 |
| 52 | N7 S | Lefebvre r. | 15 |
| 6 | C12 N | Legendre pass. | 17 |
| 17-6 | D10-B12 | Legendre r. | 17 |
| 5 | D10-D9 | Léger imp. | 17 |
| 54 | R12-R11 | Légion-Etrangère r. de la | 14 |
| 43 | L14 N | Le Goff r. | 5 |
| 21-20 | F17-F16 | Legouvé r. | 10 |
| 21 | E18 S | Legrand r. | 19 |
| 45 | L18 N | Legraverend r. | 12 |
| 7-6 | B13-B12 | Leibnitz r. | 18 |
| 6-7 | B12-B13 | Leibnitz sq. | 18 |
| 27 | J5 | Lekain r. | 16 |
| 55 | R14 N | Lemaignan r. | 14 |
| 23 | E22 | Léman r. du | 19 |
| 38 | M3 S | Le Marois r. | 16 |
| 6 | C11 S | Lemercier cité | 17 |
| 6 | D12-C11 | Lemercier r. | 17 |
| 20 | G15 N | Lemoine pass. | 2 |
| 22 | F19 S | Lémon r. | 20 |
| 54 | P12 S | Leneveux r. | 14 |
| 18 | E11-D12 | Léningrad r. de | 8 |
| 28 | H7 S | Le Nôtre r. | 16 |
| 20 | E15 N | Lentonnet r. | 9 |
| 28 | G7 | Léo-Delibes r. | 16 |
| 8 | D15 N | Léon pass. | 18 |
| 8 | C15 | Léon r. | 18 |
| 15 | F6 | Léonard-de-Vinci r. | 16 |
| 34 | J19 N | Léon-Blum pl. | 11 |
| 57-56 | S17-S16 | Léon-Bollée av. | 13 |
| 26 | K4 | Léon-Bonnat r. | 16 |
| 28 | G8 S | Léonce-Reynaud r. | 16 |
| 19 | G14 N | Léon-Cladel r. | 2 |
| 17 | E9-D9 | Léon-Cogniet r. | 17 |
| 17 | D10 | Léon-Cosnard r. | 17 |
| 39 | N6 | Léon-Delagrange r. | 15 |
| 40 | M8 S | Léon-Delhomme r. | 15 |
| 38 | M3 S | Léon-Deubel pl. | 16 |
| 52 | P8 | Léon-Dierx r. | 15 |
| 18 | D11 S | Léon-Droux r. | 17 |
| 53 | P10 N | Léone villa | 14 |
| 24 | F23 | Léon-Frapié r. | 20 |
| 34 | J20-J19 | Léon-Frot r. | 11 |
| 36-48 | J24-K24 | Léon-Gaumont av. | 20 |
| 10 | C19 S | Léon-Giraud r. | 19 |
| 40 | N8 | Léon-Guillot sq. | 15 |
| 38 | K4-L4 | Léon-Heuzey av. | 16 |
| 54 | P11-N11 | Léonidas r. | 14 |
| 17-16 | E9-D8 | Léon-Jost r. | 17 |
| 21 | G17 N | Léon-Jouhaux r. | 10 |
| 40 | L8 | Léon-Lhermitte r. | 15 |
| 43 | N14 | Léon-Maurice-Nordmann r. | 13 |
| 41 | L10 N | Léon-Paul-Fargue pl. | 6-7 |
| 40 | M8 N | Léon-Séché r. | 15 |
| 39 | L5 | Léontine r. | 15 |
| 41 | K9-L9 | Léon-Vaudoyer r. | 7 |
| 31 | G14 | Léopold-Bellan r. | 2 |
| 26-27 | K5-K4 | Léopold-II av. | 16 |
| 42 | M12 N | Léopold-Robert r. | 14 |
| 21 | E18 N | Lepage cité | 19 |
| 19 | F13-E14 | Le Peletier r. | 9 |
| 19 | D13 | Lepic pass. | 18 |
| 7 | D13-C13 | Lepic r. | 18 |
| 57 | P18 | Leredde r. | 13 |
| 32 | K15-K16 | Le Regrattier r. | 4 |
| 40 | N7-N8 | Leriche r. | 15 |
| 16-15 | F7-F6 | Leroux r. | 16 |
| 23 | F21 S | Leroy cité | 20 |
| 26 | J4 S | Leroy-Beaulieu sq. | 16 |
| 47 | L22 S | Leroy-Dupré r. | 12 |
| 22 | F19 | Lesage cour | 20 |
| 22 | F19 | Lesage r. | 20 |
| 33 | K17-J17 | de Lesdiguières r. | 4 |
| 34-35 | J20-J21 | Lespagnol r. | 20 |
| 35 | J22-H21 | de Lesseps r. | 20 |
| 16 | F7-E7 | Le Sueur r. | 16 |
| 27 | H6 | Le Tasse r. | 16 |
| 40 | K7-L8 | Letellier r. | 15 |
| 40 | K8 S | Letellier villa | 15 |
| 7 | B14 | Letort imp. | 18 |
| 7 | B14 | Letort r. | 18 |
| 35 | H22 N | Leuck-Mathieu r. | 20 |
| 36-24 | G23-F23 | Le Vau r. | 20 |
| 43 | L13-M13 | Le Verrier r. | 6 |
| 22 | F20 | Levert r. | 20 |
| 17 | D10 S | Lévis imp. de | 17 |
| 17 | D10 | Lévis pl. de | 17 |
| 17 | D10 | Lévis r. de | 17 |
| 33 | K18 N | Lhomme pass. | 11 |
| 43-44 | L14-M15 | Lhomond r. | 5 |
| 40 | N8 | Lhuillier r. | 15 |
| 42 | N12-N11 | Liancourt r. | 14 |
| 34 | J20 S | Liandier cité | 11 |
| 55 | R14 S | Liard r. | 14 |
| 22 | G20 N | Liban r. du | 20 |
| 23 | E21 N | Liberté r. de la | 19 |
| 17 | F9 | Lido arcades du | 8 |
| 18 | E12-E11 | Liège r. de nos 1-19, 2-18 | 8 |
| | | nos 21-fin, 20-fin | 8 |
| 48 | M23 N | Lieutenance sentier de la | 12 |
| 23-35 | G22 | Lieutenant-Chauré r. du | 20 |
| 7 | A14-A13 | Lieutenant-Colonel-Dax r. | 18 |
| 37 | M2 | Lieutenant-Colonel-Deport r. du | 16 |
| 53 | P10 S | Lieutenant-Lapeyre r. du | 14 |
| 53-54 | N10-11 | Lieutenant-Stéphane-Piobetta pl. du | 14 |
| 53 | N9-P9 | Lieuvin r. du | 15 |
| 35 | J21 N | Ligner r. | 20 |
| 23-24 | E22-E23 | Lilas porte des | 20 |
| 23 | E21 | Lilas r. des | 19 |
| 23 | E21 N | Lilas villa des | 19 |
| 18 | D12 S | Lili-Boulanger pl. | 9 |
| 31-30 | J13-H11 | Lille r. de | 7 |
| 57 | R18 | Limagne sq. de la | 13 |
| 57 | R18 | Limousin sq. du | 13 |
| 17 | G9-F9 | Lincoln r. | 8 |
| 31 | H14 | Lingerie r. de la | 1 |

| Plan nº | Repère | Nom | Arrondissement |
|---|---|---|---|
| 44 | L16-L15 | Linné r. | 5 |
| 39 | K6-L6 | Linois r. | 15 |
| 33-32 | K17-K16 | Lions-Saint-Paul r. des | 4 |
| 48 | K23 S | Lippmann r. | 20 |
| 33-34 | J18-J19 | Lisa pass. | 11 |
| 18-17 | E11-E9 | Lisbonne r. de | 8 |
| 55 | R14 | Liserons r. des | 13 |
| 35 | H22 | Lisfranc r. | 20 |
| 42 | L11 | Littré r. | 6 |
| 19 | D14 | Livingstone r. | 18 |
| 32 | J15 | Lobau r. de | 4 |
| 31 | K13 N | Lobineau r. | 6 |
| 17 | D9 S | Logelbach r. de | 17 |
| 35 | J22 S | Loi imp. de la | 20 |
| 54 | P12 S | Loing r. du | 14 |
| 9-10 | D18-C19 | Loire quai de la | 19 |
| 58 | P19 S | Loiret r. du | 13 |
| 8 | C16 N | L'Olive r. | 18 |
| 32 | H15 S | Lombards r. des | |
| | | nᵒˢ 1-25, 2-28 | 4 |
| | | nᵒˢ 27-fin, 30-fin | 1 |
| 18 | E12 S | Londres cité de | 9 |
| 18 | E12-E11 | Londres r. de | |
| | | nᵒˢ 1-37, 2-38 | 9 |
| | | nᵒˢ 39-fin, 40-fin | 8 |
| 28-15 | G7-G5 | Longchamp r. de | 16 |
| 28 | G7 S | Longchamp villa de | 16 |
| 56-55 | R15-R14 | Longues-Raies r. des | 13 |
| 16 | F8 | Lord-Byron r. | 8 |
| 10 | D19 N | Lorraine r. de | 19 |
| 23 | D21-E21 | Lorraine villa de | 19 |
| 10 | A19 | Lot quai du | 19 |
| 27 | G5 | Lota r. de | 16 |
| 45 | L18 | Louis-Armand cour | 12 |
| 39-51 | N6-N5 | Louis-Armand r. | 15 |
| 26 | G4-H4 | Louis-Barthou av. | 16 |
| 21-20 | E17-D16 | Louis-Blanc r. | 10 |
| 39-38 | K5-M4 | Louis-Blériot quai | 16 |
| 26 | H4 S | Louis-Boilly r. | 16 |
| 21 | F18 S | Louis-Bonnet r. | 11 |
| 47 | M22 | Louis-Braille r. | 12 |
| 29 | J9 | Louis-Codet r. | 7 |
| 27 | H6 | Louis-David r. | 16 |
| 48 | K23 S | Louis-Delaporte r. | 20 |
| 54 | P12 S | Louise-et-Tony sq. | 14 |
| 22 | F19-E19 | Louise-Labé allée | 19 |
| 23 | E21 | Louise-Thuliez r. | 19 |
| 36 | H23 N | Louis-Ganne r. | 20 |
| 47 | N22 | Louis-Gentil sq. | 12 |

| Plan nº | Repère | Nom | Arrondissement |
|---|---|---|---|
| 9 | C17 N | Louisiane r. de la | 18 |
| 18-19 | G12-F13 | Louis-le-Grand r. | 2 |
| 32 | J15 | Louis-Lépine pl. | 4 |
| 6 | A12 S | Louis-Loucheur r. | 17 |
| 36 | J23-H23 | Louis-Lumière r. | 20 |
| 43 | L13 | Louis-Marin pl. | 5 |
| 54 | P11 | Louis-Morard r. | 14 |
| 17 | E9 S | Louis-Murat r. | 8 |
| 7-6 | A13-A12 | Louis-Pasteur-Vallery-Radot r. | 18 |
| 55-56 | S14-S15 | Louis-Pergaud r. | 13 |
| 33 | J18 S | Louis-Philippe pass. | 11 |
| 32 | J15 S | Louis-Philippe pont | 4 |
| 22 | F20 | Louis-Robert imp. | 20 |
| 43 | L14 S | Louis-Thuillier r. | 5 |
| 52 | P8-P7 | Louis-Vicat r. | 15 |
| 40-39 | K7-M6 | de Lourmel r. | 15 |
| 42 | N12 | Louvat villa | 14 |
| 19 | G13 N | Louvois r. de | 2 |
| 31 | H14 S | Louvre pl. du | 1 |
| 31-30 | H13-H12 | Louvre port du | 1 |
| 31 | J14-H13 | Louvre quai du | 1 |
| 31 | H14-G14 | Louvre r. du | |
| | | nᵒˢ 1-25, 2-52 | 1 |
| | | nᵒˢ 27-fin, 54-fin | 2 |
| 29-41 | J10-K9 | de Lowendal av. | |
| | | nᵒˢ 1-23, 2-14 | 7 |
| | | nᵒˢ 25-fin, 16-fin | 15 |
| 41 | K9 S | Lowendal sq. | 15 |
| 28 | G8-H7 | Lübeck r. de | 16 |
| 38-39 | M4-M5 | Lucien-Bossoutrot r. | 15 |
| 55-54 | S13-S12 | Lucien-Descaves av. | 14 |
| 47 | K22 S | Lucien-et-Sacha-Guitry r. | 20 |
| 7 | C13 | Lucien-Gaulard r. | 18 |
| 44 | M15 N | Lucien-Herr pl. | 5 |
| 36 | J23 N | Lucien-Lambeau r. | 20 |
| 35 | H22 | Lucien-Leuwen r. | 20 |
| 20 | F16 | Lucien-Sampaix r. | 10 |
| 19 | G13 | Lulli r. | 2 |
| 54 | P12 S | Lunain r. du | 14 |
| 20 | G15-F15 | Lune r. de la | 2 |
| 10 | C20-D20 | Lunéville r. de | 19 |
| 31 | J14 | Lutèce r. de | 4 |
| 30 | J12 | de Luynes r. | 7 |
| 30 | J12 | de Luynes sq. | 7 |
| 35 | H22 N | Lyanes r. des | 20 |
| 35 | H22 N | Lyanes villa des | 20 |
| 27 | J6 | Lyautey r. | 16 |
| 45-33 | L18-K17 | Lyon r. de | 12 |
| 43 | M14 | Lyonnais r. des | 5 |

Au-delà des limites du plan de Paris
utilisez la carte Michelin nº **101** " Banlieue de Paris "

Beyond the area covered by the plan of Paris
use the Michelin map no. **101** " Outskirts of Paris "

Benutzen Sie für den Großraum Paris
die Michelin-Karte Nr. **101** " Paris und Vororte "

Más allá de los límites del plano de París
utilice el mapa Michelin nº **101** " Aglomeración de París "

# m

| Plan n° | Repère | Nom | Arr. |
|---|---|---|---|
| 31 | K13 N | Mabillon r. | 6 |
| 11-9 | B21-A18 | Macdonald bd | 19 |
| 16 | F8-E7 | Mac-Mahon av. | 17 |
| 47 | N21 | Madagascar r. de | 12 |
| 30-42 | K12-L12 | Madame r. | 6 |
| 18 | G12 N | Madeleine bd de la | |
| | | n°s 1-23 | 1 |
| | | n°s 25-fin, 14-fin | 8 |
| | | n°s 2-12 | 9 |
| 18 | G11 N | Madeleine galerie de la | 8 |
| 18 | F11 S | Madeleine pass. de la | 8 |
| 18 | F12-G11 | Madeleine pl. de la | 8 |
| 40 | L7-L8 | Mademoiselle r. | 15 |
| 8 | B16 S | Madone r. de la | 18 |
| 18 | E11 | Madrid r. de | 8 |
| 28 | H7-G7 | Magdebourg r. de | 16 |
| 16 | G8-F8 | Magellan r. | 8 |
| 43 | N14 | Magendie r. | 13 |
| 21-20 | G17-D15 | Magenta bd de | |
| | | n°s 1-153, 2-fin | 10 |
| | | n°s 155-fin | 9 |
| 20 | F16 S | Magenta cité de | 10 |
| 10-11 | A20-A21 | Magenta r. n°s 2-8 | 19 |
| | | autres n°s | Pantin |
| 35 | K22 | Maigrot-Delaunay pass. | 20 |
| 31 | G14 | Mail r. du | 2 |
| 34 | J20 N | Maillard r. | 11 |
| 15 | E6 | Maillot porte | 8-16 |
| 34 | K19 | Main-d'Or pass. de la | 11 |
| 34 | K19 | Main-d'Or r. de la | 11 |
| 42-54 | L11-P12 | Maine av. du | |
| | | n°s 1-39, 2-58 | 15 |
| | | n°s 41-fin, 60-fin | 14 |
| 42 | M11 N | Maine r. du | 14 |
| 42 | L11 | Maintenon allée | 6 |
| 32 | G16 S | Maire r. au | 3 |
| 19 | D14 | Mairie cité de la | |
| 56 | P16 S | Maison-Blanche r. de la | 13 |
| 33 | K18 N | Maison-Brûlée cour de la | 11 |
| 42 | N11 N | Maison-Dieu r. | 14 |
| 32 | K15 | Maître-Albert r. | 5 |
| 15 | F6-E6 | Malakoff av. de | 16 |
| 15 | E6 S | Malakoff imp. de | 16 |
| 27-28 | G6-G7 | Malakoff villa | 16 |
| 31 | J13 N | Malaquais quai | 6 |
| 29 | H9 | Malar r. | 7 |
| 40 | N7 | Malassis r. | 15 |
| 43 | L14 N | Malebranche r. | 5 |
| 18-5 | F11-C9 | Malesherbes bd | |
| | | n°s 1-121, 2-92 | 8 |
| | | n°s 123-fin, 94-fin | 17 |
| 19 | E14-E13 | Malesherbes cité | 9 |
| 17 | D9-D10 | Malesherbes villa | 17 |
| 17 | E10 | Maleville r. | 8 |
| 32 | J16 | Malher r. | 4 |
| 38 | K3 S | Malherbe sq. | 16 |
| 53 | P10 | Mallebay villa | 14 |
| 26 | J4 S | Mallet-Stevens r. | 16 |
| 57-56 | R17-R16 | Malmaisons r. des | 13 |
| 33 | H17-G17 | Malte r. de | 11 |
| 35 | H21-G21 | Malte-Brun r. | 20 |
| 44 | L15 S | Malus r. | 5 |
| 31 | G14 S | Mandar r. | 2 |
| 22-23 | E19-D21 | Manin r. | 19 |
| 23 | D21 | Manin villa | 19 |
| 19 | D13-D12 S | Mansart r. | 9 |
| 19 | E14 | Manuel r. | 9 |
| 28 | H8-G8 | Manutention r. de la | 16 |
| 24 | E23 | Maquis-du-Vercors pl. | 19-20 |
| 48-35 | K23-J22 | Maraîchers r. des | 20 |
| 20 | F16 | Marais pass. des | 10 |
| 15 | F6-F5 | Marbeau bd | 16 |
| 15 | F6 N | Marbeau r. | 16 |
| 16-17 | G8-G9 | Marbeuf r. | 8 |
| 8-6 | C15-B12 | Marcadet r. | 18 |
| 28-16 | G8-F8 | Marceau av. n°s impairs | 16 |
| | | n°s pairs | 8 |
| 22 | E20 N | Marceau villa | 19 |
| 21 | F18 | Marcel-Achard pl. | 19 |
| 38 | M3-N3 | Marcel-Doret av. | 16 |
| 47 | N22 | Marcel-Dubois r. | 12 |
| 33 | H17 | Marcel-Gromaire r. | 11 |
| 43 | K14 | Marcelin-Berthelot pl. | 5 |
| 27 | J6 | Marcel-Proust av. | 16 |
| 16 | E7 N | Marcel-Renault r. | 17 |
| 7 | A13 S | Marcel-Sembat r. | 18 |
| 40 | N8 N | Marcel-Toussaint sq. | 15 |
| 33 | H18-J18 | Marcès imp. | 11 |
| 23 | D21 | Marchais r. des | 19 |
| 20 | F16 S | Marché pass. du | 10 |
| 44 | M16 | Marché-aux-Chevaux imp. | 5 |
| 32 | J16 N | Marché-des-Blancs-Manteaux r. du | 4 |
| 44 | M15 N | Marché-des-Patriarches r. | 5 |
| 31 | J14 S | Marché-Neuf quai du | 4 |
| 7 | B13 | Marché-Ordener r. du | |
| 33 | H18 N | Marché-Popincourt r. du | 11 |
| 33-32 | J17-J16 | Marché-Ste-Catherine pl. du | 4 |
| 30-31 | G12-G13 | Marché-St-Honoré pl. du | 1 |
| 30-18 | G12 | Marché-St-Honoré r. du | 1 |
| 53 | P9-R10 | Marc-Sangnier av. | 14 |
| 9-8 | C17-C16 | Marc-Séguin r. | 18 |
| 22 | G20 N | Mare imp. de la | 20 |
| 22 | G20-F20 | Mare r. de la | 20 |
| 15 | F5 | Maréchal-de-Lattre-de-Tassigny pl. | 16 |
| 15-26 | F5-G4 | Maréchal-Fayolle av. du | 16 |
| 26 | J3 | Mar.-Franchet-d'Espérey av. du | 16 |
| 29 | H10-J10 | Maréchal-Gallieni av. du | 7 |
| 28 | J8 N | Maréchal-Harispe r. du | 7 |
| 16 | D8 | Maréchal-Juin pl. du | 17 |
| 26-38 | K3 | Maréchal-Lyautey av. du | 16 |
| 26 | H4-J3 | Maréchal-Maunoury av. du | 16 |
| 31 | H13 | Marengo r. de | 1 |
| 54 | P12 S | Marguerin r. | 14 |
| 16 | E8 N | Margueritte r. | 17 |
| 48 | L23 S | Marguettes r. des | 12 |
| 6 | B12 | Maria-Deraismes r. | 17 |
| 6 | B11 | Marie cité | 17 |
| 32 | K16 N | Marie pont | 4 |
| 47 | L21 N | Marie-Benoist r. | 12 |
| 7 | D13 N | Marie-Blanche imp. | 18 |
| 54 | P12 S | Marié-Davy r. | 14 |
| 36 | J23 | Marie-de-Miribel pl. | 20 |
| 21 | F17 S | Marie-et-Louise r. | 10 |
| 35-47 | K22 | Marie-Laurent allée | 20 |
| 54 | P12 S | Marie-Rose r. | 14 |
| 32-31 | G15-G14 | Marie-Stuart r. | 2 |

| Plan n° | Repère | Nom | Arrondissement |
|---|---|---|---|
| 27 | J5 | **Marietta-Martin** r. | 16 |
| 17 | G9 *N* | **Marignan** pass. | 8 |
| 17 | G9 | **Marignan** r. de | 8 |
| 17 | G10-F10 | **Marigny** av. de | 8 |
| 53 | P10 *S* | **Mariniers** r. des | 14 |
| 28 | J8 | **Marinoni** r. | 7 |
| 41 | K9 *S* | **Mario-Nikis** r. | 15 |
| 18 | D11 | **Mariotte** r. | 17 |
| 19 | F13 *S* | **de Marivaux** r. | 2 |
| 40 | M8 *S* | **Marmontel** r. | 15 |
| 44 | N15 *N* | **Marmousets** r. des | 13 |
| 10 | C19-C20 | **Marne** quai de la | 19 |
| 10 | C19 | **Marne** r. de la | 19 |
| 9 | C17 *S* | **Maroc** imp. du | 19 |
| 9 | D17 *N* | **Maroc** pl. du | 19 |
| 9 | D18-C17 | **Maroc** r. du | 19 |
| 22 | G19-G20 | **Maronites** r. des | 20 |
| 4 | C8 | **Marquis-d'Arlandes** r. du | 17 |
| 27 | J5 *S* | **Marronniers** r. des | 16 |
| 11 | C21-D21 | **Marseillaise** r. de la | 19 |
| 21 | F17 *S* | **Marseille** r. de | 10 |
| 19 | G13 | **Marsollier** r. | 2 |
| 47 | L22 | **Marsoulan** r. | 12 |
| 20 | F15 *N* | **Martel** r. | 10 |
| 30 | J11 | **Martignac** cité | 7 |
| 30 | H11-J11 | **de Martignac** r. | 7 |
| 56 | P15 *S* | **Martin-Bernard** r. | 13 |
| 35 | H22-G22 | **Martin-Garat** r. | 20 |
| 20 | G16-F16 | **Martini** imp. | 10 |
| 8 | C16 *N* | **Martinique** r. de la | 18 |
| 35 | G21 *S* | **Martin-Nadaud** pl. | 20 |
| 6 | B12 *N* | **Marty** imp. | 17 |
| 19 | E13-D13 | **Martyrs** r. des | |
| | | n⁰ˢ 1-67, 2-fin | 9 |
| | | n⁰ˢ 69-fin | 18 |
| 8 | D16-C16 | **Marx-Dormoy** r. | 18 |
| 57 | R18 *S* | **Maryse-Bastié** r. | 13 |
| 36-48 | K23 | **Maryse-Hilsz** r. | 20 |
| 27-26 | H5-H4 | **Maspéro** r. | 16 |
| 58-56 | P20-S16 | **Masséna** bd | 13 |
| 57 | R18 | **Masséna** sq. | 13 |
| 27 | J6-H5 | **Massenet** r. | 16 |
| 41 | K10 *S* | **Masseran** r. | 7 |
| 47-59 | N21-N22 | **Massif-Central** sq. du | 12 |
| 32 | J15-K15 | **Massillon** r. | 4 |
| 8 | B15 | **Massonnet** imp. | 18 |
| 9 | C18 *N* | **Mathis** r. | 19 |
| 21 | E18 | **Mathurin-Moreau** av. | 19 |
| 41 | M9 | **Mathurin-Régnier** r. | 15 |
| 18 | F12-F11 | **Mathurins** r. des | |
| | | n⁰ˢ 1-21, 2-28 | 9 |
| | | n⁰ˢ 23-fin, 30-fin | 8 |
| 17 | G10-F10 | **Matignon** av. | 8 |
| 32 | K15 | **Maubert** imp. | 5 |
| 32-44 | K15 | **Maubert** pl. | 5 |
| 19-20 | E14-D16 | **Maubeuge** r. de n⁰ˢ 1-65, 2-84 | 9 |
| | | n⁰ˢ 67-fin, 86-fin | 10 |
| 19 | E14 | **Maubeuge** sq. de | 9 |
| 40 | M8 | **Maublanc** r. | 15 |
| 32-31 | H15-H14 | **Mauconseil** r. | 1 |
| 32 | H15 | **Maure** pass. du | 3 |
| 45 | L17 *S* | **Maurel** pass. | 5 |
| 30 | G12 | **Maurice-Barrès** pl. | 1 |
| 24 | G23 | **Maurice-Berteaux** r. | 20 |
| 53 | P9-P10 | **Maurice-Bouchor** r. | 14 |
| 27 | K5 | **Maurice-Bourdet** r. | 16 |
| 22 | G20 | **Maurice-Chevalier** pl. | 20 |
| 46 | L20 | **Maurice-de-Fontenay** pl. | 12 |
| 41 | K10-L10 | **Maurice-de-la-Sizeranne** r. | 7 |
| 53 | R10 *N* | **Maurice-d'Ocagne** av. | 14 |
| 55 | P13 *S* | **Maurice-Loewy** r. | 14 |
| 53 | P9 *S* | **Maurice-Noguès** r. | 14 |
| 31 | H14 | **Maurice-Quentin** pl. | 1 |
| 48 | M23-L23 | **Maurice-Ravel** av. | 12 |
| 42 | N11 | **Maurice-Ripoche** r. | 14 |
| 22 | D20 *S* | **Maurice-Rollinat** villa | 19 |
| 53 | P10-N9 | **Maurice-Rouvier** r. | 14 |
| 7 | D14 *N* | **Maurice-Utrillo** r. | 18 |
| 32 | J16 | **Mauvais-Garçons** r. des | 4 |
| 36 | J23 | **Mauves** allée des | 20 |
| 23 | E22 | **Mauxins** pass. des | 19 |
| 41-42 | M10-M11 | **Max-Hymans** sq. | 15 |
| 56 | S16-R15 | **Max-Jacob** r. | 13 |
| 4 | C8 | **Mayenne** sq. de la | 17 |
| 42 | L11 *N* | **Mayet** r. | 6 |
| 19 | E14 *S* | **Mayran** r. | 9 |
| 17 | S14 *S* | **Mazagran** av. de | 14 |
| 20 | F15 *S* | **Mazagran** r. de | 10 |
| 31 | J13 | **Mazarine** r. | 6 |
| 45 | L17 | **Mazas** pl. | 12 |
| 31 | J13 *S* | **Mazet** r. | 6 |
| 21-22 | E18-D19 | **Meaux** r. de | 19 |
| 43 | N14-N13 | **Méchain** r. | 14 |
| 17 | E9-D9 | **Médéric** r. | 17 |
| 43 | K13 *S* | **Médicis** r. de | 6 |
| 31 | J14 *N* | **Mégisserie** quai de la | 1 |
| 19-31 | G13 | **Méhul** r. | 2 |
| 40 | L8 | **Meilhac** r. | 15 |
| 17 | D9 | **Meissonier** r. | 17 |
| 22 | F20-E20 | **Melingue** r. | 19 |
| 21 | D18 | **Melun** pass. de | 19 |
| 19 | G13 *N* | **Ménars** r. | 2 |
| 36 | J23 | **Mendelssohn** r. | 20 |
| 32 | H15 | **Ménétriers** pass. des | 3 |
| 34 | H20-G19 | **Ménilmontant** bd de | |
| | | n⁰ˢ impairs 11ᵉ - n⁰ˢ pairs | 20 |
| 34 | G19 *S* | **Ménilmontant** pass. | 11 |
| 22 | G20 *N* | **Ménilmontant** pl. de | 20 |
| 24 | F23 | **Ménilmontant** porte de | 20 |
| 22-23 | G19-F21 | **Ménilmontant** r. de | 20 |
| 34 | J19-J20 | **Mercœur** r. | 11 |
| 15 | G6-G5 | **Mérimée** r. | 16 |
| 48 | L23 *S* | **Merisiers** sentier des | 12 |
| 34 | H20-H19 | **Merlin** r. | 11 |
| 37 | L2 | **Meryon** r. | 16 |
| 20 | G16 | **Meslay** pass. | 3 |
| 21-20 | G17-G16 | **Meslay** r. | 3 |
| 15 | G6 | **Mesnil** r. | 16 |
| 20 | E15 *S* | **Messageries** r. des | 10 |
| 47 | M22 | **Messidor** r. | 12 |
| 43 | N13 | **Messier** r. | 14 |
| 17 | E10 *S* | **Messine** av. de | 8 |
| 17 | E10 *S* | **Messine** r. de | 8 |
| 10 | C20 | **Metz** quai de | 19 |
| 20 | F16-F15 | **Metz** r. de | 10 |
| 47 | N21 | **Meuniers** r. des | 12 |
| 10 | C19 | **Meurthe** r. de la | 19 |
| 27 | G6 *S* | **Mexico** pl. de | 16 |
| 19 | F13 | **Meyerbeer** r. | 9 |
| 22 | D19 | **Meynadier** r. | 19 |
| 31-30 | K13-K12 | **Mézières** r. de | 6 |
| 56 | P15 *S* | **Michal** r. | 13 |
| 38 | M3 | **Michel-Ange** hameau | 16 |
| 38 | L3-M3 | **Michel-Ange** r. | 16 |
| 38 | K4 *S* | **Michel-Ange** villa | 16 |
| 57 | R18 | **Michel-Bréal** r. | 13 |
| 45 | L18-K18 | **Michel-Chasles** r. | 12 |
| 35 | J22 *S* | **Michel-de-Bourges** r. | 20 |
| 43 | L13 *S* | **Michelet** r. | 6 |

33

34

| Plan n° | Repère | Nom | Arrondissement |
|---|---|---|---|
| 35-47 | K21 | Morlet imp. | 11 |
| 18 | E12 | Morlot r. | 9 |
| 45 | K17 | Mornay r. | 4 |
| 42 | N11 | de Moro-Giafferi pl. | 14 |
| 36-23 | G23-E22 | Mortier bd | 20 |
| 34 | H19 S | Morvan r. du | 11 |
| 18 | E12-D11 | Moscou r. de | 8 |
| 22 | D19 | Moselle pass. de la | 19 |
| 9-21 | D18 N | Moselle r. de la | 19 |
| 7 | B13 N | Moskowa cité de la | 18 |
| 44 | L15-M15 | Mouffetard r. | 5 |
| 33 | H18 S | Moufle r. | 11 |
| 45 | L18 | Moulin pass. | 12 |
| 56 | R16 | Moulin-de-la-Pointe r. du | 13 |
| 41-53 | N10 S | Moulin-de-la-Vierge r. du | 14 |
| 56 | P15 N | Moulin-des-Prés pass. | 13 |
| 56 | P15-R16 | Moulin-des-Prés r. du | 13 |
| 56 | P15 S | Moulinet pass. du | 13 |
| 56 | P16-P15 | Moulinet r. du | 13 |
| 22 | G19-F19 | Moulin-Joly r. du | 11 |
| 31 | G13 | Moulins r. des | 1 |
| 54 | P11 N | Moulin-Vert imp. du | 14 |
| 54 | P12-N11 | Moulin-Vert r. du | 14 |
| 47 | K22 S | Mounet-Sully r. | 20 |
| 36 | J23 | Mouraud r. | 20 |
| 46 | L20 | Mousset imp. | 12 |
| 47 | L22 S | Mousset-Robert r. | 12 |
| 32 | J16 N | de Moussy r. | 4 |
| 54 | N12 S | Mouton-Duvernet r. | 14 |
| 23-22 | E21-E20 | Mouzaïa r. de | 19 |
| 46 | L20 S | Moynet cité | 12 |
| 27-26 | J5-K4 | Mozart av. | 16 |
| 26 | J4 | Mozart sq. | 16 |
| 26 | J4-K4 | Mozart villa | 16 |
| 27-26 | J5-J4 | Muette chaussée de la | 16 |
| 26 | H4 | Muette porte de la | 16 |
| 19 | G14 | Mulhouse r. de | 2 |
| 38 | M3 | Mulhouse villa | 16 |
| 7 | C14-D14 | Muller r. | 18 |
| 38 | L3-M4 | Murat bd | 16 |
| 38 | M3 S | Murat villa | 16 |
| 34 | H20-G20 | Mûriers r. des | 20 |
| 17 | E9 | Murillo r. | 8 |
| 38 | M4-M3 | de Musset r. | 16 |
| 44 | K15 S | Mutualité sq. de la | 5 |
| 8 | C16-D15 | Myrha r. | 18 |
| 17 | F10 | Myron-Timothy-Herrick av. | 8 |

# n

| Plan n° | Repère | Nom | Arrondissement |
|---|---|---|---|
| 6 | B11 | Naboulet imp. | 17 |
| 20 | F16 | Nancy r. de | 10 |
| 34 | H19-G19 | Nanettes r. des | 11 |
| 55 | R13 S | Nansouty imp. | 14 |
| 55 | R13 | Nansouty r. | 14 |
| 10 | C19-B19 | Nantes r. de | 19 |
| 41 | N9 | Nanteuil r. | 15 |
| 18-17 | E11-E10 | Naples r. de | 8 |
| 39 | M5 N | Napoléon-Chaix r. | 15 |
| 30 | K12 N | Narbonne r. de | 7 |
| 38 | L4 N | Narcisse-Diaz r. | 16 |
| 17 | E10 S | Narvik pl. de | 8 |
| 47 | K21 S | Nation pl. de la nos impairs | 11 |
| | | nos pairs | 12 |
| 57 | R18-R17 | National pass. | 13 |
| 58 | P20 | National pont | 12-13 |
| 57 | R17 N | Nationale imp. | 13 |
| 57 | P17 | Nationale pl. | 13 |
| 57 | R17-N17 | Nationale r. | 13 |
| 28 | H7 | Nations-Unies av. des | 16 |
| 7 | C13 | Nattier pl. | 18 |
| 19 | E13 N | Navarin r. de | 9 |
| 44 | L15 | Navarre r. de | 6 |
| 6 | B12-B11 | Navier r. | 17 |
| 33 | J17 | Necker r. | 4 |
| 29 | J9 N | Négrier cité | 7 |
| 28 | J7-K7 | Nélaton r. | 15 |
| 33 | G18 S | Nemours r. de | 11 |
| 31 | J13 | de Nesle r. | 6 |
| 31 | J14 | Neuf pont | 1-6 |
| 15 | E6 | Neuilly av. de | 16-17 |
| 8 | B15 | Neuve-de-la-Chardonnière r. | 18 |
| 34 | J20 S | Neuve-des-Boulets r. | 11 |
| 33 | G18-H18 | Neuve-Popincourt r. | 11 |
| 33 | J17 | Neuve-St-Pierre r. | 4 |
| 16 | E8 | Néva r. de la | 8 |
| 31 | J13 | Nevers imp. de | 6 |
| 31 | J13 | Nevers r. de | 6 |
| 16 | F8 S | Newton r. | 16 |
| 28 | H8-J7 | New-York av. de | 16 |
| 9-6 | A17-B12 | Ney bd | 17 |
| 5-17 | D9 N | Nicaragua pl. du | 17 |
| 34 | J20 S | Nice r. de | 11 |
| 47 | N21-M21 | Nicolaï r. | 12 |
| 36 | J23 N | Nicolas imp. | 20 |
| 41 | L10-M10 | Nicolas-Charlet r. | 15 |
| 5 | C9 | Nicolas-Chuquet r. | 17 |
| 32 | J15-H15 | Nicolas-Flamel r. | 4 |
| 56 | P16 N | Nicolas-Fortin r. | 13 |
| 45-44 | M17-M16 | Nicolas-Houël r. | 5 |
| 44 | N15 N | Nicolas-Roret r. | 13 |
| 54 | R11 | Nicolas-Taunay r. | 14 |
| 6 | C11 S | Nicolay sq. | 17 |
| 7 | C14 | Nicolet r. | 18 |
| 27 | J6-H5 | Nicolo r. | 16 |
| 16 | E8-D8 | Niel av. | 17 |
| 16 | D8 S | Niel villa | 17 |
| 42 | N11 | Niepce r. | 14 |
| 57 | R18 N | Nieuport villa | 13 |
| 48 | L23 | Niger r. du | 12 |
| 20-32 | G15 | Nil r. du | 2 |
| 7 | C14 | Nobel r. | 18 |
| 28 | J7 S | Nocard r. | 15 |
| 32 | H15-H16 | Noël cité | 3 |
| 48 | K23 S | Noël-Ballay r. | 20 |
| 15 | G5 N | Noisiel r. de | 16 |
| 24 | F23-E24 | Noisy-le-Sec r. de nos 1-47, 2-72 | 20 |
| 6 | D11-C11 | Nollet r. | 17 |
| 6 | C11 | Nollet sq. | 17 |
| 7 | B13 | Nollez cité | 18 |

| Plan n° | Repère | Nom | Arrondissement |
|---|---|---|---|
| 33 | K18 *N* | Nom-de-Jésus cour du | 11 |
| 32 | J16 *S* | Nonnains-d'Hyères r. des | 4 |
| 10-22 | D19 | Nord pass. du | 19 |
| 8 | B15 *S* | Nord r. du | 18 |
| 33 | H17 *N* | Normandie r. de | 3 |
| 7 | C14-C13 | Norvins r. | 18 |
| 32 | J15 | Notre-Dame pont | 4 |
| 20 | G15-F15 | Notre-Dame-de-Bonne-Nouvelle r. | 2 |

| Plan n° | Repère | Nom | Arrondissement |
|---|---|---|---|
| 19 | E13 | N.-D.-de-Lorette r. | 9 |
| 20-32 | G16-G15 | N.-D.-de-Nazareth r. | 3 |
| 20 | G15-F15 | N.-D.-de-Recouvrance r. | 2 |
| 42-43 | L12-M13 | N.-D.-des-Champs r. | 6 |
| 19-31 | G14 | N.-D.-des-Victoires r. | 2 |
| 22 | G19 | Nouveau-Belleville sq. du | 20 |
| 16 | E8 *S* | Nouvelle villa | 8 |
| 48 | M23 *S* | Nouvelle-Calédonie r. | 12 |
| 11 | D21-C21 | Noyer-Durand r. du | 19 |
| 37 | L2 | Nungesser-et-Coli r. | 16 |

# O

| Plan n° | Repère | Nom | Arrondissement |
|---|---|---|---|
| 33-34 | H17-G19 | Oberkampf r. | 11 |
| 43 | L13-M13 | Observatoire av. de l' | |
| | | n°s 1-27, 2-20 | 6 |
| | | n°s 29-47 | 5 |
| | | n°s 49-fin, 22-fin | 14 |
| 35 | G22 | Octave-Chanute pl. | 20 |
| 27-26 | H5-H4 | Octave-Feuillet r. | 16 |
| 28 | J7 | Octave-Gréard av. | 7 |
| 31 | K13 *N* | Odéon carr. de l' | 6 |
| 31-43 | K13 | Odéon pl. de l' | 6 |
| 31-43 | K13 | Odéon r. de l' | 6 |
| 42 | L11-M12 | Odessa r. d' | 14 |
| 17 | F9 | Odiot cité | 8 |
| 10 | C19-C20 | Oise quai de l' | 19 |
| 10 | C19 | Oise r. de l' | 19 |
| 32 | H16 *N* | Oiseaux r. des | 3 |
| 40 | N7 *N* | Olier r. | 15 |
| 42 | K11 | Olivet r. d' | 7 |
| 40 | N8 *N* | Olivier-de-Serres pass. | 15 |
| 40-52 | M8-N7 | Olivier-de-Serres r. | 15 |
| 23 | F21 | Olivier-Métra r. | 20 |
| 23 | F21 | Olivier-Métra villa | 20 |
| 54 | P11-N11 | Olivier-Noyer r. | 14 |
| 34 | H19 | Omer-Talon r. | 11 |
| 56 | R16 *N* | Onfroy imp. | 13 |
| 20 | E16 *S* | Onze-Novembre-1918 pl. | 10 |
| 19-31 | H13-G13 | Opéra av. de l' | |
| | | n°s 1-31, 2-26 | 1 |
| | | n°s 33-fin, 28-fin | 2 |
| 19-18 | F13-F12 | Opéra pl. de l' | |
| | | n°s 1-3, 2-4 | 2 |
| | | n°s 5, 6-8 | 9 |
| 18 | F12 | Opéra-Louis-Jouvet sq. | 9 |
| 51 | P6-N6 | Oradour-sur-Glane r. d' | 15 |
| 8 | C15 | Oran r. d' | 18 |
| 31 | H14 | Oratoire r. de l' | 1 |
| 7 | D13-C13 | d'Orchampt r. | 18 |
| 55 | R14 | Orchidées r. des | 13 |
| 8-7 | C16-B13 | Ordener r. | 18 |
| 7 | B14 *S* | Ordener villa | 18 |

| Plan n° | Repère | Nom | Arrondissement |
|---|---|---|---|
| 31 | J14 | Orfèvres quai des | 1 |
| 31 | J14 *N* | Orfèvres r. des | 1 |
| 35 | G21 | Orfila imp. | 20 |
| 23-35 | G21-G22 | Orfila r. | 20 |
| 20 | G16 | Orgues pass. des | 3 |
| 9 | C18 | Orgues-de-Flandre allée des | 19 |
| 21-22 | G18-F19 | Orillon r. de l' | 11 |
| 31 | H13 *N* | Orléans galerie d' | 1 |
| 54 | R12 | Orléans porte d' | 14 |
| 54 | N12 *S* | Orléans portiques d' | 14 |
| 32 | K16-K15 | Orléans quai d' | 4 |
| 19 | E13 | Orléans sq. d' | 9 |
| 54 | P12 | Orléans villa d' | 14 |
| 23 | E22 | Orme r. de l' | 19 |
| 35 | K21-K22 | Ormeaux r. des | 20 |
| 33-32 | J17-J16 | d'Ormesson r. | 4 |
| 8-7 | C15-B14 | Ornano bd | 18 |
| 8 | B15 *S* | Ornano sq. | 18 |
| 7 | B14 *N* | Ornano villa | 18 |
| 30-29 | H11-H9 | Orsay quai d' | 7 |
| 19 | D14 | Orsel cité d' | 18 |
| 19 | D14 | Orsel r. d' | 18 |
| 35 | J21 | Orteaux imp. des | 20 |
| 35-36 | J21-J23 | Orteaux r. des | 20 |
| 44 | L15 *S* | Ortolan r. | 5 |
| 39-40 | L6-M7 | Oscar-Roty r. | 15 |
| 6 | C12-B12 | Oslo r. d' | 18 |
| 26 | J4 | Oswaldo-Cruz r. | 16 |
| 26 | J4 | Oswaldo-Cruz villa | 16 |
| 23 | F22 *N* | Otages villa des | 20 |
| 22 | F19 | Ottoz villa | 20 |
| 30 | K11 | Oudinot imp. | 7 |
| 42-41 | K11-K10 | Oudinot r. | 7 |
| 44 | M16 | Oudry r. | 13 |
| 28-40 | K8 | Ouessant r. d' | 15 |
| 42 | M11 *S* | Ouest imp. de l' | 14 |
| 42-41 | M11-N10 | Ouest r. de l' | 14 |
| 10-9 | C19-B18 | Ourcq r. de l' | 19 |
| 33 | K18 *S* | Ours cour de l' | 11 |
| 32 | H15 *N* | Ours r. aux | 3 |
| 42 | L12 *S* | Ozanam pl. | 6 |

# p

| Plan n° | Repère | Nom | Arrondissement |
|---|---|---|---|
| 55 | S14-S13 | P.-Vaillant-Couturier av. | |
| | | nºˢ pairs 142-156 | 14 |
| | | autres nºˢ | Gentilly |
| 16 | G7-F7 | Paul-Valéry r. | 16 |
| 56 | P15 | Paul-Verlaine pl. | 13 |
| 22 | D20 S | Paul-Verlaine villa | 19 |
| 53 | P10 N | Pauly r. | 14 |
| 32 | J16 | Pavée r. | 4 |
| 16 | D7 S | Pavillons av. des | 17 |
| 7 | B13 N | Pavillons imp. des | 18 |
| 23 | F21 | Pavillons r. des | 20 |
| 32-33 | J16-J17 | Payenne r. | 3 |
| 57 | R18 | Péan r. | 13 |
| 40 | L8-M8 | Péclet r. | 15 |
| 32 | H16 S | Pecquay r. | 4 |
| 38 | N4 N | Pégoud r. | 15 |
| 42 | L12 S | Péguy r. | 6 |
| 32 | H15 N | Peintres imp. des | 2 |
| 22 | F19 S | Pékin pass. de | 20 |
| 33 | H17-H18 | Pelée r. | 11 |
| 5 | B10 | Pèlerin imp. du | 17 |
| 31 | H14-H13 | Pélican r. du | 1 |
| 35-23 | H22-F21 | Pelleport r. | 20 |
| 23 | F21 | Pelleport villa | 20 |
| 18 | D11 S | Pelouze r. | 8 |
| 7 | B14 | Penel pass. | 18 |
| 47 | L21 N | Pensionnat r. du | 12 |
| 18-17 | F9-F10 | Penthièvre r. de | 8 |
| 18 | F11 N | Pépinière r. de la | 8 |
| 38 | K4 S | Perchamps r. des | 16 |
| 32 | H16 | Perche r. du | 3 |
| 17 | F10 N | Percier av. | 8 |
| 20 | D16 | Perdonnet r. | 10 |
| 26-38 | K4 | Père-Brottier r. du | 16 |
| 54 | P12-R12 | Père-Corentin r. du | 14 |
| 56 | P15 N | Père-Guérin r. du | 13 |
| 34 | J19 | Père-Chaillet pl. du | 11 |
| 5-15 | C10-E6 | Pereire bd | 17 |
| 35 | H21 N | Père-Lachaise av. du | 20 |
| 27 | J6 | Père-Marcellin-Champagnat pl. du | 16 |
| 33 | K17 | Père-Teilhard-de-Chardin pl. du | 4 |
| 44 | M15 N | Père-Teilhard-de-Chardin r. | 5 |
| 15 | E6-F6 | Pergolèse r. | 16 |
| 52 | P8 N | Périchaux r. des | 15 |
| 41 | K10-L9 | Pérignon r. nºˢ 2-28 | 7 |
| | | nºˢ impairs, 30-fin | 15 |
| 36 | J23 S | Périgord sq. du | 20 |
| 23 | D21 | Périgueux r. de | 19 |
| 32 | H16 S | Perle r. de la | 3 |
| 32 | J15 N | Pernelle r. | 4 |
| 21 | F18 | Pernette-du-Guillet allée | 19 |
| 42-41 | N11-N10 | Pernety r. | 14 |
| 17 | E9 S | Pérou pl. du | 8 |
| 31 | H14 S | Perrault r. | 1 |
| 33-32 | H17-G16 | Perrée r. | 3 |
| 23-35 | G22 N | Perreur pass. | 20 |
| 23 | G22 N | Perreur villa | 20 |
| 39 | K5 S | Perrichont av. | 16 |
| 30 | J12 | Perronet r. | 7 |
| 7 | C14 | Pers imp. | 18 |
| 15 | D6-E6 | Pershing bd | 17 |
| 44 | L15-M15 | Pestalozzi r. | 5 |
| 40 | M8 N | Petel r. | 15 |
| 16 | D7 S | Péterhof av. de | 17 |
| 6 | B12 | Petiet r. | 17 |
| 23 | E21 | Pétin imp. | 19 |

| Plan n° | Repère | Nom | Arrondissement |
|---|---|---|---|
| 34 | J19-H19 | Pétion r. | 11 |
| 22-11 | D19-D21 | Petit r. | 19 |
| 5 | B10 S | Petit-Cerf pass. | 17 |
| 38 | N3 N | Petite-Arche r. de la | 16 |
| 31 | J13 S | Petite-Boucherie pass. | 6 |
| 34 | J20 S | Petite-Pierre r. de la | 11 |
| 20 | F15 | Petites-Écuries cour des | 10 |
| 20 | F15 | Petites-Écuries pass. des | 10 |
| 20 | F15 | Petites-Écuries r. des | 10 |
| 32 | H15 N | Petite-Truanderie r. de la | 1 |
| 44-56 | N16 S | Petit-Modèle imp. du | 13 |
| 44 | M15 S | Petit-Moine r. du | 5 |
| 33 | K17-J17 | Petit-Musc r. du | 4 |
| 23 | E21 S | Petitot r. | 19 |
| 31 | J14-K14 | Petit-Pont | 4-5 |
| 31 | K14 N | Petit-Pont pl. du | 5 |
| 31 | K14 N | Petit-Pont r. du | 5 |
| 31-20 | G14-G15 | Petits-Carreaux r. des | 2 |
| 31 | G13 | Petits-Champs r. des | |
| | | nºˢ impairs 1ᵉʳ - nºˢ pairs | 2 |
| 20 | E15 | Petits-Hôtels r. des | 10 |
| 31 | G14 | Petits-Pères pass. des | 2 |
| 31 | G14 | Petits-Pères pl. des | 2 |
| 31 | G14 | Petits-Pères r. des | 2 |
| 11 | C21-B21 | Petits-Ponts rte des | 19 |
| 27 | H6 | Pétrarque r. | 16 |
| 27 | H6 | Pétrarque sq. | 16 |
| 20-19 | E15-E14 | Pétrelle r. | 9 |
| 20 | E15 N | Pétrelle sq. | 9 |
| 38 | K3 S | Peupliers av. des | 16 |
| 56 | R15 | Peupliers poterne des | 13 |
| 56 | R15 | Peupliers r. des | 13 |
| 56 | P15-R15 | Peupliers sq. des | 13 |
| 34 | J19-J20 | Phalsbourg cité de | 11 |
| 17 | D9 S | Phalsbourg r. de | 17 |
| 4-5 | C8-C9 | Philibert-Delorme r. | 17 |
| 57-56 | R17-R16 | Philibert-Lucot r. | 13 |
| 36-48 | K23 | Philidor imp. | 20 |
| 36 | K23 | Philidor r. | 20 |
| 47-34 | K21-J20 | Philippe-Auguste av. | 11 |
| 35 | K21 | Philippe-Auguste pass. | 11 |
| 44-56 | N16 S | Philippe-de-Champagne r. | 13 |
| 20-8 | E16-C16 | Philippe-de-Girard r. | |
| | | nºˢ1-33, 2-34 | 10 |
| | | nºˢ 35-fin, 36-fin | 18 |
| 22-21 | E19-E18 | Philippe-Hecht r. | 19 |
| 22 | F20 S | Piat pass. | 20 |
| 22 | F20-F19 | Piat r. | 20 |
| 33 | H17 N | Picardie r. de | 3 |
| 15 | F6 N | Piccini r. | 16 |
| 15 | F6 S | Picot r. | 16 |
| 47 | M22-L21 | Picpus bd de | 12 |
| 48 | N23 | Picpus porte de (Pte Dorée) | 12 |
| 46-47 | K20-N22 | Picpus r. de | 12 |
| 19 | D13 | Piémontési r. | 18 |
| 32 | H15 | Pierre-au-Lard r. | 4 |
| 34 | J20-H20 | Pierre-Bayle r. | 20 |
| 46 | L20 N | Pierre-Bourdan r. | 12 |
| 28 | G8 S | Pierre-Brisson pl. | 16 |
| 44-43 | M15-M14 | Pierre-Brossolette r. | 5 |
| 8 | C15 | Pierre-Budin r. | 18 |
| 20 | F16 S | Pierre-Bullet r. | 10 |
| 16-17 | G8-F9 | Pierre-Charron r. | 8 |
| 20 | F16 S | Pierre-Chausson r. | 10 |
| 38 | N3 N | Pierre-de-Coubertin pl. | 16 |
| 16 | E7-D8 | Pierre-Demours r. | 17 |
| 21 | E17 | Pierre-Dupont r. | 10 |
| 43 | L14 | Pierre-et-Marie-Curie r. | 5 |

| Plan n° | Repère | Nom | Arrondissement |
|---|---|---|---|
| 24 | F23 *S* | Pierre-Foncin r. | 20 |
| 6 | C12 *S* | Pierre-Ginier r. | 18 |
| 6 | C12 *S* | Pierre-Ginier villa | 18 |
| 10 | D19 *N* | Pierre-Girard r. | 19 |
| 57 | N18-P18 | Pierre-Gourdault r. | 13 |
| 26-38 | K4 | Pierre-Guérin r. | 16 |
| 18 | D12 | Pierre-Haret r. | 9 |
| 42 | L12 | Pierre-Lafue r. | 6 |
| 43 | M14 *N* | Pierre-Lampué pl. | 5 |
| 53 | P10 | Pierre-Larousse r. | 14 |
| 16 | E8 | Pierre-le-Grand r. | 8 |
| 20-8 | D16 *N* | Pierre-l'Ermite r. | 18 |
| 42 | K11 *S* | Pierre-Leroux r. | 7 |
| 53 | P10 *S* | Pierre-Le-Roy r. | 14 |
| 32 | H15 | Pierre-Lescot r. | 1 |
| 21-33 | G18 | Pierre-Levée r. de la | 11 |
| 27-39 | K5 | Pierre-Louÿs r. | 16 |
| 55 | S13 | Pierre-Masse av. | 14 |
| 40-52 | N7 | Pierre-Mille r. | 15 |
| 24-36 | G23 | Pierre-Mouillard r. | 20 |
| 43 | M14-M13 | Pierre-Nicole r. | 5 |
| 7-19 | D14 | Pierre-Picard r. | 18 |
| 16-28 | G8 | Pierre-1er-de-Serbie av. | |
| | | n°s 1-33, 2-28 | 16 |
| | | n°s 35-fin, 30-fin | 8 |
| 36 | G23 | Pierre-Quillard r. | 20 |
| 6-5 | A11-B10 | Pierre-Rebière r. | 17 |
| 31 | K14 | Pierre-Sarrazin r. | 6 |
| 19-20 | E14-E15 | Pierre-Semard r. | 10 |
| 24 | F23 | Pierre-Soulié r. | 20 |
| 29 | H9 *S* | Pierre-Villey r. | 7 |
| 19 | E13 *N* | Pigalle cité | 9 |
| 19 | D13 *S* | Pigalle pl. | 9 |
| 19 | E13-D13 | Pigalle r. | 9 |
| 33 | H18 *N* | Pihet r. | 11 |
| 19 | F13 | Pillet-Will r. | 9 |
| 6 | C12 | Pilleux cité | 18 |
| 44 | N16 | Pinel pl. | 13 |
| 44 | N16 | Pinel r. | 13 |
| 44 | M16-N16 | Pirandello r. | 13 |
| 4 | C8 | Pissarro r. | 17 |
| 21 | F18 *S* | Piver imp. | 11 |
| 21 | F18 *S* | Piver pass. | 11 |
| 23 | F21 | Pixérécourt imp. | 20 |
| 23 | F21 | Pixérécourt r. | 20 |
| 52 | P7 | Plaine porte de la | 15 |
| 35-47 | K21-K22 | Plaine r. de la | 20 |
| 52 | P8 | Plaisance porte de | 15 |
| 42-54 | N11 *S* | Plaisance r. de | 14 |
| 23 | F22 *S* | Planchart pass. | 20 |
| 35 | K21-J21 | Planchat r. | 20 |
| 20 | G16 *N* | Planchette imp. de la | 3 |
| 46 | M20 | Planchette ruelle de la | 12 |
| 54 | N11-R11 | Plantes r. des | 14 |
| 54 | P11 *N* | Plantes villa des | 14 |
| 22 | F20 *S* | Plantin pass. | 20 |
| 19 | D13 | Platanes villa des | 18 |
| 31 | H14 *S* | Plat-d'Étain r. du | 1 |
| 22 | E20 | Plateau pass. du | 19 |
| 22 | E20-E19 | Plateau r. du | 19 |
| 41 | M10 *S* | Platon r. | 15 |
| 32 | H16-H15 | Plâtre r. du | 4 |
| 22-34 | G20 | Plâtrières r. des | 20 |
| 40-39 | M7-M6 | Plélo r. de | 15 |
| 46 | M20 | Pleyel r. | 12 |
| 34 | H20 | Plichon r. | 11 |
| 41 | M9 | Plumet r. | 15 |
| 42 | M11 *N* | Poinsot r. | 14 |
| 38 | M3 | Point-du-Jour porte du | 16 |
| 35 | J22 | Pointe sentier de la | 20 |
| 57 | R17 | Pointe-d'Ivry r. de la | 13 |
| 17 | F9 *S* | Point-Show galerie | 8 |
| 41 | L9 | Poirier villa | 15 |
| 54 | R12-R11 | Poirier-de-Narçay r. | 14 |
| 33 | J17 | Poissonnerie imp. de la | 4 |
| 19 | F14 *S* | Poissonnière bd n°s impairs | 2 |
| | | n°s pairs | 9 |
| 20 | G15-F15 | Poissonnière r. | 2 |
| 8 | D15 *N* | Poissonnière villa | 18 |
| 8 | A15-B15 | Poissonniers porte des | 18 |
| 8 | D15-B15 | Poissonniers r. des | 18 |
| 44 | K15 | Poissy r. de | 5 |
| 31 | K14 *N* | Poitevins r. des | 6 |
| 30 | H12-J12 | Poitiers r. de | 7 |
| 33-32 | H17-H16 | Poitou r. de | 3 |
| 7 | B13 | Pôle-Nord r. du | 18 |
| 44 | M16 | Poliveau r. | 5 |
| 15 | G5 *N* | Pologne av. de | 16 |
| 8 | D15 | Polonceau r. | 18 |
| 15 | G5 | Pomereu r. de | 16 |
| 46 | N20-M19 | Pommard r. de | 12 |
| 27-15 | J5-F6 | Pompe r. de la | 16 |
| 20-32 | G15 | Ponceau pass. du | 2 |
| 32 | G15 | Ponceau r. du | 2 |
| 16 | E8 *N* | Poncelet pass. | 17 |
| 16 | E8 | Poncelet r. | 17 |
| 28-40 | K8 | Pondichéry r. de | 15 |
| 58-47 | P20-N22 | Poniatowski bd | 12 |
| 57 | P17 *S* | Ponscarme r. | 13 |
| 6 | A11 *S* | Pont-à-Mousson r. de | 17 |
| 20-32 | G16 | Pont-aux-Biches pass. du | 3 |
| 33 | H17 | Pont-aux-Choux r. du | 3 |
| 31 | J14 *S* | Pont-de-Lodi r. du | 6 |
| 17 | F10-F9 | Ponthieu r. de | 8 |
| 32 | J16 | Pont-Louis-Philippe r. du | 4 |
| 39 | L5 *N* | Pont-Mirabeau rd-pt du | 15 |
| 31 | J14 | Pont-Neuf pl. du | 1 |
| 31 | H14 *S* | Pont-Neuf r. du | 1 |
| 44 | K15 | Pontoise r. de | 5 |
| 33 | H18 | Popincourt cité | 11 |
| 33 | H18 *S* | Popincourt imp. | 11 |
| 34-33 | J19-H18 | Popincourt r. | 11 |
| 18 | E11 | Portalis r. | 8 |
| 57 | S17 *N* | Port-au-Prince pl. de | 13 |
| 52 | P8 | Pte-Brancion av. de la | 15 |
| 23 | D21 | Pte-Brunet av. de la | 19 |
| 11 | D21 *N* | Pte-Chaumont av. de la | 19 |
| 5-4 | C9-B8 | Pte-d'Asnières av. de la | 17 |
| 9 | A18 | Pte-d'Aubervilliers av. | |
| | | n°s impairs 18 - n°s pairs | 19 |
| 38 | K3 *S* | Pte-d'Auteuil pl. de la | 16 |
| 36 | G23 *S* | Pte-de-Bagnolet av. de la | 20 |
| 36 | G23-H23 | Pte-de-Bagnolet pl. de la | 20 |
| 3-4 | D7-D6 | Pte-de-Champerret av. | 17 |
| 4 | D7 *N* | Pte-de-Champerret pl. de la | 17 |
| 59 | N21-P22 | Pte-de-Charenton av. de la | 12 |
| 54-53 | R11-R10 | Pte-de-Châtillon av. de la | 14 |
| 54 | R11 *N* | Pte-de-Châtillon pl. de la | 14 |
| 57 | S17 | Pte-de-Choisy av. de la | 13 |
| 5 | B10 | Pte-de-Clichy av. de la | 17 |
| 7 | A14 | Pte-de-Clignancourt av. | 18 |
| 55 | S14 | Pte-de-Gentilly av. de la | |
| | | n°s impairs 13e - n°s pairs | 14 |
| 8 | A16 | Pte-de-la-Chapelle av. | 18 |
| 52 | P7 | Pte-de-la-Plaine av. de la | 15 |
| 10 | A20 | Pte-de-la-Villette av. de la | 19 |
| 24 | F23 *S* | Pte-de-Ménilmontant av. | 20 |
| 7 | A13 | Pte-de-Montmartre av. | 18 |
| 36 | J23 *S* | Pte-de-Montreuil av. de la | 20 |

| Plan n° | Repère | Nom | Arrondissement |
|---|---|---|---|
| 36 | J23 S | Pte-de-Montreuil pl. de la | 20 |
| 54 | R11 | Pte-de-Montrouge av. | 14 |
| 11 | C21 | Pte-de-Pantin av. de la | 19 |
| 11 | C21 | Pte-de-Pantin pl. de la | 19 |
| 26 | J3 N | Pte-de-Passy pl. de la | 16 |
| 52 | P8 | Pte-de-Plaisance av. de la | 15 |
| 37 | M2 | Pte-de-St-Cloud av. de la | 16 |
| 37-38 | M2-M3 | Pte-de-St-Cloud pl. de la | 16 |
| 6 | A12 | Pte-de-St-Ouen av. de la | |
| | | $n^{os}$ impairs $17^e$ - $n^{os}$ pairs | 18 |
| 39 | N5 | Pte-de-Sèvres av. de la | 15 |
| 23-24 | E22-E23 | Pte-des-Lilas av. de la | |
| | | $n^{os}$ impairs | 19 |
| | | $n^{os}$ pairs | 20 |
| 8 | A15 | Pte-des-Poissonniers av. | 18 |
| 15 | D6 S | Pte-des-Ternes av. de la | 17 |
| 53 | P9-R9 | Pte-de-Vanves av. de la | 14 |
| 53 | P9 S | Pte-de-Vanves pl. de la | 14 |
| 53 | P9-R9 | Pte-de-Vanves sq. de la | 14 |
| 40-52 | N7 S | Pte-de-Versailles pl. de la | 15 |
| 3-15 | D6 | Pte-de-Villiers av. de la | 17 |
| 48 | L24-L23 | Pte-de-Vincennes av. | |
| | | $n^{os}$ 2-24, 143-151 | 12 |
| | | $n^{os}$ 1-23, 198 | 20 |
| 58 | R19 | Pte-de-Vitry av. de la | 13 |
| 53 | P10 S | Pte-Didot av. de la | 14 |
| 39 | N6 | Pte-d'Issy r. de la | 15 |
| 56 | S16 | Pte-d'Italie av. de la | 13 |
| 57 | S18-R17 | Pte-d'Ivry av. de la | 13 |
| 54 | R12 S | Pte-d'Orléans av. de la | 14 |
| 23 | E22-D22 | Pte-du-Pré-St-Gervais av. de la | 19 |
| 32 | H16 N | Portefoin r. | 3 |
| 15 | E6 | Pte-Maillot pl. de la | 16-17 |
| 37 | L2 | Pte-Molitor av. de la | 16 |
| 37-38 | L2-L3 | Pte-Molitor pl. de la | 16 |
| 6 | B11-A11 | Pte-Pouchet av. de la | 17 |
| 8 | C15 N | Portes-Blanches r. des | 18 |
| 19 | G13 N | Port-Mahon r. de | 2 |
| 44-43 | M15-M13 | Port-Royal bd de | |
| | | $n^{os}$ 1-93 | 13 |
| | | $n^{os}$ 95-fin | 14 |
| | | $n^{os}$ pairs | 5 |
| 43 | M14 S | Port-Royal cité de | 13 |
| 43 | M14 S | Port-Royal sq. de | 13 |
| 16 | F7 S | Portugais av. des | 16 |
| 27 | H5 S | Possoz pl. | 16 |
| 44 | M15 N | Postes pass. des | 5 |
| 44 | L15 S | Pot-de-Fer r. du | 5 |
| 7 | B13 N | Poteau pass. du | 18 |
| 7 | B14-B13 | Poteau r. du | 18 |
| 56 | R15-S15 | Poterne-des-Peupliers r. | 13 |
| 31 | G13 S | Potier pass. | 1 |
| 9 | B18-C18 | Pottier cité | 19 |
| 6 | B11 | Pouchet pass. | 17 |
| 6 | A11-B11 | Pouchet porte | 17 |
| 6 | C11-B11 | Pouchet r. | 17 |
| 7 | C13-D14 | Poulbot r. | 18 |
| 35 | J21-K21 | Poule imp. | 20 |
| 8 | C15 S | Poulet r. | 18 |
| 32 | K16 | Poulletier r. | 4 |
| 38 | K4-K3 | Poussin r. | 16 |
| 56 | P15 S | Pouy r. de | 13 |
| 22 | F19-E19 | Pradier r. | 19 |
| 20 | G15-F15 | Prado pass. du | 10 |
| 33-45 | K18 S | Prague r. de | 12 |
| 35 | H22 | Prairies r. des | 20 |
| 8 | B16 N | Pré r. du | 18 |
| 22 | E19 | Préault r. | 19 |
| 30 | J12 | Pré-aux-Clercs r. du | 7 |
| 32 | H15 | Prêcheurs r. des | 1 |
| 23 | D21-D22 | Pré-St-Gervais porte du | 19 |
| 23 | E21 S | Pré-St-Gervais r. du | 19 |
| 16 | F8-F7 | Presbourg r. de $n^{os}$ 1-2 | 8 |
| | | $n^{os}$ 3-fin, 4-fin | 16 |
| 22-21 | F19-F18 | Présentation r. de la | 11 |
| 30 | H11 | Président-Ed.-Herriot pl. | 7 |
| 28-27 | J7-K5 | Président-Kennedy av. du | 16 |
| 29 | K10 | Président-Mithouard pl. | 7 |
| 28 | G8-H7 | Président-Wilson av. du | |
| | | $n^{os}$ impairs, $n^{os}$ 8-fin | 16 |
| | | $n^{os}$ 2-6 | 8 |
| 28 | K8 N | Presles imp. de | 15 |
| 28 | K8 N | Presles r. de | 15 |
| 22 | G19 N | Pressoir r. du | 20 |
| 27 | G6 S | Prêtres imp. des | 16 |
| 31 | H14 S | Prêtres-St-Germain-l'Auxerrois r. des | 1 |
| 31 | K14 N | Prêtres-St-Séverin r. des | 5 |
| 53 | P9 S | Prévost-Paradol r. | 14 |
| 32 | J16 S | Prévôt r. du | 4 |
| 22-23 | D20-D21 | Prévoyance r. de la | 19 |
| 44-56 | N16 | Primatice r. | 13 |
| 33 | J17-H18 | Primevères imp. des | 11 |
| 19 | F13 S | Princes pass. des | 2 |
| 31 | K13 N | Princesse r. | 6 |
| 5 | C9 S | Printemps r. du | 17 |
| 54 | R12-P12 | Prisse-d'Avennes r. | 14 |
| 41 | M9-N10 | Procession r. de la | 15 |
| 36 | J24-J23 | Prof.-André-Lemierre av. du | |
| | | $n^{os}$ impairs | 20 |
| | | $n^{os}$ pairs | Montreuil-Bagnolet |
| 8-7 | A15-A14 | Professeur-Gosset r. du | 18 |
| 54 | R12-S12 | Professeur-Hyacinthe-Vincent r. du | 14 |
| 56 | R16-R15 | Prof.-Louis-Renault r. du | 13 |
| 23 | E21 N | Progrès villa du | 19 |
| 17-16 | E9-D8 | de Prony r. de | 17 |
| 17 | D10 S | Prosper-Goubaux pl. | |
| | | $n^{os}$ impairs | 8 |
| | | $n^{os}$ pairs | 17 |
| 34 | K20 N | Prost cité | 11 |
| 46 | M20 S | Proudhon r. | 12 |
| 31 | H14 | Prouvaires r. des | 1 |
| 19 | F13 N | Provence av. de | 9 |
| 19-18 | F14-F12 | Provence r. de | |
| | | $n^{os}$ 1-125, 2-118 | 9 |
| | | $n^{os}$ 127-fin, 120-fin | 8 |
| 35 | J22 S | Providence imp. de la | 20 |
| 56-55 | R15-P14 | Providence r. de la | 13 |
| 26 | J4-H4 | Prudhon av. | 16 |
| 34 | H20 | Pruniers r. des | 20 |
| 19 | D13 | Puget r. | 18 |
| 55 | R13 | Puits allée du | 14 |
| 44 | L15 S | Puits-de-l'Ermite pl. du | 5 |
| 44 | L15-M15 | Puits-de-l'Ermite r. du | 5 |
| 5 | C10 S | Pusy cité de | 17 |
| 18 | F11 | Puteaux pass. | 8 |
| 18 | D11 | Puteaux r. | 17 |
| 4 | D8 N | Puvis-de-Chavannes r. | 17 |
| 35 | H22-G22 | Py r. de la | 20 |
| 31-30 | H13-H12 | Pyramides pl. des | 1 |
| 31 | H13-G13 | Pyramides r. des | 1 |
| 47-22 | K22-F20 | Pyrénées r. des | 20 |
| 35 | J22-K22 | Pyrénées villa des | 20 |

| Plan n° | Repère | Nom | Arrondissement |
|---|---|---|---|
| 21-33 | G17 | **République pl. de la** | |
| | | nᵒˢ impairs | 3 |
| | | nᵒˢ 2-10 | 11 |
| | | nᵒˢ 12-16 | 10 |
| 17 | E9 | Rép.-de-l'Equateur pl. de la | 8 |
| 17 | E9 N | Rép.-Dominicaine pl. de la | |
| | | nᵒˢ impairs 8ᵉ - nᵒˢ pairs | 17 |
| 57 | P18 S | Résal r. | 13 |
| 28 | H8 | Résistance pl. de la | 7 |
| 18 | G11 N | Retiro cité du | 8 |
| 23 | G21 N | Retrait pass. du | 20 |
| 23-35 | G21 | Retrait r. du | 20 |
| 46-47 | M20-M21 | Reuilly bd de | 12 |
| 47 | N22 | Reuilly porte de | 12 |
| 46-47 | K20-M21 | Reuilly r. de | 12 |
| 35 | J22 | Réunion pl. de la | 20 |
| 35 | K22-J21 | Réunion r. de la | 20 |
| 38 | L4 S | Réunion villa de la | 16 |
| 36-48 | K23 | Reynaldo-Hahn r. | 20 |
| 22 | D19 | Rhin r. du | 19 |
| 11-23 | D21 S | Rhin-et-Danube pl. de | 19 |
| 4 | C8 | Rhône sq. du | 17 |
| 26 | K4 | Ribera r. | 16 |
| 35 | J21 N | Riberolle villa | 20 |
| 40 | L8 N | Ribet imp. | 15 |
| 35 | H22 S | Riblette r. | 20 |
| 22-34 | G19 | Ribot cité | 11 |
| 19 | E14 S | Riboutté r. | 9 |
| 56 | P16 N | Ricaut r. | 12 |
| 41 | N9 | Richard imp. | 15 |
| 18 | D11 | Richard-Baret pl. | 17 |
| 16 | F8 | Richard-de-Coudenhove-Kalergi pl. | 16 |
| 33 | J17-G17 | Richard-Lenoir bd | 11 |
| 34 | J19 | Richard-Lenoir r. | 11 |
| 31 | G13-H13 | Richelieu pass. de | 1 |
| 31-19 | H13-F14 | Richelieu r. de | |
| | | nᵒˢ 1-53, 2-56 | 1 |
| | | nᵒˢ 55-fin, 58-fin | 2 |
| 57 | P17 | Richemond r. de | 13 |
| 18 | G11-G12 | Richepance r. nᵒˢ impairs | 8 |
| | | nᵒˢ pairs | 1 |
| 20-19 | F15-F14 | Richer r. | 9 |
| 21 | F17 | Richerand av. | 10 |
| 8 | D15 N | Richomme r. | 18 |
| 53 | N10 S | Ridder r. de | 14 |
| 18 | F11 N | Rigny r. de | 8 |
| 23-22 | F21-F20 | Rigoles r. des | 20 |
| 22 | D20 S | Rimbaud villa | 19 |
| 54 | P12 N | Rimbaut pass. | 14 |
| 17 | E10 | Rio-de-Janeiro pl. de | 8 |
| 9-8 | C18-C16 | Riquet r. nᵒˢ 1-53, 2-64 | 19 |
| | | nᵒˢ 65-fin, 66-fin | 18 |
| 20 | F16-G16 | Riverin cité | 10 |
| 34 | G20 | Rivière pass. | 20 |
| 32-30 | J16-G11 | Rivoli r. de nᵒˢ 1-39, 2-96 | 4 |
| | | nᵒˢ 41-fin, 98-fin | 1 |
| 7 | B13 | Robert imp. | 18 |
| 21 | E17 | Robert-Blache r. | 10 |
| 27-39 | K6 | Robert-de-Flers r. | 15 |
| 21 | E17 | Robert-Desnos pl. | 10 |
| 29 | H10 | Robert-Esnault-Pelterie r. | 7 |
| 17 | G9 N | Robert-Estienne r. | 8 |
| 58 | P20 | Robert-Etlin r. | 12 |
| 40 | L8 | Robert-Fleury r. | 15 |
| 21 | F18 S | Robert-Houdin r. | 11 |
| 27 | J5 S | Robert-Le-Coin r. | 16 |
| 40 | N8 | Robert-Lindet r. | 15 |
| 40 | N8 | Robert-Lindet villa | 15 |
| 19 | D13 | Robert-Planquette r. | 18 |
| 29 | H9 | Robert-Schuman av. | 7 |
| 26 | K4 N | Robert-Turquan r. | 16 |
| 6 | B11 | Roberval r. | 17 |
| 29 | J9 N | Robiac sq. de | 7 |
| 35 | G21 S | Robineau r. | 20 |
| 42 | L12 S | Robiquet imp. | 6 |
| 26 | K3 N | Rocamadour sq. de | 16 |
| 28 | G8 S | Rochambeau pl. | 16 |
| 19 | E14 | Rochambeau r. | 9 |
| 34 | H19 | Rochebrune pass. | 11 |
| 34 | H19 | Rochebrune r. | 11 |
| 20-19 | D15-D14 | de Rochechouart bd | |
| | | nᵒˢ impairs | 9 |
| | | nᵒˢ pairs | 18 |
| 19 | E14-D14 | de Rochechouart r. | 9 |
| 18 | E11 | Rocher r. du | 8 |
| 20 | E15-D15 | Rocroy r. de | 10 |
| 43 | N13 | Rodenbach allée | 14 |
| 19 | E14 | Rodier r. | 9 |
| 27 | H5 N | Rodin av. | 16 |
| 26 | J4 S | Rodin pl. | 16 |
| 42 | N12 N | Roger r. | 14 |
| 16 | D7 S | Roger-Bacon r. | 17 |
| 33 | J17 | Roger-Verlomme r. | 3 |
| 31 | K13 N | Rohan cour de | 6 |
| 31 | H13 N | Rohan r. de | 1 |
| 8 | B15 | Roi-d'Alger pass. du | 18 |
| 7-8 | B14-B15 | Roi-d'Alger r. du | 18 |
| 32 | J16 | Roi-de-Sicile r. du | 4 |
| 33 | H17 S | Roi-Doré r. du | 3 |
| 32 | G15 | Roi-François cour du | 2 |
| 7 | C13-C14 | Roland-Dorgelès carr. | 18 |
| 24-36 | G23 | Roland-Garros sq. | 20 |
| 55 | R14 S | Roli r. | 14 |
| 35 | J21-K21 | Rolleboise imp. | 20 |
| 44 | L15 | Rollin r. | 5 |
| 54-53 | S12-R10 | Romain-Rolland bd | 14 |
| 23 | E21-E22 | Romainville r. de | 19 |
| 32 | H16 N | Rome cour de | 3 |
| 18 | E11 S | Rome cour de | 8 |
| 18-5 | F12-C10 | Rome r. de nᵒˢ 1-73, 2-82 | 8 |
| | | nᵒˢ 75-fin, 84-fin | 17 |
| 35 | G21 S | Rondeaux pass. des | 20 |
| 35 | H21-G21 | Rondeaux r. des | 20 |
| 46 | L20 N | Rondelet r. | 12 |
| 35 | H21 N | Rondonneaux r. des | 20 |
| 7 | D14 N | Ronsard r. | 18 |
| 41 | L10 S | Ronsin imp. | 15 |
| 18 | F11 | Roquépine r. | 8 |
| 33 | J18 | Roquette cité de la | 11 |
| 33-34 | J18-H20 | Roquette r. de la | 11 |
| 41 | L10-L9 | Rosa-Bonheur r. | 15 |
| 41-53 | N9 | Rosenwald r. | 15 |
| 9-8 | B17-B16 | Roses r. des | 18 |
| 8 | B16 S | Roses villa des | 18 |
| 40 | L7 | Rosière r. de la | 15 |
| 32 | J16 | Rosiers r. des | 4 |
| 56 | S16 | Rosny-Aîné sq. | 13 |
| 19 | F14-F13 | Rossini r. | 9 |
| 6 | C12 S | Rothschild imp. | 18 |
| 43 | K13 S | Rotrou r. | 6 |
| 47-48 | M22-23 | Rottembourg r. | 12 |
| 20 | E15-E16 | Roubaix pl. de | 10 |
| 34-46 | K20 | Roubo r. | 11 |
| 28-40 | K7 | Rouelle r. | 15 |
| 9 | C18 S | Rouen r. de | 19 |
| 54 | P12 S | Rouet imp. du | 14 |
| 19 | F14 | Rougemont cité | 9 |

## S

| Plan n° | Repère | Nom | Arrondissement |
|---|---|---|---|
| 28-40 | K8 | Soudan r. du | 15 |
| 43 | L14 N | Soufflot r. | 5 |
| 35 | J21 S | Souhaits imp. des | 20 |
| 57 | P17 | Souham pl. | 13 |
| 47-48 | N22-L23 | Soult bd | 12 |
| 23 | G21 N | Soupirs pass. des | 20 |
| 26-38 | K4 | Source r. de la | 16 |
| 34 | K20 | Souzy cité | 11 |
| 34 | H20 N | Spinoza r. | 11 |
| 15-27 | F5-G5 | Spontini r. | 16 |
| 15 | G5 | Spontini villa | 16 |
| 38 | K4-K3 | Square av. du | 16 |
| 7-6 | B13-B12 | Square-Carpeaux r. du | 18 |
| 41 | L9-L10 | de Staël r. | 15 |
| 21 | D18-D17 | Stalingrad pl. de | |
| | | n°s impairs | 10 |
| | | n°s pairs | 19 |
| 42 | L12 S | Stanislas r. | 6 |
| 24 | G23 N | Stanislas-Meunier r. | 20 |
| 10 | B19 | Station sentier de la | 19 |
| 19 | D14 | Steinkerque r. de | 18 |
| 7 | C13 | Steinlen r. | 18 |
| 21 | F18-E18 | Stemler cité | 19 |
| 35 | H22 | Stendhal pass. | 20 |
| 35 | H22 | Stendhal r. | 20 |
| 35 | H22 | Stendhal villa | 20 |
| 4 | C7-D7 | Stéphane-Mallarmé av. | 17 |

| Plan n° | Repère | Nom | Arrondissement |
|---|---|---|---|
| 44 | N16 S | Stéphen-Pichon av. | 13 |
| 8 | D16-C16 | Stephenson r. | 18 |
| 57 | P17 | Sthrau r. | 13 |
| 46 | L20 | Stinville pass. | 12 |
| 18 | E11 S | Stockholm r. de | 8 |
| 20 | G15-E16 | Strasbourg bd de | 10 |
| 4 | D7 N | Stuart-Merrill pl. | 17 |
| 26-38 | H4-K3 | Suchet bd | 16 |
| 22 | D19 | Sud pass. du | 19 |
| 35 | J22 N | Suez imp. | 20 |
| 8 | C15 S | Suez r. de | 18 |
| 28-41 | J7-L9 | de Suffren av. | |
| | | n°s 1-143 bis | 7 |
| | | n°s 145-fin, n°s pairs | 15 |
| 28 | J7 | de Suffren port | 7-15 |
| 31 | K14 N | Suger r. | 6 |
| 53 | N10-P10 | Suisses r. des | 14 |
| 32-44 | K16 | Sully pont de | 4-5 |
| 33 | K17 | de Sully r. | 4 |
| 29 | H9 | Sully-Prudhomme av. | 7 |
| 29 | H9 | Surcouf r. | 7 |
| 18 | F11 S | Surène r. de | 8 |
| 23 | G22-F22 | Surmelin pass. du | 20 |
| 23-24 | G22-F23 | Surmelin r. du | 20 |
| 37 | L1 N | Suzanne-Lenglen r. | 16 |
| 19 | D14 | Suzanne-Valadon pl. | 18 |
| 26-38 | K3 | Sycomores av. des | 16 |

## t

| Plan n° | Repère | Nom | Arrondissement |
|---|---|---|---|
| 32 | J15 | Tacherie r. de la | 4 |
| 23 | F21 S | Taclet r. | 20 |
| 56 | R16 | Tage r. du | 13 |
| 23 | F21 N | Taillade av. | 20 |
| 33 | J18 S | Taillandiers pass. des | 11 |
| 33 | J18 S | Taillandiers r. des | 11 |
| 47 | K21 | Taillebourg av. de | 11 |
| 46-47 | M20-21 | Taine r. | 12 |
| 19 | F13-E13 | Taitbout r. | 9 |
| 47 | M21-22 | Taïti r. de | 12 |
| 29 | H10-J10 | de Talleyrand r. | 7 |
| 27 | J5 N | Talma r. | 16 |
| 6-7 | B12-B13 | Talus cité du | 18 |
| 7 | B13 N | Talus imp. du | 18 |
| 10 | D19 N | Tandou r. | 19 |
| 9 | D17-C18 | Tanger r. de | 19 |
| 43 | N14 | Tanneries r. des | 13 |
| 5 | D10-C10 | Tarbé r. | 17 |
| 19 | D14 | Tardieu r. | 18 |
| 4 | C8 | Tarn sq. du | 17 |
| 26-27 | H4-H5 | Tattegrain pl. | 16 |
| 20 | G16-F16 | Taylor r. | 10 |
| 17 | E10 | Téhéran r. de | 8 |
| 23 | F21 | Télégraphe pass. du | 20 |
| 23 | F22-F21 | Télégraphe r. du | 20 |
| 33 | H17-G17 | Temple bd du | |
| | | n°s impairs | 3 |
| | | n°s pairs | 11 |
| 32-33 | J15-G17 | Temple r. du | |
| | | n°s 1-63, 2-58 | 4 |
| | | n°s 65-fin, 60-fin | 3 |
| 42 | N11-N12 | Tenaille pass. | 14 |

| Plan n° | Repère | Nom | Arrondissement |
|---|---|---|---|
| 6 | B12 | Tennis r. des | 18 |
| 33 | H18-G18 | Ternaux r. | 11 |
| 16-15 | E8-E6 | Ternes av. des | 17 |
| 16 | E8 | Ternes pl. des | |
| | | n°s impairs, n° 6 | 17 |
| | | n°s pairs (sauf le 6) | 8 |
| 15 | E6 | Ternes porte des | 17 |
| 16 | E7-D7 | Ternes r. des | 17 |
| 16 | D7-E7 | Ternes villa des | 17 |
| 21-20 | E17-E16 | Terrage r. du | 10 |
| 17 | D10 | Terrasse imp. de la | 17 |
| 17 | D10 S | Terrasse r. de la | 17 |
| 35 | J21-J22 | Terre-Neuve r. de | 20 |
| 57 | R18 N | Terres-au-Curé r. des | 13 |
| 7 | C14 S | Tertre imp. du | 18 |
| 7 | D14 N | Tertre pl. du | 18 |
| 41 | M9 | Tessier r. | 15 |
| 21 | F18 S | Tesson r. | 10 |
| 42 | M11-N11 | Texel r. du | 14 |
| 17 | E9-D10 | Thann r. de | 17 |
| 39-40 | K6-L8 | Théâtre r. du | 15 |
| 31-43 | K14 | Thénard r. | 5 |
| 16 | D8 S | Théodore-de-Banville r. | 17 |
| 40 | M7 S | Théodore-Deck r. | 15 |
| 40 | M7 S | Théodore-Deck prolongée r. | 15 |
| 40 | M7 S | Théodore-Deck villa | 15 |
| 47 | N21 | Théodore-Hamont r. | 12 |
| 40 | K8 S | Théodore-Judlin sq. | 15 |
| 38 | L4 N | Théodore-Rivière pl. | 16 |
| 26 | J4 S | Théodore-Rousseau av. | 16 |
| 16 | E8 | Théodule-Ribot r. | 17 |
| 27-38 | K5-K4 | Théophile-Gautier av. | 16 |

| Plan n° | Repère | Nom | Arrondissement |
|---|---|---|---|
| 38 | K4-L4 | Théophile-Gautier sq. | 16 |
| 46-45 | K19-K18 | Théophile-Roussel r. | 12 |
| 40 | L8-M8 | Théophraste-Renaudot r. | 15 |
| 31 | G13 | Thérèse r. | 1 |
| 42-54 | N11 S | Thermopyles r. des | 14 |
| 54 | P12 N | Thibaud r. | 14 |
| 41 | N9 N | Thiboumery r. | 15 |
| 33 | K18-J18 | Thiéré pass. | 11 |
| 27 | G5 | Thiers r. | 16 |
| 27 | G5 | Thiers sq. | 16 |
| 4 | C8 S | Thimerais sq. du | 17 |
| 20-19 | E15-E14 | Thimonnier r. | 9 |
| 10 | C19 S | Thionville pass. de | 19 |
| 10 | C19-C20 | Thionville r. de | 19 |
| 7 | D13-C13 | Tholozé r. | 18 |
| 56 | S15 N | Thomire r. | 13 |
| 20 | G15-F15 | Thorel r. | 2 |
| 39 | M6 S | Thoréton villa | 15 |
| 33 | H17 S | de Thorigny pl. | 3 |
| 33 | H17 S | de Thorigny r. | 3 |
| 44 | L15 | Thouin r. | 5 |
| 40 | L8 | Thuré cité | 15 |
| 52 | P7 N | Thureau-Dangin r. | 15 |
| 56 | R16 | Tibre r. du | 13 |
| 26-38 | K3 | Tilleuls av. des | 16 |
| 16 | F8-F7 | Tilsitt r. de | |
| | | nᵒˢ 1-5, 2-14 | 8 |
| | | nᵒˢ 7-11, 16-34 | 17 |
| 40 | K8 S | Tiphaine r. | 15 |
| 32-31 | G15-G14 | Tiquetonne r. | 2 |
| 32 | J16 | Tiron r. | 4 |
| 39 | M6 | Tisserand r. | 15 |
| 44 | N16 N | Titien r. | 13 |
| 34 | K20 | Titon r. | 11 |
| 34 | H20-G20 | Tlemcen r. de | 20 |
| 17-5 | D10-C9 | de Tocqueville r. | 17 |
| 5 | C9 S | de Tocqueville sq. | 17 |
| 35 | K22 | Tolain r. | 20 |
| 46 | N19 | Tolbiac pont de | 12-13 |
| 58 | P20-N19 | Tolbiac port de | 13 |
| 58-55 | N19-P14 | Tolbiac r. de | 13 |
| 26 | K3 N | Tolstoï sq. | 16 |
| 55-54 | N13-R12 | Tombe-Issoire r. de la | 14 |
| 20 | D16 | Tombouctou r. de | 18 |
| 8 | C16 N | de Torcy pl. | 18 |
| 9-8 | C17-C16 | de Torcy r. | 18 |
| 16 | E7-D7 | Torricelli r. | 17 |
| 47 | M22 | Toul r. de | 12 |
| 43 | L14 N | Toullier r. | 5 |
| 11 | D21 N | Toulouse r. de | 19 |
| 6 | A12 | Toulouse-Lautrec r. | 17 |
| 27 | H6-H5 | Tour r. de la | 16 |
| 27 | H5 N | Tour villa de la | 16 |
| 19 | E13 | Tour-des-Dames r. de la | 9 |
| 42 | N11 | Tour-de-Vanves pass. | 14 |
| 23 | F22 N | Tourelles pass. des | 20 |
| 23 | F22 N | Tourelles r. des | 20 |
| 7 | C13 S | Tourlaque r. | 18 |
| 44 | L15-M15 | Tournefort r. | 5 |
| 32-44 | K16 | Tournelle pont de la | 4-5 |
| 32-44 | K16-K15 | Tournelle port de la | 5 |
| 32-44 | K16-K15 | Tournelle quai de la | 5 |

| Plan n° | Repère | Nom | Arrondissement |
|---|---|---|---|
| 33 | J17 | Tournelles r. des | |
| | | nᵒˢ 1-29, 2-44 | 4 |
| | | nᵒˢ 31-fin, 46-fin | 3 |
| 47 | M21 S | Tourneux imp. | 12 |
| 47 | M21 S | Tourneux r. | 12 |
| 31-43 | K13 | Tournon r. de | 6 |
| 40 | L7 N | Tournus r. | 15 |
| 22 | F19 | Tourtille r. de | 20 |
| 29 | J10-J9 | de Tourville av. | 7 |
| 56 | P16 S | Toussaint-Féron r. | 13 |
| 31 | K13 N | Toustain r. | 6 |
| 20 | G15 | de Tracy r. | 2 |
| 8 | B15 | Traëger cité | 18 |
| 16 | F7 | Traktir r. de | 16 |
| 22 | F20 | Transvaal r. du | 20 |
| 45 | L17-K18 | Traversière r. | 12 |
| 17 | E10 S | Treilhard r. | 8 |
| 32 | J16 | Trésor r. du | 4 |
| 7 | C14-B14 | de Trétaigne r. | 18 |
| 19 | F14-E14 | de Trévise cité | 9 |
| 19 | F14-E14 | de Trévise r. | 9 |
| 32 | G15 S | Trinité pass. de la | 2 |
| 18 | E12 | Trinité r. de la | 9 |
| 16 | E7 | Tristan-Bernard pl. | 17 |
| 27-28 | H6-H7 | Trocadéro et Onze-Novembre pl. du | 16 |
| 27 | H6 | Trocadéro sq. du | 16 |
| 21-33 | G18 | Trois-Bornes cité des | 11 |
| 21-33 | G18 | Trois-Bornes r. des | 11 |
| 21-33 | G18 | Trois-Couronnes r. des | 11 |
| 33 | K18 N | Trois-Frères cour des | 11 |
| 19 | D14-D13 | Trois-Frères r. des | 18 |
| 32 | K15 | Trois-Portes r. des | 5 |
| 33 | J18 N | Trois-Sœurs imp. des | 11 |
| 18 | F12 | Tronchet r. nᵒˢ impairs, 2-26 | 8 |
| | | nᵒˢ 28-fin | 9 |
| 47 | K21 S | Trône av. du nᵒˢ impairs | 11 |
| | | nᵒˢ pairs | 12 |
| 47 | K21 S | Trône pass. du | 11 |
| 18 | F11 | Tronson-du-Coudray r. | 8 |
| 34 | K19 | Trousseau r. | 11 |
| 16 | E8 S | Troyon r. | 17 |
| 56 | R15 N | Trubert-Bellier pass. | 13 |
| 19 | D14-E14 | Trudaine av. | 9 |
| 19 | E14 | Trudaine sq. | 9 |
| 6-5 | D11-C10 | Truffaut r. | 17 |
| 33 | H18 | Truillot imp. | 11 |
| 30 | H12-H11 | Tuileries port des | 1 |
| 31-30 | H13-H11 | Tuileries quai des | 1 |
| 7 | B14 N | Tulipes villa des | 18 |
| 35-47 | K21 | Tunis r. de | 11 |
| 55 | R13 | Tunisie av. de la | 14 |
| 22 | E20-E19 | Tunnel r. du | 19 |
| 31-32 | H14-G16 | Turbigo r. de | |
| | | nᵒˢ 1-11, 2-14 | 1 |
| | | nᵒˢ 13-31, 16-24 | 2 |
| | | nᵒˢ 33-fin, 26-fin | 3 |
| 33 | J17-H17 | de Turenne r. | |
| | | nᵒˢ 1-27, 2-22 | 4 |
| | | nᵒˢ 29-fin, 24-fin | 3 |
| 19 | E14-D14 | Turgot r. | 9 |
| 18 | E12-D11 | Turin r. de | 8 |
| 35 | K21 | Turquetil pass. | 11 |

*Les rues de Paris sont numérotées par rapport à la Seine : la maison nᵒ 1 est la plus proche du fleuve lorsque la rue s'en écarte, en amont lorsqu'elle lui est parallèle.*

*Numéros impairs à gauche, numéros pairs à droite.*

| Plan n° | Repère | Nom | Arrondissement | Plan n° | Repère | Nom | Arrondissement |
|---------|--------|-----|----------------|---------|--------|-----|----------------|

# W

| Plan n° | Repère | Nom | Arrondissement |
|---------|--------|-----|----------------|
| 16-5 | F8-C9 | **Wagram av. de** | |
| | | n^os impairs, n^os 48-fin | 17 |
| | | n^os 2-46 | 8 |
| 5 | C9 *S* | **Wagram pl. de** | 17 |
| 16 | E8 *S* | **Wagram-St-Honoré villa** | 8 |
| 15 | E6 *N* | **Waldeck-Rousseau r.** | 17 |
| 44 | M16 *S* | **Wallons r. des** | 13 |
| 16-17 | F8-F9 | **Washington r.** | 8 |
| 41 | M9-M10 | **Wassily-Kandinsky pl.** | 15 |
| 58 | P19 | **Watt r.** | 13 |
| 44 | N16 *N* | **Watteau r.** | 13 |

| Plan n° | Repère | Nom | Arrondissement |
|---------|--------|-----|----------------|
| 9 | B18 | **Wattieaux pass.** | 19 |
| 47 | N21 | **Wattignies imp.** | 12 |
| 46-47 | M20-N22 | **Wattignies r. de** | 12 |
| 21 | G17 *N* | **Wauxhall cité du** | 10 |
| 15 | F6 *N* | **Weber r.** | 16 |
| 35 | G21 *S* | **Westermann r.** | 20 |
| 53 | P9 *S* | **Wilfrid-Laurier r.** | 14 |
| 38 | L4 | **Wilhem r.** | 16 |
| 29 | G10 | **Winston-Churchill av.** | 8 |
| 55 | P14 *S* | **Wurtz r.** | 13 |

# X - Y

| Plan n° | Repère | Nom | Arrondissement |
|---------|--------|-----|----------------|
| 57 | P18-P17 | **Xaintrailles r.** | 13 |
| 31 | K14 *N* | **Xavier-Privas r.** | 5 |
| 57-56 | N17-N16 | **Yéo-Thomas r.** | 13 |
| 16-15 | D7-D6 | **Yser bd de l'** | 17 |
| 40-41 | M8-M9 | **Yvart r.** | 15 |
| 16 | D7 *S* | **Yves-du-Manoir av.** | 17 |

| Plan n° | Repère | Nom | Arrondissement |
|---------|--------|-----|----------------|
| 21 | G17-F17 | **Yves-Toudic r.** | 10 |
| 26 | K4-J4 | **Yvette r. de l'** | 16 |
| 16 | E7 *S* | **Yvon-Morandat pl.** | 17 |
| 19 | D14-D13 | **Yvonne-Le-Tac r.** | 18 |
| 16 | G7 *N* | **Yvon-Villarceau r.** | 16 |

# Des adresses utiles

Pour vos démarches, vos activités, vos loisirs : un très grand nombre d'organismes avec l'indication de leur numéro de téléphone préférentiel à l'usage du public.

Participez à notre effort permanent de mise à jour.
Adressez-nous vos remarques et vos suggestions.

**MICHELIN 46 avenue de Breteuil,**
**75341 PARIS CEDEX 07 — Tél. 45.39.25.00**

## Useful addresses

For business or pleasure : this section includes a wide variety of organizations with their addresses and telephone numbers.

## Nützliche Adressen

Für Beruf und Freizeit : Zahlreiche Adressen von Behörden und öffentlichen Einrichtungen mit ihrer der Öffentlichkeit vorbehaltenen Telefonnummer.

## Direcciones útiles

Para sus gestiones, actividades y tiempos de ocio : numerosos organismos con los números de teléfono más útiles para el público.

## ADMINISTRATION *BEHÖRDEN, ADMINISTRACIÓN*

| | | | | |
|---|---|---|---|---|
| 17 | F10 | Présidence de la République (Palais de l'Élysée) | 55 r. du Fg-St-Honoré, 8ᵉ | 42 61 51 00 |
| 30 | H11 | Assemblée Nationale | 126 r. de l'Université, 7ᵉ | 42 97 60 00 |
| 31 | H13 | Conseil Constitutionnel | 2 r. de Montpensier, 1ᵉʳ | 42 96 10 13 |
| 28 | H7 | Conseil Économique et Social | 1 av. d'Iéna, 16ᵉ | 47 23 72 34 |
| 31 | H13 | Conseil d'État | pl. du Palais-Royal, 1ᵉʳ | 42 61 52 29 |
| 43 | K13 | Sénat | 15 r. de Vaugirard, 6ᵉ | 42 34 20 00 |

Institutions de l'État, *Government Departments,*
*Staatliche Behörden, Instituciones del Estado*

Gouvernement, *Government offices, Regierung, Gobierno*

| | | | | |
|---|---|---|---|---|
| 30 | J11 | **Premier ministre** (Hôtel Matignon) | 57 r. de Varenne, 7ᵉ | 45 56 80 00 |

Ministères :

| | | | | |
|---|---|---|---|---|
| 29 | H10 | **Affaires européennes** | 37 quai d'Orsay, 7ᵉ | 45 55 95 40 |
| 29 | K9 | **Affaires sociales et Solidarité nationale** | 8 av. de Ségur, 7ᵉ | 45 67 55 44 |
| 30 | J11 | **Agriculture** | 78 r. de Varenne, 7ᵉ | 45 55 95 50 |
| 30 | H11 | **Commerce, Artisanat et Tourisme** | 80 r. de Lille, 7ᵉ | 45 56 24 24 |
| 41 | K10 | **Coopération et Développement** | 20 r. Monsieur, 7ᵉ | 47 83 10 10 |
| 31 | H13 | **Culture** | 3 r. de Valois, 1ᵉʳ | 42 96 10 40 |
| 30 | H11 | **Défense** | 14 r. St-Dominique, 7ᵉ | 45 55 95 20 |
| 16 | F8 | **Droits de la Femme** | 53 av. d'Iéna, 16ᵉ | 45 01 86 56 |
| 31 | H13 | **Économie, Finances, Budget** | 93 r. de Rivoli, 1ᵉʳ | 42 60 33 00 |
| 30 | J11 | **Éducation nationale** | 110 r. de Grenelle, 7ᵉ | 45 50 10 10 |
| 2 | C3 | **Environnement** | Neuilly - 14 bd Gén.-Leclerc | 47 58 12 12 |
| 17 | F10 | **Intérieur et Décentralisation** | 13 pl. Beauvau, 8ᵉ | 42 60 35 35 |
| 40 | N7 | **Jeunesse et Sports** | 78 r. Olivier-de-Serres, 15ᵉ | 48 28 40 00 |
| 18 | G12 | **Justice** | 13 pl. Vendôme, 1ᵉʳ | 42 61 80 22 |
| 30 | J11 | **Plan et aménagement du territoire** | 69 r. de Varenne, 7ᵉ | 45 56 80 00 |
| 29 | K9 | **Postes, Télécommunication, Télédiffusion** | 20 av. de Ségur, 7ᵉ | 45 64 22 22 |
| 44 | L15 | **Recherche et Technologie** | 1 r. Descartes, 5ᵉ | 46 34 35 35 |
| 30 | J11 | **Redéploiement industriel et** Commerce extérieur | 101 r. de Grenelle, 7ᵉ | 45 56 36 36 |
| 30 | J11 | **Relations avec le Parlement** | 72 r. de Varenne, 7ᵉ | 45 56 80 00 |
| 29 | H10 | **Relations extérieures** | 37 quai d'Orsay, 7ᵉ | 45 55 95 40 |
| 29 | J10 | **Travail, Emploi et Formation** | 127 r. de Grenelle, 7ᵉ | 45 67 55 44 |
| 30 | J12 | professionnelle | | |
| 27 | J6 | **Urbanisme, logement et Transports** | 32 av. Prés.-Kennedy, 16ᵉ | 45 03 91 92 |

Secrétariats d'État :

| | | | | |
|---|---|---|---|---|
| 30 | J11 | **Agriculture et Forêt** | 78 r. de Varenne, 7ᵉ | 45 55 95 50 |
| 30 | J11 | **Anciens combattants et Victimes de guerre** | 37 r. de Bellechasse, 7ᵉ | 45 50 32 55 |
| 31 | H13 | **Budget** | 93 r. de Rivoli, 1ᵉʳ | 42 60 33 00 |
| 31 | H13 | **Consommation** | 93 r. de Rivoli, 1ᵉʳ | 42 60 33 00 |
| 41 | K10 | **Départements et Territoires d'Outre-Mer** | 27 r. Oudinot, 7ᵉ | 47 83 01 23 |
| 28 | J7 | **Économie sociale** | 3 av. Octave-Gréard, 7ᵉ | 42 60 33 30 |
| 30 | J11 | **Énergie** | 101 r. de Grenelle, 7ᵉ | 45 56 36 36 |
| 30 | J11 | **Enseignement technique et technologique** | 110 r. de Grenelle, 7ᵉ | 45 50 10 10 |
| 30 | K11 | **Fonction publique et** Simplifications administratives | 32 r. de Babylone, 7ᵉ | 45 56 80 00 |
| 29 | K9 | **Mer** | 3 pl. de Fontenoy, 7ᵉ | 42 73 55 05 |
| 30 | J11 | **Porte-parole du gouvernement** | 58 r. de Varenne, 7ᵉ | 45 56 80 00 |
| 28 | H8 | **Prévention des risques naturels et** technologiques majeurs | 41 quai Branly, 7ᵉ | 45 50 71 11 |
| 18 | F12 | **Rapatriés** | 14 bd de la Madeleine, 8ᵉ | 42 66 57 15 |
| 30 | J12 | **Retraités et Personnes âgées** | 40 r. du Bac, 7ᵉ | 45 67 55 44 |
| 29 | K9 | **Santé** | 8 av. de Ségur, 7ᵉ | 45 67 55 44 |
| 30 | H11 | **Techniques de la communication** | 35 r. St-Dominique, 7ᵉ | 45 50 32 50 |
| 30 | J12 | **Transports** | 246 bd St-Germain, 7ᵉ | 45 44 39 93 |
| 41 | M9 | **Universités** | 61-65 r. Dutot, 15ᵉ | 45 39 25 75 |

## Administrations, Services et Établissements publics
### Government Offices, Services and Public Bodies
### Öffentliche Verwaltungen, Dienststellen, Ämter,
### Administraciones, Servicios y Establecimientos públicos

| Plan n° | Repère | | Adresse | Téléphone |
|---|---|---|---|---|
| 51 | R5 | Agence Nationale pour l'Emploi (ANPE) | Issy-les-Moulineaux - 83 av. du Gén.-Leclerc | 46 45 21 26 |
| 32 | H16 | Archives de France | 60 r. Francs-Bourgeois, 3ᵉ | 42 77 11 30 |
| 42 | L12 | Aviation Civile (Direction) | 93 bd Montparnasse, 6ᵉ | 45 44 38 39 |
| 31 | H13 | Banque de France | 39 r. Croix-des-Petits-Champs, 1ᵉʳ | 42 92 42 92 |
| 30 | H12 | Caisse des Dépôts et Consignations | 56 r. de Lille, 7ᵉ | 42 34 56 78 |
| 42 | L11 | Caisse Nationale d'Épargne | 3 r. St-J.B. de la Salle, 6ᵉ | 45 30 77 77 |
| 33 | J17 | Caisse Nationale des Monuments Historiques et des Sites | 62 r. St-Antoine, 4ᵉ | 42 74 22 22 |
| 46 | L20 | Centre Interminist. de Renseign. Administr. | 21-39 sq. St-Charles, 12ᵉ | 43 46 13 46 |
| 28 | G7 | Centre National de la Cinématographie | 12 r. de Lübeck, 16ᵉ | 45 05 14 40 |
| 31 | H14 | Centre National d'Études Spatiales | 2 pl. Maurice-Quentin, 1ᵉʳ | 45 08 75 00 |
| 28 | G8 | Chambres d'Agriculture | 9 av. George-V, 8ᵉ | 47 23 55 40 |
| 16 | G8 | Chambres de Commerce et d'Industrie | 45 av. d'Iéna, 16ᵉ | 47 23 01 11 |
| 16 | G8 | Chambres de Métiers | 12 av. Marceau, 8ᵉ | 47 23 61 55 |
| 28 | J7 | Commissariat à l'Énergie Atomique (CEA) | 31-33 r. de la Fédération, 15ᵉ | 42 73 60 00 |
| 40 | L8 | Conseil Supérieur de la Pêche | 10 r. Péclet, 15ᵉ | 48 42 10 00 |
| 31 | J14 | Cour de Cassation | 5 quai de l'Horloge, 1ᵉʳ | 43 29 12 55 |
| 30 | G12 | Cour des Comptes | 13 r. Cambon, 1ᵉʳ | 42 98 95 00 |
| 28 | J7 | Délégation à l'Aménagement du Territoire (DATAR) | 1 av. Charles-Floquet, 7ᵉ | 47 83 61 20 |
| 30 | H12 | Documentation Française | 31 quai Voltaire, 7ᵉ | 42 61 50 10 |
| 21 | G17 | Douanes | 14 r. Yves-Toudic, 10ᵉ | 42 40 50 00 |
| 17 | E9 | Électricité de France (EDF) | 2 r. Louis-Murat, 8ᵉ | 47 64 22 22 |
| 30 | H11 | État-Major des Armées | 231 bd St-Germain, 7ᵉ | 45 55 95 20 |
| 30 | H11 | — Terre | 231 bd St-Germain, 7ᵉ | 45 55 95 20 |
| 30 | G11 | — Marine | 2 r. Royale, 8ᵉ | 42 60 33 30 |
| 39 | N6 | — Air | 26 bd Victor, 15ᵉ | 45 52 43 21 |
| 5 | C9 | Gaz de France (GDF) | 23 r. Ph.-Delorme, 17ᵉ | 47 54 20 20 |
| 30 | H11 | Génie Rural des Eaux et Forêts (Conseil Général) | 30 r. Las Cases, 7ᵉ | 45 55 95 50 |
| 39 | L6 | Imprimerie Nationale | 27 r. de la Convention, 15ᵉ | 45 75 62 66 |
| 41 | L9 | Institut National de la Consommation | 80 r. Lecourbe, 15ᵉ | 45 67 35 58 |
| 53 | R9 | Institut National Statistique Études Économiques (INSEE) | 18 bd Adolphe-Pinard, 14ᵉ | 45 40 12 12 |
| 28 | K7 | Journaux Officiels (Direction) | 26 r. Desaix, 15ᵉ | 45 79 01 95 |
| 45 | L18 | Observatoire Économique | 195 r. de Bercy, 12ᵉ | 43 45 73 74 |
| 43 | N14 | Maison d'Arrêt de la Santé | 42 r. de la Santé, 14ᵉ | 45 70 12 50 |
| | | Météorologie Nationale | Boulogne-Billancourt - 73-77 r. Sèvres | 46 04 91 51 |
| 44 | N15 | Mobilier National | 1 r. Berbier-du-Mets, 13ᵉ | 45 70 12 60 |
| 31 | J13 | Monnaies et Médailles | 11 quai de Conti, 6ᵉ | 43 29 12 48 |
| 31 | H13 | Musées de France (Direction) | 34 quai du Louvre, 1ᵉʳ | 42 60 39 26 |
| 16 | E8 | Office National de la Chasse | 85 bis av. de Wagram, 17ᵉ | 42 27 81 75 |
| 47 | L21 | Office National des Forêts (ONF) | 2 av. de St-Mandé, 12ᵉ | 43 46 11 68 |
| 41 | M9 | Office National d'Immigration | 44 r. Bargue, 15ᵉ | 47 83 80 20 |
| 29 | H10 | Office National de la Navigation | 2 bd La-Tour-Maubourg, 7ᵉ | 45 50 32 24 |
| 30 | H11 | Ordre de la Légion d'Honneur | 1 r. de Solférino, 7ᵉ | 45 55 95 16 |
| 29 | J10 | Ordre National de la Libération | 51 bis bd La-Tour-Maubourg, 7ᵉ | 47 05 04 10 |
| 30 | H11 | Ordre National du Mérite | 1 r. de Solférino, 7ᵉ | 45 55 95 16 |
| 29 | H9 | Société Nationale d'Exploitation Industrielle des Tabacs et Allumettes (SEITA) | 53 quai d'Orsay, 7ᵉ | 45 55 91 50 |

*Renseignements administratifs par téléphone: 43 46 13 46*

*Au-delà de Paris et de sa banlieue,*
*utilisez les cartes Michelin :*

**196** *à 1/100 000 — Environs de Paris*
**237** *à 1/200 000 — Île-de-France*

## Administration parisienne

*Paris Local Government*
*Städtische Verwaltungen, Administración parisina*

Ville de Paris, *Town Halls, Bürgermeisterämter, Ciudad de Paris*

| Plan n° | Repère | | | | Adresse | Téléphone |
|---|---|---|---|---|---|---|
| 32 | J15 | **Mairie de Paris** | | | pl. Hôtel-de-Ville, 4ᵉ | 42 76 40 40 |
| 31 | H14 | **Mairie du :** | **1ᵉʳ Arrondissement** | | 4 pl. du Louvre, 1ᵉʳ | 42 60 38 01 |
| 31 | G14 | — | **2ᵉ** | — | 8 r. de la Banque, 2ᵉ | 42 61 55 02 |
| 32 | H16 | — | **3ᵉ** | — | 2 r. Eugène-Spuller, 3ᵉ | 42 74 20 03 |
| 32 | J16 | — | **4ᵉ** | — | 2 pl. Baudoyer, 4ᵉ | 42 74 20 04 |
| 43 | L14 | — | **5ᵉ** | — | 21 pl. du Panthéon, 5ᵉ | 43 29 21 75 |
| 31 | K13 | — | **6ᵉ** | — | 78 r. Bonaparte, 6ᵉ | 43 29 12 78 |
| 30 | J11 | — | **7ᵉ** | — | 116 r. de Grenelle, 7ᵉ | 45 55 50 33 |
| 18 | E11 | — | **8ᵉ** | — | 3 r. de Lisbonne, 8ᵉ | 42 94 08 08 |
| 19 | F14 | — | **9ᵉ** | — | 6 r. Drouot, 9ᵉ | 42 46 72 09 |
| 20 | F16 | — | **10ᵉ** | — | 72 r. du Fg St-Martin, 10ᵉ | 42 40 10 10 |
| 34 | J19 | — | **11ᵉ** | — | pl. Léon-Blum, 11ᵉ | 43 79 20 23 |
| 46 | M20 | — | **12ᵉ** | — | 130 av. Daumesnil, 12ᵉ | 43 46 06 03 |
| 56 | N16 | — | **13ᵉ** | — | 1 pl. d'Italie, 13ᵉ | 47 07 13 13 |
| 42 | N12 | — | **14ᵉ** | — | 2 pl. Ferdinand-Brunot, 14ᵉ | 45 45 67 14 |
| 40 | M8 | — | **15ᵉ** | — | 31 r. Péclet, 15ᵉ | 48 28 40 12 |
| 27 | H5 | — | **16ᵉ** | — | 71 av. Henri-Martin, 16ᵉ | 45 03 21 16 |
| 18 | D11 | — | **17ᵉ** | — | 16 r. des Batignolles, 17ᵉ | 42 93 35 17 |
| 7 | C14 | — | **18ᵉ** | — | 1 pl. Jules-Joffrin, 18ᵉ | 42 52 42 00 |
| 22 | D19 | — | **19ᵉ** | — | 5 pl. Armand-Carrel, 19ᵉ | 42 41 19 19 |
| 35 | G21 | — | **20ᵉ** | — | 6 pl. Gambetta, 20ᵉ | 43 58 20 20 |

## Services Administratifs

*Services, Sonstige Behörden und Ämter, Servicios administrativos*

| Plan n° | Repère | | Adresse | Téléphone |
|---|---|---|---|---|
| 30 | K11 | **Préfecture d'Ile de France** | 29 r. Barbet-de-Jouy, 7ᵉ | 45 50 32 12 |
| 33 | K17 | **Préfecture de Paris** | 17 bd Morland, 4ᵉ | 42 77 15 50 |
| 31 | J14 | **Préfecture de Police** | 9 bd du Palais, 4ᵉ | 42 60 33 22 |
| 32 | J15 | **Accueil de la Ville de Paris** | 29 r. de Rivoli, 4ᵉ | 42 76 43 43 |
| 43 | N13 | **Aéroports De Paris (ADP)** | 291 bd Raspail, 14ᵉ | 43 35 70 00 |
| 45 | K17 | **Archives de Paris** | 30 quai Henri IV, 4ᵉ | 42 72 34 52 |
| 31 | H14 | **Bourse du Commerce** | 2 r. de Viarmes, 1ᵉʳ | 42 33 44 01 |
| 20 | G16 | **Bourse du Travail** | 3 r. Château-d'Eau, 10ᵉ | 42 38 66 12 |
| 19 | G14 | **Bourse des Valeurs** | 4 pl. de la Bourse, 2ᵉ | 42 61 85 90 |
| 31 | G14 | **Caisse d'Épargne de Paris** | 19 r. du Louvre, 1ᵉʳ | 42 96 15 00 |
| 16 | F8 | **Chambre de Commerce** | 16 r. Chateaubriand, 8ᵉ | 45 61 99 00 |
| | | **et d'Industrie de Paris** | | |
| 31 | J14 | **Cour d'Appel de Paris** | 34 quai des Orfèvres, 1ᵉʳ | 43 29 12 55 |
| 32 | H16 | **Crédit Municipal de Paris** | 55 r. Francs-Bourgeois, 4ᵉ | 42 71 25 43 |
| 52 | N8 | **Fourrière** | 39 r. de Dantzig, 15ᵉ | 45 31 14 80 |
| 29 | J10 | **Gouvernement Militaire** | Hôtel des Invalides, 7ᵉ | 45 50 32 80 |
| 40 | N8 | **Objets Trouvés** | 36 r. des Morillons, 15ᵉ | 45 31 14 80 |
| 31 | G14 | **Paierie Générale du Trésor** | 16 r. N.-D.-des-Victoires, 2ᵉ | 42 61 54 75 |
| 31 | J14 | **Palais de Justice** | 4 bd du Palais, 1ᵉʳ | 43 29 12 55 |
| 9 | C17 | **Pompes Funèbres Municipales** | 104 r. d'Aubervilliers, 19ᵉ | 42 00 33 15 |
| 28 | J7 | **Port Autonome de Paris** | 2 quai de Grenelle, 15ᵉ | 45 78 61 92 |
| 42 | M11 | **Télécommunications** | 8-10 bd de Vaugirard, 15ᵉ | 45 40 33 33 |
| 32 | J16 | **Tribunal Administratif** | 7 r. de Jouy, 4ᵉ | 42 78 40 24 |
| 31 | J14 | **Tribunal de Commerce** | 1 quai de la Corse, 4ᵉ | 43 29 21 24 |
| 31 | J14 | **Tribunal de Grande Instance** | 4 bd du Palais, 1ᵉʳ | 43 29 12 55 |

# AMBASSADES ET REPRÉSENTATIONS

## FOREIGN REPRESENTATIVES, BOTSCHAFTEN UND VERTRETUNGEN, EMBAJADAS Y REPRESENTACIONES

Organismes Internationaux, *International organizations, Internationale Organisationen, Organizaciones internacionales*

| | | | | |
|---|---|---|---|---|
| 42 | L12 | **Alliance Française** | 101 bd Raspail, 6ᵉ | 45 44 38 28 |
| 33 | J18 | **Association Internationale de l'Hôtellerie** | 80 r. de la Roquette, 11ᵉ | 47 00 84 57 |
| 30 | J12 | **Bureau International du Travail** (BIT) | 205 bd St-Germain, 7ᵉ | 45 48 92 02 |
| | | (Siège à Genève) | | |
| 16 | F7 | **Centre de Conférences Internationales** | 19 av. Kléber, 16ᵉ | 45 01 59 40 |
| 61 | ABX | **Centre International de l'Enfance** | Bois de Boulogne - | |
| | | | Carrefour de Longchamp, 16ᵉ | 45 06 79 92 |
| 18 | F11 | **Chambre de Com. France-Amérique Latine** | 97 bd Haussmann, 8ᵉ | 42 66 38 32 |
| 16 | G7 | **Chambre de Commerce Franco-Arabe** | 93 r. Lauriston, 16ᵉ | 45 53 20 12 |
| 18 | E12 | **— Franco-Asiatique** | 94 r. St-Lazare, 9ᵉ | 45 26 67 01 |
| 29 | G9 | **— Internationale** | 38 cours Albert-Iᵉʳ, 8ᵉ | 45 62 34 56 |
| 15 | G6 | **Communautés Européennes** | 61 r. Belles-Feuilles, 16ᵉ | 45 01 58 85 |
| | | (Siège à Bruxelles) | | |
| 29 | H10 | **Conseil des Communes et Régions d'Europe** | 41 quai d'Orsay, 7ᵉ | 45 51 40 01 |
| 16 | G7 | **Conseil de l'Europe** (Siège à Strasbourg) | 55 av. Kléber, 16ᵉ | 47 04 38 65 |
| 16 | G7 | **Fédération Aéronautique Internationale** | 6 r. Galilée, 16ᵉ | 47 20 91 85 |
| 30 | G11 | **— Internationale de l'Automobile** | 8 pl. de la Concorde, 8ᵉ | 42 65 00 33 |
| 28 | G7 | **— Mondiale Anciens Combattants** | 16 r. Hamelin, 16ᵉ | 47 04 33 00 |
| 17 | D9 | **— Mondiale des Villes Jumelées** | 2 r. de Logelbach, 17ᵉ | 47 66 75 10 |
| 31 | K13 | **Librairie internationale** | 141 bd St-Germain, 6ᵉ | 43 29 38 20 |
| 18 | F11 | **Office International de la Vigne et du Vin** | 11 r. Roquépine, 8ᵉ | 42 65 04 16 |
| 15 | D5 | **Organisation de l'Aviation Civile** | Neuilly - | |
| | | **Internationale** | 3 bis villa É.-Bergerat | 47 45 13 26 |
| 26 | H4 | **Organisation de Coopération et de Développement Économiques** (OCDE) | 2 r. André-Pascal, 16ᵉ | 45 24 82 00 |
| 41 | K9 | **Organisation des Nations-Unies** (ONU) | 4-6 av. de Saxe, 7ᵉ | 45 68 18 57 |
| | | (Siège à New York) | | |
| 41 | K9 | **Unesco** | 7 pl. Fontenoy, 7ᵉ | 45 68 10 00 |
| 28 | H7 | **Union de l'Europe Occidentale** (UEO) | 43 av. du Prés.-Wilson, 16ᵉ | 47 23 54 32 |
| 17 | D9 | **Union des Foires Internationales** | 35 bis r. Jouffroy, 17ᵉ | 47 66 17 17 |
| 28 | J7 | **Union Internationale des Chemins de Fer** | 14 r. Jean-Rey, 15ᵉ | 42 73 01 20 |

Représentations étrangères

## Foreign Representatives, Ausländische Vertretungen, Representaciones extranjeras

| | | | | |
|---|---|---|---|---|
| | | Afghanistan - Cap. Kaboul | | |
| 26 | J4 | **Ambassade** | 32 av. Raphaël, 16ᵉ | 45 27 66 09 |
| | | Afrique du Sud - Cap. Pretoria | | |
| 29 | H9 | **Ambassade** | 59 quai d'Orsay, 7ᵉ | 45 55 92 37 |
| 18 | G12 | **Office du Tourisme Sud-Africain** | 9 bd de la Madeleine, 1ᵉʳ | 42 61 82 30 |
| 18 | G12 | **South African Airways** | 12 r. de la Paix, 2ᵉ | 42 61 57 87 |
| | | Albanie - Cap. Tirana | | |
| 27 | G6 | **Ambassade** | 131 r. de la Pompe, 16ᵉ | 45 53 89 38 |
| | | Algérie - Cap. Alger | | |
| 28 | G7 | **Ambassade** | 18 r. Hamelin, 16ᵉ | 45 53 71 49 |
| 16 | F8 | **Ambassade Annexe** | 8 r. Euler, 8ᵉ | 47 23 92 26 |
| 40 | M7 | **Centre Culturel** | 171 r. de la Croix-Nivert, 15ᵉ | 45 54 95 31 |
| 16 | F7 | **Consulat** | 11 r. d'Argentine, 16ᵉ | 45 00 99 50 |
| 19 | G13 | **Air Algérie** | 28 av. de l'Opéra, 2ᵉ | 42 96 12 09 |

## Allemagne (République Démocratique - RDA) - Cap. Berlin

| Plan n° | Repère | | Adresse | Téléphone |
|---------|--------|--|---------|-----------|
| 15 | F6 | Ambassade | 24 r. Marbeau, 16ᵉ | 45 00 00 10 |
| 31 | K13 | Centre culturel | 117 bd St-Germain, 6ᵉ | 46 34 25 97 |
| 14 | D3 | Représentation commerciale | Neuilly - 179 av. Ch.-de-Gaulle | 47 47 45 17 |

## Allemagne (République Fédérale - RFA) - Cap. Bonn

| Plan n° | Repère | | Adresse | Téléphone |
|---------|--------|--|---------|-----------|
| 29 | G10 | Ambassade | 13 av. Franklin-Roosevelt, 8ᵉ | 43 59 33 51 |
| 28 | G8 | — (Section consulaire) | 34 av. d'Iéna, 16ᵉ | 43 59 33 51 |
| 39 | L5 | Chambre Officielle Franco-Allemande de Commerce et d'Industrie | 18 r. Balard, 15ᵉ | 45 75 62 56 |
| 19 | E14 | Chemin de Fer Fédéral Allemand | 24 r. Condorcet, 9ᵉ | 48 78 50 26 |
| 19 | F13 | DER-Deutsches Reisebüro | 28-30 r. Louis-le-Grand, 2ᵉ | 47 42 07 09 |
| 17 | F10 | Der Spiegel | 17 av. Matignon, 8ᵉ | 42 56 12 11 |
| 27 | H5 | Deutsches Historisches Institut | 9 r. Maspéro, 16ᵉ | 45 20 25 55 |
| 17 | F10 | Die Welt | 31 r. du Colisée, 8ᵉ | 43 59 09 74 |
| 17 | F10 | Frankfurter Allgemeine Zeitung | 11 r. de Mirosmesnil, 8ᵉ | 42 65 49 87 |
| 28 | G7 | Goethe Institut | 17 av. d'Iéna, 16ᵉ | 47 23 61 21 |
| 18 | G11 | KD German Rhine Line (navigation) | 9 r. du Fg-St-Honoré, 8ᵉ | 47 42 52 27 |
| 30 | K12 | Librairie Calligrammes | 82 r. de Rennes, 6ᵉ | 45 48 70 89 |
| 31 | J14 | — Martin Flinker | 68 quai des Orfèvres, 1ᵉʳ | 43 54 48 60 |
| 32 | H15 | — Marissal Bücher | 42 r. Rambuteau, 3ᵉ | 42 74 37 47 |
| 43 | M13 | — le Roi des Aulnes | 159 bis bd du Montparnasse, 6ᵉ | 43 26 86 92 |
| 18 | G11 | Lufthansa (Cie aérienne) | 21 r. Royale, 8ᵉ | 42 65 37 35 |
| 31 | K13 | Office Franco-Allemand pour la Jeunesse | 6 r. Casimir-Delavigne, 6ᵉ | 43 54 34 04 |
| 19 | F13 | Office National du Tourisme | 4 pl. de l'Opéra, 2ᵉ | 47 42 04 38 |
| 17 | F10 | Stern | 17 av. Matignon, 8ᵉ | 42 56 13 78 |

## Angola - Cap. Luanda

| Plan n° | Repère | | Adresse | Téléphone |
|---------|--------|--|---------|-----------|
| 16 | F7 | Ambassade | 19 av. Foch, 16ᵉ | 45 01 58 20 |
| 16 | F7 | Consulat | 40 r. Chalgrin, 16ᵉ | 45 01 96 94 |

## Arabie Saoudite - Cap. Riyadh

| Plan n° | Repère | | Adresse | Téléphone |
|---------|--------|--|---------|-----------|
| 17 | E9 | Ambassade | 5 av. Hoche, 8ᵉ | 47 66 02 06 |

## Argentine - Cap. Buenos Aires

| Plan n° | Repère | | Adresse | Téléphone |
|---------|--------|--|---------|-----------|
| 16 | G7 | Ambassade | 6 r. Cimarosa, 16ᵉ | 45 53 14 69 |
| 16 | G7 | Consulat Général | imp. Kléber, 16ᵉ | 45 53 22 25 |
| 17 | F9 | Aerolineas Argentinas | 77 av. Champs-Élysées, 8ᵉ | 42 25 31 66 |
| 28 | G8 | Centre Culturel Argentin | 27 av. Pierre-1ᵉʳ-de-Serbie, 16ᵉ | 47 20 30 60 |

## Australie - Cap. Canberra

| Plan n° | Repère | | Adresse | Téléphone |
|---------|--------|--|---------|-----------|
| 28 | J7 | Ambassade | 4 r. Jean-Rey, 15ᵉ | 45 75 62 00 |
| 18 | F12 | Qantas (Cie Aérienne) | 7 r. Scribe, 9ᵉ | 42 66 52 00 |

## Autriche - Cap. Vienne

| Plan n° | Repère | | Adresse | Téléphone |
|---------|--------|--|---------|-----------|
| 29 | H10 | Ambassade | 6 r. Fabert, 7ᵉ | 45 55 95 66 |
| 28 | H8 | — (Section Consulaire) | 12 r. Ed.-Valentin, 7ᵉ | 47 05 27 17 |
| 18 | F12 | Austrian Airlines | 47 av. de l'Opéra, 2ᵉ | 47 42 55 05 |
| 18 | F11 | Délégation commerciale en France | 22 r. de l'Arcade, 8ᵉ | 42 65 67 35 |
| 41 | K10 | Institut Autrichien | 30 bd des Invalides, 7ᵉ | 47 05 27 10 |
| 18 | F12 | Office National du Tourisme | 47 av. de l'Opéra, 2ᵉ | 47 42 78 57 |

## Bahrein - Cap. Manama

| Plan n° | Repère | | Adresse | Téléphone |
|---------|--------|--|---------|-----------|
| 27 | G6 | Ambassade | 15 av. Raymond-Poincaré, 16ᵉ | 45 53 01 19 |
| 27 | G6 | Consulat | — | 45 53 43 79 |

## Bangladesh - Cap. Dacca

| Plan n° | Repère | | Adresse | Téléphone |
|---------|--------|--|---------|-----------|
| 27 | H6 | Ambassade | 5 square Pétrarque, 16ᵉ | 45 53 41 20 |

## Belgique - Cap. Bruxelles

| Plan n° | Repère | | Adresse | Téléphone |
|---------|--------|--|---------|-----------|
| 16 | F8 | Ambassade | 9 r. de Tilsitt, 17ᵉ | 43 80 61 00 |
| 16 | F7 | Service des visas | 1 av. Mac-Mahon, 17ᵉ | 42 27 45 40 |
| 32 | H15 | Centre Wallonie-Bruxelles | 127 r. St-Martin, 4ᵉ | 42 71 26 16 |
| 17 | F9 | Chambre de Commerce Belgo-Luxemb. | 174 bd Haussmann, 8ᵉ | 45 62 44 87 |
| 18 | F12 | Chemins de Fer Belges | 21 bd des Capucines, 2ᵉ | 47 42 40 41 |
| 18 | F12 | Office National de Tourisme | 21 bd des Capucines, 2ᵉ | 47 42 41 18 |
| 18 | G12 | Sabena (Cie aérienne) | 19 r. de la Paix, 2ᵉ | 47 42 47 47 |
| 18 | F11 | « Le Soir » de Bruxelles | 73 r. d'Anjou, 8ᵉ | 43 87 36 16 |

### Bénin - Cap. Porto Novo

| Plan n° | Repère | | Adresse | Téléphone |
|---------|--------|--|---------|-----------|
| 16 | F7 | **Ambassade** | 87 av. Victor-Hugo, 16ᵉ | 45 00 98 40 |
| 42 | L11 | **Consulat** | 89 r. du Cherche-Midi, 6ᵉ | 42 22 31 91 |

### Birmanie - Cap. Rangoon

| 17 | E9 | **Ambassade** | 60 r. de Courcelles, 8ᵉ | 42 25 56 95 |
|----|----|---------------|-------------------------|-------------|

### Bolivie - Cap. La Paz

| 27 | J6 | **Ambassade** | 12 av. du Prés.-Kennedy, 16ᵉ | 42 24 93 44 |
|----|----|---------------|------------------------------|-------------|
| 27 | J6 | **Consulat** | — | 45 25 47 14 |

### Brésil - Cap. Brasilia

| 29 | G9 | **Ambassade** | 34 cours Albert-Iᵉʳ, 8ᵉ | 42 25 92 50 |
|----|----|---------------|--------------------------|-------------|
| 16 | F8 | **Consulat Général** | 122 av. Champs-Élysées, 8ᵉ | 43 59 89 30 |
| 31 | H13 | **Office National de Tourisme** | 3 av. de l'Opéra, 1ᵉʳ | 42 61 50 30 |
| 17 | G9 | **Varig** (Cie aérienne) | 27 av. Champs-Élysées, 8ᵉ | 47 23 55 44 |

### Bulgarie - Cap. Sofia

| 28 | H8 | **Ambassade** | 1 av. Rapp, 7ᵉ | 45 51 85 90 |
|----|----|---------------|----------------|-------------|
| 18 | F12 | **Balkan** (Cie aérienne) | 4 r. Scribe, 9ᵉ | 47 42 66 66 |
| 31 | G13 | **Office National du Tourisme** | 45 av. de l'Opéra, 2ᵉ | 42 61 69 58 |

### Burkina Faso (anc. Haute-Volta) - Cap. Ouagadougou

| 17 | F9 | **Ambassade** | 159 bd Haussmann, 8ᵉ | 43 59 90 63 |
|----|----|---------------|----------------------|-------------|

### Burundi - Cap. Bujumbura

| 27 | H5 | **Ambassade** | 3 r. Octave-Feuillet, 16ᵉ | 45 20 60 61 |
|----|----|---------------|---------------------------|-------------|

### Cameroun - Cap. Yaoundé

| 38 | K3 | **Ambassade** | 73 r. d'Auteuil, 16ᵉ | 47 43 98 33 |
|----|----|---------------|----------------------|-------------|
| 18 | F12 | **Cameroon Airlines** | 12 bd des Capucines, 9ᵉ | 47 42 78 17 |
| 18 | E12 | **Cameroon Shipping Lines** | 38 r. de Liège, 8ᵉ | 42 93 50 70 |
| 16 | G8 | **Délégation Économique et Commerciale** | 58 av. d'Iéna, 16ᵉ | 47 23 70 12 |

### Canada - Cap. Ottawa

| 29 | G9 | **Ambassade** | 35 av. Montaigne, 8ᵉ | 47 23 01 01 |
|----|----|---------------|----------------------|-------------|
| 29 | G9 | — Division Tourisme | 37 av. Montaigne, 8ᵉ | 47 23 01 01 |
| 18 | F12 | **Air Canada** | 24 bd des Capucines, 9ᵉ | 47 42 21 21 |
| 17 | F10 | **Canadian Broadcasting Corporation** (CBC) | 17 av. Matignon, 8ᵉ | 43 59 11 85 |
| 18 | G12 | **Canadian Pacific** (CP Air) | 15 r. de la Paix, 2ᵉ | 42 61 72 34 |
| 29 | H10 | **Centre Culturel** | 5 rue de Constantine, 7ᵉ | 45 51 35 73 |
| 29 | G10 | **Chambre de Commerce France-Canada** | 9 av. Franklin-Roosevelt, 8ᵉ | 43 59 32 38 |
| 18 | F12 | **Canadien National** (chemins de fer) | 1 r. Scribe, 9ᵉ | 47 42 76 50 |
| 15 | F6 | **Délégation Générale du Québec** | 66 r. Pergolèse, 16ᵉ | 45 02 14 10 |
| 17 | F9 | **Délégation de l'Ontario** | 109 r. du Fg-St-Honoré, 8ᵉ | 45 63 16 34 |
| 17 | D9 | **Off. Franco-Québécois pour la Jeunesse** | 5 r. de Logelbach, 17ᵉ | 47 66 04 76 |

### Centrafrique - Cap. Bangui

| 26 | J3 | **Ambassade** | 29 bd de Montmorency, 16ᵉ | 42 24 77 60 |
|----|----|---------------|---------------------------|-------------|

### Chili - Cap. Santiago

| 29 | J9 | **Ambassade** | 2 av. de la Motte-Picquet, 7ᵉ | 45 51 84 90 |
|----|----|---------------|-------------------------------|-------------|
| 29 | J10 | **Consulat** | 64 bd de La-Tour-Maubourg, 7ᵉ | 47 05 46 61 |

### Chine - Cap. Pékin

| 28 | G8 | **Ambassade** | 11 av. George-V, 8ᵉ | 47 23 34 45 |
|----|----|---------------|---------------------|-------------|
| 15 | F6 | **Compagnie aérienne de Chine** (CAAC) | 47 r. Pergolèse, 16ᵉ | 45 00 19 94 |
| 31 | G13 | **Office du Tourisme** | 51 r. Ste-Anne, 2ᵉ | 42 96 95 48 |

### Chypre - Cap. Nicosie

| 16 | G7 | **Ambassade** | 23 r. Galilée, 16ᵉ | 47 20 86 28 |
|----|----|---------------|--------------------|-------------|
| 16 | F8 | **Cyprus Airways** | 37 r. Jean-Giraudoux, 16ᵉ | 45 00 40 18 |
| 18 | G12 | **Office du Tourisme** | 15 r. de la Paix, 2ᵉ | 42 61 42 49 |

### Colombie - Cap. Bogota

| 18 | F11 | **Ambassade** | 22 r. de l'Élysée, 8ᵉ | 42 65 46 08 |
|----|-----|---------------|-----------------------|-------------|
| 16 | G8 | **Consulat** | 11 r. Christophe-Colomb, 8ᵉ | 47 23 36 05 |
| 18 | G12 | **Avianca** (Cie aérienne) | 9 bd de la Madeleine, 1ᵉʳ | 42 60 35 22 |
| 18 | G12 | **Office National du Tourisme** | 9 bd de la Madeleine, 1ᵉʳ | 42 60 35 65 |

## Comores - Cap. Moroni

| Plan n° | Repère | | Adresse | Téléphone |
|---------|--------|---|---------|-----------|
| 16 | E8 | Ambassade | 15 r. de la Néva, 8ᵉ | 47 63 81 78 |

## Congo - Cap Brazzaville

| 16 | F7 | Ambassade | 37 bis r. Paul-Valéry, 16ᵉ | 45 00 60 57 |
|---|---|---|---|---|

## Corée - Cap Séoul

| 30 | J11 | Ambassade | 125 r. de Grenelle, 7ᵉ | 47 05 64 10 |
|---|---|---|---|---|
| 28 | G7 | Centre Coréen du Commerce Extérieur | 16 r. Hamelin, 16ᵉ | 47 04 51 60 |
| 28 | H7 | Centre culturel | 2 av. d'Iéna, 16ᵉ | 47 20 83 86 |
| 42 | M11 | Office National du Tourisme | Tour Maine-Montparnasse, 15ᵉ | 45 38 71 23 |

## Costa Rica - Cap. San José

| 16 | E7 | Ambassade | 2 r. du Colonel-Moll, 17ᵉ | 47 64 96 19 |
|---|---|---|---|---|

## Côte-d'Ivoire - Cap. Abidjan

| 15 | F6 | Ambassade | 102 av. Raymond-Poincaré, 16ᵉ | 45 01 53 10 |
|---|---|---|---|---|
| 12 | G7 | Service des visas | 8 r. Dumont-d'Urville, 16ᵉ | 47 20 35 09 |
| 26 | H4 | Délégation du Tourisme | 24 bd Suchet, 16ᵉ | 42 88 62 92 |

## Cuba - Cap. La Havane

| 28 | K8 | Ambassade | 16 r. de Presles, 15ᵉ | 45 67 55 35 |
|---|---|---|---|---|
| 19 | F13 | Office du Tourisme | 24 r. du 4-Septembre, 2ᵉ | 47 42 91 21 |

## Danemark - Cap. Copenhague

| 16 | F8 | Ambassade | 77 av. Marceau, 16ᵉ | 47 23 54 20 |
|---|---|---|---|---|
| 16 | F8 | DSB Voyages | 142 av. Champs-Élysées, 8ᵉ | 43 59 20 06 |
| 16 | F8 | Office National du Tourisme | — | 45 62 17 02 |
| 18 | F12 | Scandinavian Airlines System (SAS) | 30 bd des Capucines, 9ᵉ | 47 42 06 14 |

## Djibouti - Cap. Djibouti

| 15 | G5 | Ambassade | 26 r. Émile-Ménier, 16ᵉ | 47 27 49 22 |
|---|---|---|---|---|

## Dominicaine (République) - Cap. Saint-Domingue

| 16 | F7 | Ambassade | 2 r. Georges-Ville, 16ᵉ | 45 00 77 71 |
|---|---|---|---|---|

## Égypte - Cap. Le Caire

| 16 | G8 | Ambassade | 56 av. d'Iéna, 16ᵉ | 47 20 97 70 |
|---|---|---|---|---|
| 15 | F6 | Consulat | 58 av. Foch, 16ᵉ | 45 00 77 10 |
| 17 | F9 | Bureau de Tourisme | 90 av. Champs-Élysées, 8ᵉ | 45 62 94 42 |
| 43 | L13 | Centre Culturel | 111 bd St-Michel, 5ᵉ | 46 33 75 67 |
| 18 | F12 | Egyptair | 1 bis r. Auber, 9ᵉ | 42 66 55 59 |

## Émirats Arabes Unis (EAU) - Cap. Abu Dhabi

| 27 | G5 | Ambassade | 3 r. de Lota, 16ᵉ | 45 53 94 04 |
|---|---|---|---|---|

## Équateur - Cap. Quito

| 17 | E10 | Ambassade | 34 av. de Messine, 8ᵉ | 45 61 10 21 |
|---|---|---|---|---|
| 17 | E10 | Consulat | — | 45 61 10 04 |

## Espagne - Cap. Madrid

| 28 | G8 | Ambassade | 13 av. George-V, 8ᵉ | 47 23 61 83 |
|---|---|---|---|---|
| 5 | D9 | Consulat Général | 165 bd Malesherbes, 17ᵉ | 47 66 03 32 |
| 19 | G13 | Chambre de Commerce d'Espagne | 32 av. de l'Opéra, 2ᵉ | 47 42 45 74 |
| 29 | G9 | Iberia (Cie aérienne) | 31 av. Montaigne, 8ᵉ | 47 23 01 23 |
| 31 | J13 | Librairie Espagnole | 72 r. de Seine, 6ᵉ | 43 54 56 26 |
| 28 | G8 | Office culturel de l'Ambassade d'Espagne | 11 av. Marceau, 16ᵉ | 47 20 83 45 |
| 16 | G8 | Office National du Tourisme | 43 ter av. Pierre-Iᵉʳ-de-Serbie, 8ᵉ | 47 20 90 54 |
| 28 | G8 | Réseau National des Chemins de fer Espagnols (RENFE) | 3 av. Marceau, 16ᵉ | 47 23 52 00 |
| 31 | H14 | Maison d'Andorre | 111 r. St-Honoré, 1ᵉʳ | 45 08 50 28 |

## États-Unis d'Amérique (USA) - Cap. Washington

| 30 | G11 | Ambassade | 2 av. Gabriel, 8ᵉ | 42 96 12 02 |
|---|---|---|---|---|
| 30 | G11 | Service des visas - Services culturels | 2 r. St-Florentin, 1ᵉʳ | 42 96 12 02 |
| 101 | pli 13 | American Battle Monuments Commission | Garches - 68 r. du 19-Janvier | 47 01 19 76 |
| 42 | M12 | American Center for Students and Artists | 261 bd Raspail, 14ᵉ | 43 35 21 50 |
| 18 | F12 | American Express | 11 r. Scribe, 9ᵉ | 42 66 09 99 |

| Plan n° | Repère | | Adresse | Téléphone |
|---------|--------|---|---------|-----------|
| ou carte 101 | | | | |
| 17 | G9 | American Legion | 49 r. Pierre-Charron, 8e | 42 25 41 93 |
| 28 | J7 | Association France États-Unis | 6 bd de Grenelle, 15e | 45 77 48 92 |
| 28 | H8 | Bibliothèque Américaine | 10 r. du Général-Camou, 7e | 45 51 46 82 |
| 30 | G11 | Centre de Documentation B. Franklin | 2 r. St-Florentin, 1er | 42 96 33 10 |
| 28 | G8 | Chambre de Commerce Américaine | 21 av. George-V, 8e | 47 23 70 28 |
| 30 | G12 | Office de tourisme | 23 pl. Vendôme, 1er | 42 60 57 15 |
| 14 | D3 | International Herald Tribune | Neuilly - 181 av. Ch.-de-Gaulle | 47 47 12 65 |
| | | Librairies : voir Grande-Bretagne | | |
| 17 | F9 | National Broadcasting (NBC News) | 73 av. Champs-Élysées, 8e | 43 59 11 71 |
| 17 | F9 | Newsweek International | 162 r. du Fg-St-Honoré, 8e | 43 59 51 02 |
| 18 | F12 | Pan American World Airways (PAN AM) | 1 r. Scribe, 9e | 42 66 45 45 |
| 17 | F10 | Time | 17 av. Matignon, 8e | 43 59 05 39 |
| 16 | F8 | Trans World Airlines (TWA) | 101 av. Champs-Élysées, 8e | 47 20 62 11 |

### Éthiopie - Cap. Addis-Abeba

| | | | | |
|---------|--------|---|---------|-----------|
| 28 | J8 | Ambassade | 35 av. Charles-Floquet, 7e | 47 83 83 95 |
| 18 | F12 | Ethiopian Airlines | 35 r. Godot-de-Mauroy, 9e | 47 42 87 16 |

### Finlande - Cap. Helsinki

| | | | | |
|---------|--------|---|---------|-----------|
| 29 | H10 | Ambassade | 2 r. Fabert, 7e | 47 05 35 45 |
| 18 | F11 | Consulat Général | 18 bis r. d'Anjou, 8e | 42 65 33 65 |
| 27 | K6 | Chambre de Commerce Franco-Finlandaise | 31 r. Emeriau, 15e | 45 71 18 53 |
| 18 | F12 | Finnair (Cie aérienne) | 11 r. Auber, 9e | 47 42 33 33 |
| 18 | F12 | Office National du Tourisme | 13 r. Auber, 9e | 42 66 40 13 |

### Gabon - Cap. Libreville

| | | | | |
|---------|--------|---|---------|-----------|
| 26 | J4 | Ambassade | 26 bis av. Raphaël, 16e | 42 24 79 60 |
| 17 | F10 | Air Gabon | 4 av. Fr.-Roosevelt, 8e | 43 59 20 63 |
| 17 | F9 | Association France-Gabon | 11 r. Lincoln, 8e | 42 56 20 12 |
| 29 | G10 | Centre Gabonais du Commerce extérieur | 4 av. Fr.-Roosevelt, 8e | 45 62 23 40 |

### Ghana - Cap. Accra

| | | | | |
|---------|--------|---|---------|-----------|
| 15 | F5 | Ambassade | 8 villa Saïd, 16e | 45 00 09 50 |

### Grande-Bretagne et Irlande du Nord - Cap. Londres

| | | | | |
|---------|--------|---|---------|-----------|
| 18 | G11 | Ambassade | 35 r. du Fg-St-Honoré, 8e | 42 66 91 42 |
| 18 | G11 | Consulat | 2 cité du Retiro, 8e | 42 66 91 42 |
| | | Service des visas | — | 42 66 38 10 |
| 32 | G15 | Agence Reuter | 101 r. Réaumur, 2e | 42 60 31 63 |
| 65 | | British Airways | Puteaux-La Défense - Tour Winterthur | 47 78 14 14 |
| 17 | F9 | British Broadcasting Corporation (BBC) | 155 r. du Fg-St-Honoré, 8e | 45 61 97 00 |
| 18 | G12 | British Caledonian Airways | 5 r. de la Paix, 2e | 42 61 50 21 |
| 29 | H10 | The British Council | 9 r. de Constantine, 7e | 45 55 95 95 |
| 101 | pli 8 | British Midland Airways (BMA) | Roissy-aéroport Ch.-de-Gaulle | 37 42 14 44 |
| 31 | G13 | Chemins de Fer britanniques | 55-57 r. St-Roch, 1er | 42 61 85 40 |
| 16 | F7 | Franco-British Chamber of Commerce and Industry | 26 av. Victor-Hugo, 16e | 45 01 55 00 |
| 29 | H10 | Institut Britannique | 11 r. de Constantine, 7e | 45 55 71 99 |
| 31 | G13 | Librairie Brentano's | 37 av. de l'Opéra, 2e | 42 61 52 50 |
| 30 | G12 | — Galignani | 224 r. de Rivoli, 1er | 42 60 76 07 |
| 30 | G12 | — Smith | 248 r. de Rivoli, 1er | 42 60 37 97 |
| 30 | G12 | Office Britannique de Tourisme (BTA) | 6 pl. Vendôme, 1er | 42 96 47 60 |
| 18 | F11 | P & O Ferries-Normandy Ferries | 9 pl. de la Madeleine, 8e | 42 66 40 17 |
| 30 | G12 | The Royal Automobile Club (RAC) | 8 pl. Vendôme, 1er | 42 60 62 12 |
| 18 | F12 | Royal British Legion | 8 r. Boudreau, 9e | 47 42 19 26 |
| 19 | F13 | The Times | 8 r. Halévy, 9e | 47 42 73 21 |
| 18 | F11 | Maison du Tourisme de Jersey | 19 bd Malesherbes, 8e | 47 42 93 68 |

### Grèce - Cap. Athènes

| | | | | |
|---------|--------|---|---------|-----------|
| 16 | F8 | Ambassade | 17 r. Auguste-Vacquerie, 16e | 47 23 72 28 |
| 16 | G7 | Consulat | 23 r. Galilée, 16e | 47 23 72 23 |
| 42 | M11 | Librairie hellénique Desmos | 14 r. Vandamme, 14e | 43 20 84 04 |
| 31 | H13 | Office Nat. Hellénique du Tourisme | 3 av. de l'Opéra, 1er | 42 60 65 75 |
| 18 | F12 | Olympic Airways | 3 r. Auber, 9e | 42 65 92 42 |

**Guatemala** - Cap. Guatemala

| 17 | E9 | Ambassade | 73 r. de Courcelles, 8ᵉ | 42 27 78 63 |

**Guinée** - Cap. Conakry

| 15 | G5 | Ambassade | 24 r. Émile-Ménier, 16ᵉ | 45 53 72 25 |

**Guinée Équatoriale** - Cap. Malabo

| 17 | E9 | Ambassade | 6 r. Alfred de Vigny, 8ᵉ | 47 66 44 33 |

**Haïti** - Cap. Port-au-Prince

| 16 | E8 | Ambassade | 10 r. Théodule-Ribot, 17ᵉ | 47 63 47 78 |
| 17 | F10 | Office National du Tourisme | 64 r. La Boétie, 8ᵉ | 45 63 66 97 |

**Honduras** - Cap. Tegucigalpa

| 30 | G12 | Ambassade | 6 pl. Vendôme, 1ᵉʳ | 42 61 34 75 |

**Hong Kong** - Cap. Victoria

| 16 | F8 | Office de Tourisme<br>*(Renseignements téléphoniques<br>ou par écrit seulement)* | 38 av. George-V, 8ᵉ | 47 20 39 54 |

**Hongrie** - Cap. Budapest

| 15 | F5 | Ambassade | 5 bis sq. Avenue Foch, 16ᵉ | 45 00 00 29 |
| 43 | M14 | Consulat | 326 r. St-Jacques, 5ᵉ | 43 54 66 96 |
| 16 | G7 | Chambre de Commerce | 59 av. Kléber, 16ᵉ | 45 53 38 48 |
| 29 | J10 | Institut Hongrois | 7 r. de Talleyrand, 7ᵉ | 45 55 23 82 |
| 40 | M8 | Presse et Documentation | 9 sq. Vergennes, 15ᵉ | 48 42 51 05 |
| 18 | G12 | Malev (Cie aérienne) | 7 r. de la Paix, 2ᵉ | 42 61 57 90 |
| 19 | G13 | Tourisme Hongrois/Ibusz | 27 r. du 4-Septembre, 2ᵉ | 47 42 50 25 |

**Inde** - Cap. New Delhi

| 26 | H4 | Ambassade | 15 r. Alfred-Dehodencq, 16ᵉ | 45 20 39 30 |
| 18 | F12 | Air India | 1 r. Auber, 9ᵉ | 42 66 90 60 |
| 18 | G12 | Office National de Tourisme | 8 bd de la Madeleine, 9ᵉ | 42 65 83 86 |

**Indonésie** - Cap. Jakarta

| 27 | H5 | Ambassade | 49 r. Cortambert, 16ᵉ | 45 03 07 60 |
| 17 | E9 | Garuda Indonesian Airways | 17 av. Hoche, 8ᵉ | 45 62 45 45 |

**Irak** - Cap. Bagdad

| 15 | G5 | Ambassade | 53 r. de la Faisanderie, 16ᵉ | 45 01 51 00 |
| 15 | G5 | Centre Culturel | 6-8 r. du Gal-Appert, 16ᵉ | 47 04 66 87 |
| 16 | F8 | Iraqi Airways | 144 av. Champs-Élysées, 8ᵉ | 45 62 62 25 |

**Iran** - Cap. Téhéran

| 28 | H7 | Ambassade | 4 av. d'Iéna, 16ᵉ | 47 23 61 22 |
| 28 | H8 | Consulat | 16 r. Fresnel, 16ᵉ | 47 20 30 87 |
| 17 | G9 | Iran Air | 33 av. Champs-Élysées, 8ᵉ | 43 59 01 20 |

**Irlande** - Cap. Dublin

| 16 | F7 | Ambassade | 4 r. Rude, 16ᵉ | 45 00 20 87 |
| 19 | G13 | Aer Lingus (Cie aérienne) | 47 av. de l'Opéra, 2ᵉ | 47 42 12 50 |
| 18 | F12 | Irish Continental Line (transports et voyages) | 8 r. Auber, 9ᵉ | 42 66 90 90 |
| 17 | F10 | Office du Commerce Extérieur Irlandais | 33 r. de Miromesnil, 8ᵉ | 42 65 98 05 |
| 18 | G12 | Office National du Tourisme | 9 bd de la Madeleine, 1ᵉʳ | 42 61 84 26 |

**Islande** - Cap. Reykjavik

| 18 | F11 | Ambassade | 124 bd Haussmann, 8ᵉ | 45 22 81 54 |
| 19 | F13 | Icelandair (Cie aérienne) | 9 bd des Capucines, 2ᵉ | 47 42 52 26 |

**Israël** - Cap. Jérusalem

| 17 | F10 | Ambassade | 3 r. Rabelais, 8ᵉ | 42 56 47 47 |
| 32 | H15 | Association France-Israël | 63 bd de Sébastopol, 1ᵉʳ | 42 33 36 82 |
| 18 | G11 | Chambre de Commerce France-Israël | 47 r. du Fg-St-Honoré, 8ᵉ | 42 25 34 56 |
| 18 | F12 | El Al (Cie aérienne) | 24 bd des Capucines, 9ᵉ | 47 42 45 19 |
| 18 | G12 | Office National de Tourisme | 14 r. de la Paix, 2ᵉ | 42 61 01 97 |

## Italie - Cap. Rome

| Plan n° | Repère | | Adresse | Téléphone |
|---|---|---|---|---|
| 30 | . J11 | Ambassade | 51 r. de Varenne, 7ᵉ | 45 44 38 90 |
| 27 | H5 | Consulat | 5 bd Émile-Augier, 16ᵉ | 45 20 78 22 |
| 16 | F8 | Alitalia (Cie aérienne) | 140 av. Champs-Élysées, 8ᵉ | 42 56 66 33 |
| 17 | F10 | Chambre de Commerce Italienne | 134 r. du Fg-St-Honoré, 8ᵉ | 42 25 41 88 |
| 19 | F13 | Compagnie Italienne de Tourisme (CIT) | 3 bd des Capucines, 2ᵉ | 42 66 00 90 |
| 30 | H11 | Corriere della Sera | 280 bd St-Germain, 7ᵉ | 45 50 42 10 |
| 28 | J8 | Dante Alighieri (Assoc. culturelle) | 12 r. Sédillot, 7ᵉ | 47 05 16 26 |
| 18 | G12 | Office National de Tourisme (ENIT) | 23 r. de la Paix, 2ᵉ | 42 66 66 68 |
| 30 | J11 | Institut Culturel | 50 r. de Varenne, 7ᵉ | 42 22 12 78 |
| 19 | F13 | La Stampa | 5 r. des Italiens, 9ᵉ | 45 23 37 06 |
| 30 | J11 | Maison du Livre Italien | 54 r. de Bourgogne, 7ᵉ | 47 05 03 99 |
| 16 | F8 | Radiotelevisione Italiana (RAI) 1ʳᵉ chaîne | 96 av. d'Iéna, 16ᵉ | 47 20 60 40 |
| 16 | F8 | — 2ᵉ chaîne | 96 av. d'Iéna, 16ᵉ | 47 20 37 67 |
| 18 | F12 | Siosa Line (transports et voyages) | 8 r. Auber, 9ᵉ | 42 66 90 90 |

## Japon - Cap. Tokyo

| Plan n° | Repère | | Adresse | Téléphone |
|---|---|---|---|---|
| 17 | E9 | Ambassade | 7 av. Hoche, 8ᵉ | 47 66 02 22 |
| 16 | F8 | Centre culturel et d'information | 7 r. Tilsitt, 17ᵉ | 47 66 02 22 |
| 17 | F9 | Centre Japonais de Commerce extérieur | 50 av. Champs-Élysées, 8ᵉ | 42 25 35 82 |
| 17 | F9 | Chambre de Commerce et d'Industrie Japonaise | 1 av. de Friedland, 8ᵉ | 45 63 43 33 |
| 31 | G13 | Espace Japon (bibliothèque) | 12 r. Ste-Anne, 1ᵉʳ | 42 60 69 30 |
| 16 | G7 | Fondation du Japon | 42 av. Kléber, 16ᵉ | 47 04 28 63 |
| 17 | F9 | Japan Air Lines | 75 av. Champs-Élysées, 8ᵉ | 42 25 55 01 |
| 18 | F11 | Japanese National Railways (Rens.) | 24-26 r. de la Pépinière, 8ᵉ | 45 22 60 48 |
| 31 | H13 | Librairie Japonaise Junku | 262 r. St-Honoré, 1ᵉʳ | 42 60 89 12 |
| 31 | G13 | — — Tokyo-Do | 4 r. Ste-Anne, 1ᵉʳ | 42 61 08 71 |
| 16 | G7 | Office Franco-Japonais d'Études Économiques | 14 r. Cimarosa, 16ᵉ | 47 27 30 90 |
| 31 | G13 | Office National du Tourisme | 4 r. Ste-Anne, 1ᵉʳ | 42 96 20 29 |

## Jordanie - Cap. Amman

| Plan n° | Repère | | Adresse | Téléphone |
|---|---|---|---|---|
| 14 | E4 | Ambassade du Royaume Hachémite | Neuilly - 80 bd M.-Barrès | 46 24 23 79 |
| 18 | G12 | Alia (The Royal Jordanian Airline) | 12 r. de la Paix, 2ᵉ | 42 61 57 45 |

## Kenya - Cap. Nairobi

| Plan n° | Repère | | Adresse | Téléphone |
|---|---|---|---|---|
| 16 | G7 | Ambassade | 3 r. Cimarosa, 16ᵉ | 45 53 35 00 |
| 18 | G12 | Kenya Airways | 8 r. Daunou, 2ᵉ | 42 61 82 93 |
| 18 | G12 | Office du Tourisme | 5 r. Volney, 2ᵉ | 42 60 66 88 |

## Koweït - Cap. Koweït

| Plan n° | Repère | | Adresse | Téléphone |
|---|---|---|---|---|
| 28 | G8 | Ambassade | 2 r. de Lübeck, 16ᵉ | 47 23 54 25 |
| 16 | G8 | Consulat | 1 pl. des États-Unis, 16ᵉ | 47 23 54 25 |
| 18 | G12 | Kuwait Airways | 6 r. de la Paix, 2ᵉ | 42 60 30 60 |

## Laos - Cap. Vientiane

| Plan n° | Repère | | Adresse | Téléphone |
|---|---|---|---|---|
| 15 | G6 | Ambassade | 74 av. Raymond-Poincaré, 16ᵉ | 45 53 70 47 |

## Liban - Cap. Beyrouth

| Plan n° | Repère | | Adresse | Téléphone |
|---|---|---|---|---|
| 16 | G7 | Ambassade | 3 villa Copernic, 16ᵉ | 45 00 22 25 |
| 16 | F8 | Services Consulaires et Culturels | 47 r. Dumont-d'Urville, 16ᵉ | 45 00 03 30 |
| 31 | K14 | Librairie Synonyme | 82 bd St-Michel, 5ᵉ | 46 33 98 50 |
| 18 | F12 | Middle East Airlines | 6 r. Scribe, 9ᵉ | 42 66 93 93 |
| 17 | F10 | Office National du Tourisme | 124 r. du Fg-St-Honoré, 8ᵉ | 43 59 10 36 |
| 20 | E15 | Trans Mediterranean Airways | 94 r. Lafayette, 10ᵉ | 47 70 23 31 |

## Libéria - Cap. Monrovia

| Plan n° | Repère | | Adresse | Téléphone |
|---|---|---|---|---|
| 17 | D10 | Ambassade | 8 r. Jacques-Bingen, 17ᵉ | 47 63 58 55 |

## Libye - Cap. Tripoli

| Plan n° | Repère | | Adresse | Téléphone |
|---|---|---|---|---|
| 15 | G5 | Ambassade | 2 r. Charles-Lamoureux, 16ᵉ | 47 04 71 60 |
| 17 | F9 | Libyan Arab Airlines | 90 av. Champs-Élysées, 8ᵉ | 45 62 33 00 |

## Luxembourg - Cap. Luxembourg

| Plan n° | Repère | | Adresse | Téléphone |
|---|---|---|---|---|
| 28 | H8 | Ambassade | 33 av. Rapp, 7ᵉ | 45 55 13 37 |
| 17 | F10 | Chambre de Commerce Belgo-Luxemb. | 174 bd Haussmann, 8ᵉ | 45 62 44 87 |
| 16 | F8 | Luxair (Air France) | 119 av. Champs-Élysées, 8ᵉ | 45 35 61 61 |
| 18 | F12 | Office de Tourisme | 21 bd des Capucines, 2ᵉ | 47 42 90 56 |

| Plan n° | Repère | | Adresse | Téléphone |
|---------|--------|---|---------|-----------|
| | | **Madagascar** - Cap. Antananarivo | | |
| 26 | H4 | **Ambassade** | 4 av. Raphaël, 16e | 45 04 62 11 |
| 31 | H13 | **Air Madagascar** | 7 av. de l'Opéra, 1er | 42 60 30 51 |
| 44 | K15 | **Librairie L'Harmattan** | 16 r. des Écoles, 5e | 43 26 04 52 |
| | | **Malaisie** - Cap. Kuala Lumpur | | |
| 15 | G5 | **Ambassade** | 2 bis r. Benouville, 16e | 45 53 11 85 |
| 15 | E6 | **Malaysian Airlines System** | 251 bd Pereire, 17e | 45 74 11 80 |
| | | *transfert prévu* | 12 bd des Capucines, 9e | |
| | | **Mali** - Cap. Bamako | | |
| 42 | L11 | **Ambassade** | 89 r. du Cherche-Midi, 6e | 45 48 58 43 |
| 31 | G13 | **Air Mali** | 14 r. des Pyramides, 1er | 42 60 31 13 |
| | | **Malte** - Cap. La Valette | | |
| 17 | F9 | **Ambassade** | 92 av. Champs-Élysées, 8e | 45 62 53 01 |
| 42 | K11 | **Consulat** | 82 r. Vaneau, 7e | 45 49 15 33 |
| 42 | K11 | **Air Malta** | — | 45 49 06 50 |
| 42 | K11 | **Office de Tourisme** | — | 45 49 15 33 |
| | | **Maroc** - Cap. Rabat | | |
| 27 | H6 | **Ambassade** | 5 r. Le Tasse, 16e | 45 20 69 35 |
| 19 | F14 | **Consulat** | 19 r. Saulnier, 9e | 45 23 37 40 |
| 18 | E12 | **Compagnie Marocaine de Navigation** | 56 r. de Londres, 8e | 43 87 42 06 |
| 30 | G11 | **Maghreb Arabe Presse** | 4 pl. de la Concorde, 8e | 42 65 40 45 |
| 31 | H13 | **Office National du Tourisme** | 161 r. St-Honoré, 1er | 42 60 63 50 |
| 19 | G13 | **Royal Air Maroc** | 34 av. de l'Opéra, 2e | 47 42 10 36 |
| | | **Maurice** (Ile) - Cap. Port-Louis | | |
| 17 | E10 | **Ambassade** | 68 bd de Courcelles, 17e | 42 27 30 19 |
| 2 | C3 | **Bureau d'Information Touristique** | Neuilly - 41 r. Ybry | 47 58 12 40 |
| | | *(uniquement par téléphone et par correspondance)* | | |
| | | **Mauritanie** - Cap. Nouakchott | | |
| 15 | G5 | **Ambassade** | 5 r. de Montevideo, 16e | 45 04 88 54 |
| 42 | L11 | **Consulat** | 89 r. du Cherche-Midi, 6e | 45 48 23 88 |
| | | **Mexique** - Cap. Mexico | | |
| 28 | G7 | **Ambassade** | 9 r. de Longchamp, 16e | 45 53 76 43 |
| 28 | G7 | **Consulat** | 16 r. Hamelin, 16e | 47 27 74 70 |
| 18 | F12 | **Aeromexico** (Cie aérienne) | 12 r. Auber, 9e | 47 42 40 50 |
| 16 | F8 | **Institut Mexicain du Commerce Extérieur** | 120 av. Champs-Élysées, 8e | 45 62 26 24 |
| 16 | G8 | **Office de Tourisme** | 34 av. George-V, 8e | 47 20 69 15 |
| | | **Monaco** - Cap. Monaco | | |
| 26 | H4 | **Ambassade** | 22 bd Suchet, 16e | 45 04 74 54 |
| 18 | G12 | **Office du Tourisme et des Congrès** | 9 r. de la Paix, 1er | 42 96 12 23 |
| | | **Mongolie** - Cap. Oulan-Bator | | |
| 37 | L2 | **Ambassade** | Boulogne - 5 av. R.-Schuman | 46 05 28 12 |
| | | **Népal** - Cap. Katmandou | | |
| 17 | F9 | **Ambassade** | 7 r. Washington, 8e | 43 59 28 61 |
| | | **Nicaragua** - Cap. Managua | | |
| 15 | F6 | **Ambassade** | 11 r. de Sontay, 16e | 45 00 35 42 |
| | | **Niger** - Cap. Niamey | | |
| 27 | G5 | **Ambassade** | 154 r. de Longchamp, 16e | 45 04 80 60 |
| | | **Nigeria** - Cap. Lagos | | |
| 27 | G5 | **Ambassade** | 173 av. Victor-Hugo, 16e | 47 04 68 65 |
| 27 | G5 | **Consulat** | — | 47 27 14 32 |
| | | **Norvège** - Cap. Oslo | | |
| 29 | G9 | **Ambassade** | 28 r. Bayard, 8e | 47 23 72 78 |
| 14 | D4 | **Chambre Commerce Franco-Norvégienne** | Neuilly - 88 av. Ch.-de-Gaulle | 47 45 14 90 |
| 14 | D4 | **Office National du Tourisme** | — | 47 45 14 90 |
| 18 | F12 | **Royal Viking Line** (transports et voyages) | 8 r. Auber, 9e | 42 66 90 90 |
| 18 | F12 | **Scandinavian Airlines System** (SAS) | 30 bd des Capucines, 9e | 47 42 06 14 |
| | | **Nouvelle-Zélande** - Cap. Wellington | | |
| 15 | F6 | **Ambassade** | 7 ter r. Léonard-de-Vinci, 16e | 45 00 24 11 |

### Oman - Cap. Mascate

| | | | | |
|---|---|---|---|---|
| 28 | G8 | **Ambassade** | 50 av. d'Iéna, 16ᵉ | 47 23 01 63 |

### Ouganda- Cap. Kampala

| | | | | |
|---|---|---|---|---|
| 27 | G6 | **Ambassade** | 13 av. Raymond-Poincaré, 16ᵉ | 47 27 46 80 |

### Pakistan - Cap. Islamabad

| | | | | |
|---|---|---|---|---|
| 16 | F8 | **Ambassade** | 18 r. Lord-Byron, 8ᵉ | 45 62 23 32 |
| 16 | F8 | **Pakistan International Airlines** | 152 av. Champs-Élysées, 8ᵉ | 45 62 92 41 |

### Panama - Cap. Panama

| | | | | |
|---|---|---|---|---|
| 41 | L9 | **Ambassade** | 145 av. de Suffren, 15ᵉ | 47 83 23 32 |

### Paraguay - Cap. Asuncion

| | | | | |
|---|---|---|---|---|
| 28 | J7 | **Ambassade-Chancellerie** | 8 av. Charles-Floquet, 7ᵉ | 47 83 54 77 |
| 101 | pli 14 | **Consulat** | Courbevoie - 15 r. Carle-Hébert | 47 88 19 12 |

### Pays-Bas - Cap. Amsterdam

| | | | | |
|---|---|---|---|---|
| 41 | K10 | **Ambassade** | 7 r. Eblé, 7ᵉ | 43 06 61 88 |
| 41 | K10 | **Consulat** | 9 r. Eblé, 7ᵉ | 43 06 61 88 |
| 17 | D10 | **Chambre de Commerce Franco-Néerlandaise** | 109 bd Malesherbes, 8ᵉ | 45 63 54 30 |
| 30 | H11 | **Institut Néerlandais** | 121 r. de Lille, 7ᵉ | 47 05 85 99 |
| 19 | G13 | **Lignes Aériennes Royales Néerlandaises** (KLM) | 36 bis av. de l'Opéra, 2ᵉ | 47 42 57 29 |
| 17 | G9 | **Office Néerlandais du Tourisme** | 31-33 av. Champs-Élysées, 8ᵉ | 42 25 41 25 |

### Pérou - Cap. Lima

| | | | | |
|---|---|---|---|---|
| 16 | G7 | **Ambassade** | 50 av. Kléber, 16ᵉ | 47 04 34 53 |

### Philippines - Cap. Manille

| | | | | |
|---|---|---|---|---|
| 27 | H6 | **Ambassade** | 39 av. Georges-Mandel, 16ᵉ | 47 04 65 50 |
| 16 | F8 | **Philippine Airlines** | 114 av. Champs-Élysées, 8ᵉ | 43 59 43 21 |
| 18 | G12 | **Services culturels** | 26 pl. Vendôme, 1ᵉʳ | 42 61 20 45 |

### Pologne - Cap. Varsovie

| | | | | |
|---|---|---|---|---|
| 29 | J10 | **Ambassade** | 1 r. de Talleyrand, 7ᵉ | 45 51 60 80 |
| 29 | J10 | **Consulat** | 5 r. de Talleyrand, 7ᵉ | 45 51 82 22 |
| 32 | K15 | **Bibliothèque Polonaise** | 6 quai d'Orléans, 4ᵉ | 43 54 35 61 |
| 29 | G9 | **Institut Culturel Polonais** | 31 r. Jean-Goujon, 8ᵉ | 42 25 10 57 |
| 31 | K13 | **Librairie Polonaise** | 123 bd St-Germain, 6ᵉ | 43 26 04 42 |
| 19 | G13 | **Lignes Aériennes Polonaises** (LOT) | 18 r. Louis-le-Grand, 2ᵉ | 47 42 05 60 |
| 19 | G13 | **Office du Tourisme Polonais Orbis** | 49 av. de l'Opéra, 2ᵉ | 47 42 07 42 |

### Portugal - Cap. Lisbonne

| | | | | |
|---|---|---|---|---|
| 15 | G5 | **Ambassade** | 3 r. de Noisiel, 16ᵉ | 47 27 35 29 |
| 45 | N17 | **Consulat** | 187 r. du Chevaleret, 13ᵉ | 45 85 03 60 |
| 18 | F12 | **Air Portugal** (TAP) | 4 r. Scribe, 9ᵉ | 42 66 69 00 |
| 16 | F8 | **Centre Culturel - Fondation Gulbenkian** | 51 av. d'Iéna, 16ᵉ | 47 20 86 84 |
| 18 | F11 | **Chambre de Commerce Franco-Portugaise** | 97 bd Haussmann, 8ᵉ | 42 66 38 32 |
| 17 | F10 | **Office Commercial du Portugal** | 135 bd Haussmann, 8ᵉ | 45 63 93 30 |
| 18 | F12 | **Office de Tourisme** | 7 r. Scribe, 9ᵉ | 47 42 55 57 |

### Qatar - Cap. Doha

| | | | | |
|---|---|---|---|---|
| 29 | H9 | **Ambassade** | 57 quai d'Osay, 7ᵉ | 45 51 90 71 |

### Roumanie - Cap. Bucarest

| | | | | |
|---|---|---|---|---|
| 29 | J9 | **Ambassade** | 123 r. St-Dominique, 7ᵉ | 47 05 49 54 |
| 29 | J9 | **Consulat** | 5 r. de l'Exposition, 7ᵉ | 47 05 84 99 |
| 19 | G13 | **Office National de Tourisme - Tarom** (Cie aérienne) | 38 av. de l'Opéra, 2ᵉ | 47 42 25 42 |

### Rwanda - Cap. Kigali

| | | | | |
|---|---|---|---|---|
| 17 | E9 | **Ambassade** | 70 bd de Courcelles, 17ᵉ | 42 27 36 31 |

### Saint-Marin - Cap. San Marino

| | | | | |
|---|---|---|---|---|
| 17 | F10 | **Ambassade** | 6 av. Franklin-Roosevelt, 8ᵉ | 43 59 22 28 |
| 17 | F10 | **Consulat** | 50 r. du Colisée, 8ᵉ | 43 59 82 89 |

| Plan n° | Repère | | Adresse | Téléphone |
|---|---|---|---|---|
| | | **Saint-Siège** - cité du Vatican | | |
| 28 | G8 | Nonciature Apostolique | 10 av. du Prés.-Wilson, 16ᵉ | 47 23 58 34 |
| | | **El Salvador** - Cap. San Salvador | | |
| 16 | G7 | Ambassade | 12 r. Galilée, 16ᵉ | 47 20 42 02 |
| | | **Sénégal** - Cap. Dakar | | |
| 29 | H9 | Ambassade | 14 av. Robert-Schuman, 7ᵉ | 47 05 39 45 |
| 28 | G7 | Consulat | 22 r. Hamelin, 16ᵉ | 45 53 75 86 |
| 16 | G8 | Office de Tourisme | 30 av. George-V, 8ᵉ | 47 23 78 08 |
| | | **Sierra Leone** - Cap. Freetown | | |
| 17 | E9 | La Maison de la Sierra Leone (service des visas) | 6 r. Médéric, 17ᵉ | 42 67 54 39 |
| | | **Seychelles** - Cap. Port-Victoria | | |
| 16 | G8 | Ambassade | 53 bis r. François-1ᵉʳ, 8ᵉ | 47 23 98 11 |
| 16 | G8 | Office du Tourisme | — | 47 20 39 66 |
| | | **Singapour** - Cap. Singapour | | |
| 15 | F5 | Ambassade | 80 av. Foch, 16ᵉ | 45 00 33 61 |
| 31 | H13 | Office national du Tourisme | 168 r. de Rivoli, 1ᵉʳ | 42 97 16 16 |
| 19 | G13 | Singapore Airlines | 35 av. de l'Opéra, 2ᵉ | 42 61 53 09 |
| | | **Somalie** - Cap. Mogadiscio | | |
| 16 | F8 | Ambassade | 26 r. Dumont-d'Urville, 16ᵉ | 45 00 76 51 |
| | | **Soudan** - Cap. Khartoum | | |
| 29 | G9 | Ambassade *(transfert prévu)* | 56 av. Montaigne, 8ᵉ | 47 20 07 86 |
| | | **Sri Lanka** - Cap. Colombo | | |
| 18 | F11 | Ambassade | 15 r. d'Astorg, 8ᵉ | 42 66 35 01 |
| 19 | G13 | Air Lanka | 9 r. du 4-Septembre, 2ᵉ | 42 96 90 22 |
| 19 | G13 | Office de Tourisme de Ceylan | 19 r. du 4-Septembre, 2ᵉ | 42 60 49 99 |
| | | **Suède** - Cap. Stockholm | | |
| 30 | J11 | Ambassade | 17 r. Barbet-de-Jouy, 7ᵉ | 45 55 92 15 |
| 32 | J16 | Centre culturel | 11 r. Payenne, 3ᵉ | 42 71 82 20 |
| 18 | F12 | Office du Commerce Suédois | 67 bd Haussmann, 8ᵉ | 42 66 08 88 |
| 32 | J16 | Office du Tourisme Suédois | 146-150 av. Ch.-Élysées, 8ᵉ | 42 25 65 52 |
| 18 | F12 | Scandinavian Airlines System (SAS) | 30 bd des Capucines, 9ᵉ | 47 42 06 14 |
| | | **Suisse** - Cap. Berne | | |
| 29 | J10 | Ambassade | 142 r. de Grenelle, 7ᵉ | 45 50 34 46 |
| 31 | G13 | Chambre de Commerce Suisse | 16 av. de l'Opéra, 1ᵉʳ | 42 96 14 17 |
| 18 | F12 | Office National du Tourisme - Chemins de fer fédéraux | 11 bis r. Scribe, 9ᵉ | 47 42 45 45 |
| 19 | G13 | Swissair | 38 av. de l'Opéra, 2ᵉ | 45 81 11 40 |
| | | **Syrie** - Cap. Damas | | |
| 30 | J11 | Ambassade | 20 r. Vaneau, 7ᵉ | 45 50 26 91 |
| 29 | J9 | Centre culturel arabe syrien | 12 av. de Tourville, 7ᵉ | 47 05 30 11 |
| 18 | F12 | Syrianair | 1 r. Auber, 9ᵉ | 47 42 11 06 |
| | | **Tanzanie** - Cap. Dar es Salaam | | |
| 5 | C9 | Ambassade | 70 bd Péreire, 17ᵉ | 46 22 61 39 |
| | | **Tchad** - Cap. N'Djamena | | |
| 15 | G6 | Ambassade | 65 r. Belles-Feuilles, 16ᵉ | 45 53 36 75 |
| | | **Tchécoslovaquie** - Cap. Prague | | |
| 28 | J8 | Ambassade | 15 av. Charles-Floquet, 7ᵉ | 47 34 29 10 |
| 31 | J13 | — (Section Consulaire) | 18 r. Bonaparte, 6ᵉ | 43 29 41 60 |
| 19 | G13 | Ceskoslovenske Aerolinie (CSA) | 32 av. de l'Opéra, 2ᵉ | 47 42 38 45 |
| 27 | G6 | Chambre de Commerce Franco-Tchécoslovaque | 28 av. d'Eylau, 16ᵉ | 47 04 45 78 |
| 19 | G13 | Office Tchécoslovaque de Tourisme - Cedok | 32 av. de l'Opéra, 2ᵉ | 47 42 38 45 |

## Thaïlande - Cap. Bangkok

| Plan n° | Repère | | Adresse | Téléphone |
|---|---|---|---|---|
| 27 | H6 | **Ambassade** | 8 r. Greuze, 16ᵉ | 47 04 32 22 |
| 17 | F9 | **Office National du Tourisme** | 90 av. Champs-Élysées, 8ᵉ | 45 62 86 56 |
| 16 | F8 | **Thai Airways International** | 123 av. Champs-Élysées, 8ᵉ | 47 20 86 15 |

## Togo - Cap. Lomé

| | | | | |
|---|---|---|---|---|
| 4 | C8 | **Ambassade** | 8 r. Alfred-Roll, 17ᵉ | 43 80 12 13 |
| 29 | G9 | **Office de Tourisme** | 23 r. François-1ᵉʳ, 8ᵉ | 47 23 45 85 |

## Tunisie - Cap. Tunis

| | | | | |
|---|---|---|---|---|
| 30 | K11 | **Ambassade** | 25 r. Barbet-de-Jouy, 7ᵉ | 45 55 95 98 |
| 28 | G7 | **Consulat** | 17-19 r. de Lübeck, 16ᵉ | 45 53 50 94 |
| 19 | G13 | **Office National du Tourisme** | 32 av. de l'Opéra, 2ᵉ | 47 42 72 67 |
| 18 | G12 | **Tunis Air** | 17 r. Daunou, 2ᵉ | 42 96 10 45 |

## Turquie - Cap. Ankara

| | | | | |
|---|---|---|---|---|
| 27 | J6 | **Ambassade** | 16 av. de Lamballe, 16ᵉ | 45 24 52 24 |
| 5 | C9 | **Consulat** | 184 bd Malesherbes, 17ᵉ | 42 27 32 72 |
| 17 | F9 | **Bureau de Tourisme** | 102 av. Champs-Élysées, 8ᵉ | 45 62 78 68 |
| 19 | G13 | **Turkish Airlines** | 34 av. de l'Opéra, 2ᵉ | 47 42 60 85 |

## Union des Républ. Socialistes Soviétiques (URSS) - Cap. Moscou

| | | | | |
|---|---|---|---|---|
| 26 | G4 | **Ambassade** | 40-50 bd Lannes, 16ᵉ | 45 04 05 50 |
| 17 | E9 | **Consulat** | 8 r. de Prony, 17ᵉ | 47 63 45 47 |
| 17 | G9 | **Aeroflot** (Cie aérienne) | 33 av. Champs-Élysées, 8ᵉ | 42 25 43 81 |
| 29 | G10 | **Chambre de Commerce Franco-Soviétique** | 22 av. Franklin-Roosevelt, 8ᵉ | 42 25 97 10 |
| 19 | F13 | **Intourist** | 7 bd des Capucines, 2ᵉ | 47 42 47 40 |
| 15 | G5 | **Représentation Commerciale** | 49 r. de la Faisanderie, 16ᵉ | 47 27 41 39 |

## Uruguay - Cap. Montevideo

| | | | | |
|---|---|---|---|---|
| 16 | F7 | **Ambassade** | 15 r. Le Sueur, 16ᵉ | 45 00 91 50 |

## Vatican (voir Saint-Siège)

## Venezuela - Cap. Caracas

| | | | | |
|---|---|---|---|---|
| 16 | G7 | **Ambassade** | 11 r. Copernic, 16ᵉ | 45 53 29 98 |
| 28 | H7 | **Consulat** | 42 av. du Prés-Wilson, 16ᵉ | 45 53 00 88 |
| 19 | F13 | **Viasa** (Cie aérienne) | 5 bd des Capucines, 2ᵉ | 47 42 20 07 |

## Viêt-nam - Cap. Hanoï

| | | | | |
|---|---|---|---|---|
| 38 | L3 | **Ambassade** | 66 r. Boileau, 16ᵉ | 45 24 50 63 |
| 38 | L3 | **Consulat** | — | 45 27 62 55 |

## Yémen (Républ. Arabe - RAY) - Cap. Sanaa

| | | | | |
|---|---|---|---|---|
| 28 | J8 | **Ambassade** | 21 av. Charles-Floquet, 7ᵉ | 43 06 66 22 |

## Yémen (Républ. Démocratique) - Cap. Al Shaab

| | | | | |
|---|---|---|---|---|
| 28 | G8 | **Ambassade** | 25 av. Georges-Bizet, 16ᵉ | 47 23 61 76 |
| 17 | F9 | **Yemenia (Yemen Airways)** | 52 av. Champs-Élysées, 8ᵉ | 42 56 06 00 |

## Yougoslavie - Cap. Belgrade

| | | | | |
|---|---|---|---|---|
| 15 | G5 | **Ambassade** | 54 r. de la Faisanderie, 16ᵉ | 45 04 05 05 |
| 15 | F5 | **Consulat** | 5 r. de la Faisanderie, 16ᵉ | 47 04 70 41 |
| 32 | H15 | **Centre Culturel** | 123 r. St-Martin, 4ᵉ | 42 72 50 50 |
| 27 | G6 | **Chambre économique** | 69 av. Raymond-Poincaré, 16ᵉ | 47 04 92 76 |
| 45 | K18 | **Librairie Yougofranc** | 55 r. Traversière, 12ᵉ | 43 43 59 29 |
| 19 | F13 | **Office du Tourisme** | 31 bd des Italiens, 2ᵉ | 42 68 07 07 |
| 19 | F13 | **Yugoslav Airlines** (JAT) | 31 bd des Italiens, 2ᵉ | 42 68 06 06 |

## Zaïre - Cap. Kinshasa

| | | | | |
|---|---|---|---|---|
| 29 | G9 | **Ambassade** | 32 cours Albert-1ᵉʳ, 8ᵉ | 42 25 57 50 |
| 19 | G13 | **Air Zaïre** | 38 av. de l'Opéra, 2ᵉ | 47 42 09 26 |

## Zambie - Cap. Lusaka

| | | | | |
|---|---|---|---|---|
| 16 | F8 | **Ambassade** | 76 av. d'Iéna, 16ᵉ | 47 23 43 52 |

## Zimbabwe - Cap. Harare

| | | | | |
|---|---|---|---|---|
| 16 | F8 | **Ambassade** | 5 r. de Tilsitt, 8ᵉ | 47 63 48 31 |

## BIBLIOTHÈQUES - CENTRES CULTURELS
### LIBRARIES, BIBLIOTHEKEN, BIBLIOTECAS

| | | | | |
|---|---|---|---|---|
| 32 | H15 | Centre Georges-Pompidou | plateau Beaubourg, 4ᵉ | 42 77 12 33 |
| 33 | K17 | Arsenal | pl. du Père-Teilhard-de-Chardin, 4ᵉ | 42 77 44 21 |
| 31 | H13 | Arts Décoratifs | 109 r. de Rivoli, 1ᵉʳ | 42 60 32 14 |
| 32 | G16 | Conservatoire Nat. des Arts et Métiers | 292 r. St-Martin, 3ᵉ | 42 71 24 14 |
| 101 | pli 14 | Documentation Internat. Contemporaine | Nanterre - 2 r. de Rouen | 47 21 40 22 |
| 23 | G21 | Documentation Scientifique et Technique | 26 r. Boyer, 20ᵉ | 43 58 35 59 |
| 42 | K12 | Documentation Sciences Humaines | 54 bd Raspail, 6ᵉ | 45 44 38 49 |
| 32 | J16 | Forney | 1 r. du Figuier, 4ᵉ | 42 78 14 60 |
| 32 | J16 | Historique de la Ville de Paris | 24 r. Pavée, 4ᵉ | 42 74 44 44 |
| 32 | H15 | Maison de la poésie | 101 r. Rambuteau, 1ᵉʳ | 42 36 27 53 |
| 31 | J13 | Mazarine | 23 quai Conti, 6ᵉ | 43 54 89 48 |
| 44 | M16 | Museum Nat. d'Histoire Naturelle | 38 r. Geoffroy-St-Hilaire, 5ᵉ | 43 31 71 24 |
| 31 | G13 | Nationale (BN) | 58 r. de Richelieu, 2ᵉ | 42 61 82 83 |
| 43 | L14 | Ste-Geneviève | 10 pl. du Panthéon, 5ᵉ | 43 29 61 00 |
| 32 | J16 | Discothèque de la Ville de Paris | 6 r. François-Miron, 4ᵉ | 48 87 25 63 |

*Paris compte 600 bibliothèques d'études et 80 bibliothèques municipales. Outre les plus connues, générales ou spécialisées, indiquées ci-dessus, citons-en quelques autres, très spécialisées. comme les bibliothèques des Arts du spectacle (à l'Arsenal), de la Saulchoir (religion), de l'Histoire du Protestantisme, de la Préfecture de Police, de l'Observatoire de Meudon...*

*Les bibliothèques de prêt et de consultation, qui offrent parfois un département discothèque ou cassettothèque, sont ouvertes au public dans la plupart des Mairies et divers autres centres; la liste des bibliothèques pour la jeunesse y est disponible.*

*Pour connaître les adresses des bibliothèques et Centres Culturels étrangers, voir p. 56 à 66.*

### Salles d'expositions

| | | | | |
|---|---|---|---|---|
| 32 | J16 | Centre Culturel du Marais | 28 r. des Francs-Bourgeois, 3ᵉ | 42 72 73 52 |
| 29 | G10 | Galeries Nationales du Grand Palais | av. du Gén.-Eisenhower, 8ᵉ | 42 61 54 10 |
| 28 | G8 | Palais de Tokyo | 13 av. Président-Wilson, 16ᵉ | 47 23 36 53 |
| 31 | H14 | Pavillon des Arts | 101 r. Rambuteau, 1ᵉʳ | 42 33 82 50 |
| 29 | G10 | Petit Palais | av. Winston-Churchill, 8ᵉ | 42 65 12 73 |

## CIMETIÈRES
### CEMETERIES, FRIEDHÖFE, CEMENTERIOS

| | | | | |
|---|---|---|---|---|
| 38 | M3 | Auteuil | 57 r. Claude-Lorrain, 16ᵉ | 46 51 20 83 |
| 5 | B10 | Batignolles | 10 r. St-Just, 17ᵉ | 46 27 03 18 |
| 23 | F22 | Belleville | 40 r. du Télégraphe, 20ᵉ | 46 36 66 23 |
| 47 | N21 | Bercy | 329 r. de Charenton, 12ᵉ | 43 43 28 93 |
| 60 | R23 | Charenton | av. de Gravelle, 12ᵉ | |
| 35 | H22 | Charonne | pl. St-Blaise, 20ᵉ | 43 71 40 66 |
| 56 | S15 | Gentilly | 5 r. de Ste-Hélène, 13ᵉ | 45 88 38 80 |
| 39 | M6 | Grenelle | 174 r. St-Charles, 15ᵉ | 45 57 13 43 |
| 6 | C12 | Montmartre | av. Rachel, 18ᵉ | 43 87 64 24 |
| 42 | M12 | Montparnasse | 3 bd Edgar-Quinet, 14ᵉ | 43 20 68 52 |
| 54 | R11 | Montrouge | 18 av. Pte-de-Montrouge, 14ᵉ | 46 56 52 52 |
| 27 | H6 | Passy | 2 r. du Cdt-Schlœsing, 16ᵉ | 47 27 51 42 |
| 35 | H21 | Père-Lachaise | 16 r. du Repos, 20ᵉ | 43 70 70 33 |
| 47 | L22 | Picpus | 35 r. de Picpus, 12ᵉ | 43 42 24 22 |
| 48 | M23 | St-Mandé (Sud) | r. du Général-Archinard, 12ᵉ | 43 46 03 06 |
| 7 | C14 | St-Pierre (cim. du Calvaire) | 2 r. du Mont-Cenis, 18ᵉ | |
| 7 | C13 | St-Vincent | 6 r. Lucien-Gaulard, 18ᵉ | 46 06 29 78 |
| 59 | P21 | Valmy | av. Pte-de-Charenton, 12ᵉ | 43 68 62 60 |
| 39 | M6 | Vaugirard | 320 r. Lecourbe, 15ᵉ | 45 57 26 30 |
| 22 | D20 | La Villette | 46 r. d'Hautpoul, 19ᵉ | 42 08 05 45 |

*Hors des limites de Paris se situent les cimetières parisiens de Bagneux (101 pli 25), la Chapelle (9 A17), Ivry (101 pli 26), Pantin (12 A23), St-Ouen (101 pli 15) et Thiais (101 pli 26).*

# COMMERCE
## BUSINESS, GESCHÄFT, COMERCIO

### Salons, Foires, Expositions
### Fairs, Exhibitions, Messen, Ausstellungen, Salones, Ferias, Exposiciones

| Plan n° | Repère | Nom | Adresse | Téléphone |
| --- | --- | --- | --- | --- |
| 66 | | Centre National des Industries et des Techniques (CNIT) | Puteaux - La Défense r. Carpeaux | 47 73 66 44 |
| 16 | G7 | Comité des Expositions de Paris | 7 r. Copernic, 16ᵉ | 45 05 14 37 |
| 19 | F14 | Hôtel des Ventes | 9 r. Drouot, 9ᵉ | 42 46 17 11 |
| 15 | E6 | Palais des Congrès | 2 pl. de la Pte-Maillot, 17ᵉ | 47 58 22 22 |
| 51 | N6 | Parc des Expositions (S.E.P.E.) | Pte-de-Versailles, 15ᵉ | 48 42 22 40 |
| 101 | pli 8 | Parc d'Expositions de Paris-Nord | Villepinte - ZAC Paris-Nord II | 48 63 30 30 |

### Grands Magasins et Centres commerciaux
### Department stores and shopping centres, Kaufhäuser, Einkaufszentren, Grandes Almacenes y Centros Comerciales

| Plan n° | Repère | Nom | Adresse | Téléphone |
| --- | --- | --- | --- | --- |
| 32 | J15 | Bazar de l'Hôtel-de-Ville Rivoli | 52 r. de Rivoli, 4ᵉ | 42 74 90 00 |
| 10 | C19 | — Flandre | 119 r. de Flandre, 19ᵉ | 42 05 71 69 |
| 39 | K6 | Beaugrenelle | 16 r. Linois, 15ᵉ | 45 75 71 31 |
| 30 | K11 | Au Bon Marché | 38 r. de Sèvres, 7ᵉ | 42 60 33 45 |
| 42 | L11 | C & A Maine Montparnasse | 1 r. de l'Arrivée, 15ᵉ | 45 38 52 76 |
| 31 | H14 | — Rivoli | 122 r. de Rivoli, 1ᵉʳ | 42 33 71 95 |
| 16 | E8 | FNAC Étoile | 26 av. de Wagram, 8ᵉ | 47 66 52 50 |
| 31 | H14 | — Forum des Halles | 1-7 r. Pierre-Lescot, 1ᵉʳ | 42 61 81 18 |
| 42 | L12 | — Montparnasse | 136 r. de Rennes, 6ᵉ | 45 44 39 12 |
| 31 | H14 | Forum des Halles | r. Berger, 1ᵉʳ | 42 97 53 47 |
| 56 | P16 | Galaxie | 30 av. d'Italie, 13ᵉ | 45 80 09 09 |
| 18 | F12 | Galeries Lafayette Haussmann | 40 bd Haussmann, 9ᵉ | 42 82 34 56 |
| 42 | L11 | — Montparnasse | Centre Maine-Montparnasse, 15ᵉ | 45 38 52 87 |
| 42 | M11 | Inno Montparnasse | 31 r. du Départ, 14ᵉ | 43 20 69 30 |
| 47 | K21 | — Nation | 20 bd de Charonne, 20ᵉ | 43 73 17 59 |
| 27 | J5 | — Passy | 53 r. de Passy, 16ᵉ | 45 24 52 32 |
| 31 | H13 | Le Louvre des Antiquaires | 2 pl. du Palais-Royal, 1ᵉʳ | 42 97 27 00 |
| 42 | L11 | Maine-Montparnasse | r. de l'Arrivée, 15ᵉ | 45 38 52 54 |
| 18 | F12 | Marks & Spencer | 35 bd Haussmann, 9ᵉ | 47 42 42 91 |
| 15 | E6 | Palais des Congrès | 2 pl. de la Pte-Maillot, 17ᵉ | 47 58 22 22 |
| 18 | F12 | Au Printemps Haussmann | 64 bd Haussmann, 9ᵉ | 42 82 50 00 |
| 56 | P16 | — Italie | 30 av. d'Italie, 13ᵉ | 45 81 11 50 |
| 47 | K22 | — Nation | 25 cours Vincennes, 20ᵉ | 43 71 12 41 |
| 33 | G17 | — République | pl. de la République, 11ᵉ | 43 55 39 09 |
| 16 | E8 | — Ternes | 30 av. des Ternes, 17ᵉ | 43 80 20 00 |
| 31 | H14 | Samaritaine | 19 r. de la Monnaie, 1ᵉʳ | 45 08 33 33 |
| 18-10 | G12 | Aux Trois Quartiers | 17 bd de la Madeleine, 1ᵉʳ | 42 60 39 30 |

### Marchés Markets, Märkte, Mercados

| Plan n° | Repère | Nom | Adresse | Téléphone |
| --- | --- | --- | --- | --- |
| 33 | H17 | Carreau du Temple | 2 r. Perrée, 3ᵉ | 42 78 54 90 |
| 46 | N20 | Entrepôts de Bercy | 1 cour Chamonard, 12ᵉ | 43 43 15 41 |
| 7 | A14 | Marché aux Puces | St-Ouen - 85 r. des Rosiers | 46 06 49 69 |
| 101 | pli 26 | Marché d'Intérêt Nat. de Paris-Rungis | Rungis - 1 r. de la Tour | 46 87 35 35 |
| 28 | K8 | Le Village Suisse | 54 av. Motte-Picquet, 15ᵉ | 43 06 69 90 |

*Nombreuses sont les artères commerçantes de Paris. La plupart sont très fréquentées :*

*- les unes pour leur choix d'articles de luxe et la haute-couture : avenue Montaigne et Champs-Élysées aux diverses Galeries et Arcades ; place et avenue de l'Opéra; rue Tronchet , rue Royale, d'où part la longue rue du Fbg-St-Honoré.*

*- les autres pour leur activité principale : rue de la Paix et place Vendôme (joaillerie, bijouterie) ; rue St-Lazare et boulevard St-Michel (chaussures et sacs) ; rues de Passy et de Sèvres (habillement) ; rue du Fbg-St-Antoine (bois et meubles) ; rue de Paradis (cristaux et porcelaines).*

*Sur quelques places ou avenues se tiennent des marchés de plein air : marchés aux fleurs et aux oiseaux.*

## CULTES ($^1$)

*CHURCHES,*
*KIRCHEN UND ANDERE KULTSTÄTTEN, CULTOS*

Églises et chapelles catholiques

*Catholic churches and chapels*

*Katholische Kirchen und Kapellen, Iglesias y Capillas Católicas*

| Plan n° | Repère | | Adresse | Téléphone |
|---|---|---|---|---|
| 18 | F11 | **Archevêché** (Maison Diocésaine) | 8 r. Ville-l'Évêque, 8ᵉ | 42 66 90 15 |
| 32 | K15 | **Notre-Dame** (cathédrale) | 6 Parvis Notre-Dame, 4ᵉ | 43 26 07 39 |
| 17 | E9 | **Annonciation** (égl. Dominicains) | 222 r. du Fg-St-Honoré, 8ᵉ | 45 63 63 04 |
| 34 | J20 | **Bon Pasteur** (égl.) | 177 r. de Charonne, 11ᵉ | 43 71 05 24 |
| 23 | G22 | **Cœur Eucharistique de Jésus** (égl.) | 22 r. du Lt-Chauré, 20ᵉ | 43 60 74 55 |
| 27 | H5 | **Cœur Immaculé de Marie** (Espagne) | 51 bis r. de la Pompe, 16ᵉ | 45 04 23 34 |
| 54 | P12 | **Franciscains** (chap.) | 7 r. Marie-Rose, 14ᵉ | 45 40 74 98 |
| 47 | L22 | **Immaculée Conception** (égl.) | 34 r. du Rendez-Vous, 12ᵉ | 43 07 75 29 |
| 21 | D17 | **Mission Belge** (chap.) | 228 r. La Fayette, 10ᵉ | 46 07 95 76 |
| 30 | K11 | **Missions Étrangères de Paris** (chap.) | 128 r. du Bac, 7ᵉ | 45 48 19 92 |
| 42 | L11 | **N.-D. des Anges** (chap.) | 102 bis r. de Vaugirard, 6ᵉ | 45 48 76 48 |
| 22 | D19 | — **de l'Assomption** (égl.) | 80 r. de Meaux, 19ᵉ | 42 06 16 86 |
| 26 | J4 | — **de l'Assomption** (égl.) | 90 r. de l'Assomption, 16ᵉ | 42 24 41 50 |
| 30 | G12 | — **de l'Assomption** (Pologne) | pl. M.-Barrès, 1ᵉʳ | 42 60 93 85 |
| 38 | L4 | — **d'Auteuil** (égl.) | 1 r. Corot, 16ᵉ | 45 25 30 17 |
| 23 | G21 | — **Auxiliatrice** (chap.) | 15 r. du Retrait, 20ᵉ | 46 36 97 67 |
| 22 | F19 | — **du Bas Belleville** (chap.) | 5 allée G.-d'Estrées, 19ᵉ | 42 08 54 54 |
| 32 | H16 | — **des Blancs Manteaux** (égl.) | 12 r. des Blancs-Manteaux, 4ᵉ | 42 72 09 37 |
| 41 | K9 | — **du Bon Conseil** (égl.) | 6 r. A.-de-Lapparent, 7ᵉ | 47 83 56 68 |
| 8 | B15 | — **du Bon Conseil** (égl.) | 140 r. de Clignancourt, 18ᵉ | 46 06 39 80 |
| 20 | G15 | — **de Bonne-Nouvelle** (égl.) | 19 bis r. Beauregard, 2ᵉ | 42 33 65 74 |
| 27 | H6 | — **de Chaldée** (rite oriental cathol.) | 4 r. Greuze, 16ᵉ | 45 53 23 09 |
| 42 | L12 | — **des Champs** (égl.) | 91 bd Montparnasse, 6ᵉ | 43 22 03 06 |
| 7 | B14 | — **de Clignancourt** (égl.) | 2 pl. Jules-Joffrin, 18ᵉ | 42 54 39 13 |
| 15 | D6 | — **de la Compassion** (égl.) | pl. du Général-Kœnig, 17ᵉ | 45 74 83 31 |
| 29 | G9 | — **de la Consolation** (Italie) | 23 r. Jean-Goujon, 8ᵉ | 42 25 61 84 |
| 22 | G20 | — **de la Croix** (égl.) | 3 pl. Ménilmontant, 20ᵉ | 46 36 74 88 |
| 33 | J18 | — **d'Espérance** (égl.) | 4 r. du Cdt-Lamy, 11ᵉ | 47 00 12 11 |
| 9 | C18 | — **des Foyers** (chap.) | 20 r. de Tanger, 19ᵉ | 42 05 46 44 |
| 57 | P17 | — **de la Gare** (égl.) | pl. Jeanne-d'Arc, 13ᵉ | 45 83 35 75 |
| 40 | K7 | — **de Grâce** (chap.) | 6 r. Fondary, 15ᵉ | 45 77 46 50 |
| 27 | J6 | — **de Grâce de Passy** (égl.) | 10 r. de l'Annonciation, 16ᵉ | 45 25 76 32 |
| 43 | L14 | — **du Liban** (rite maronite) | 17 r. d'Ulm, 5ᵉ | 43 29 47 60 |
| 19 | E13 | — **de Lorette** (égl.) | 18 bis r. Châteaudun, 9ᵉ | 45 26 95 42 |
| 23 | F21 | — **de Lourdes** (égl.) | 130 r. Pelleport, 20ᵉ | 43 62 61 60 |
| 41 | L9 | — **du Lys** (chap.) | 7 r. Blomet, 15ᵉ | 45 67 81 81 |
| 20 | D16 | — **des Malades** (chap.) | 15 r. Ph.-de-Girard, 10ᵉ | 46 07 87 26 |
| 30 | K11 | — **de la Médaille Miraculeuse** (chap.) | 140 r. du Bac, 7ᵉ | 45 48 10 13 |
| 46 | N20 | — **de la Nativité** (égl.) | 9 pl. Lachambeaudie, 12ᵉ | 43 07 86 01 |
| 39 | N6 | — **de Nazareth** (égl.) | 351 r. Lecourbe, 15ᵉ | 45 58 50 26 |
| 23 | F22 | — **des Otages** (égl.) | 81 r. Haxo, 20ᵉ | 43 64 62 84 |
| 43 | M13 | — **de Paix** (chap.) | 32 r. Boissonade, 14ᵉ | 43 22 42 08 |
| 34 | H20 | — **du Perpétuel Secours** (basilique) | 55 bd Ménilmontant, 11ᵉ | 48 05 94 93 |
| 22 | G19 | — **Réconciliatrice** (chap.) | 55 bd de Belleville, 11ᵉ | 43 57 16 20 |
| 53 | P9 | — **du Rosaire** (égl.) | 194 r. R.-Losserand, 14ᵉ | 45 43 13 16 |
| 27 | H6 | — **du St-Sacrement** (chap.) | 20 r. Cortambert, 16ᵉ | 45 03 34 12 |
| 40 | N8 | — **de la Salette** (égl.) | 38 r. de Cronstadt, 15ᵉ | 45 31 12 16 |
| 41 | N10 | — **du Travail** (égl.) | 59 r. Vercingétorix, 14ᵉ | 43 20 09 51 |
| 31 | G14 | — **des Victoires** (basilique) | pl. des Petits-Pères, 2ᵉ | 42 60 96 71 |
| 7 | C14 | **Sacré-Cœur** (basilique) | pl. Parvis Sacré-Cœur, 18ᵉ | 42 51 17 02 |
| 55 | P14 | **St-Albert le Grand** (égl.) | 122 r. de la Glacière, 13ᵉ | 45 89 19 76 |

*(1) Un centre d'information et de documentation religieux est à votre service, 6 place du Parvis-Notre-Dame, 4ᵉ ; ☏ 46 33 01 01. Informations religieuses téléphonées 43 29 11 22.*

| Plan n° | Repère | | Adresse | Téléphone |
|---|---|---|---|---|
| 15 | G5 | **St-Albert le Grand** (Allemagne) | 38 r. Spontini, 16ᵉ | 47 04 31 49 |
| 33 | H18 | — **Ambroise** (égl.) | 71 bis bd Voltaire, 11ᵉ | 43 55 56 18 |
| 18 | D12 | — **André de l' Europe** (égl.) | 24 bis r. de Leningrad, 8ᵉ | 45 22 27 29 |
| 52 | P7 | — **Antoine de Padoue** (égl.) | 52 bd Lefebvre, 15ᵉ | 45 31 12 84 |
| 45 | K18 | — **Antoine des Quinze-Vingts** (égl.) | 66 av. Ledru-Rollin, 12ᵉ | 43 43 93 94 |
| 18 | E11 | — **Augustin** (égl.) | 46 bd Malesherbes, 8ᵉ | 45 22 23 12 |
| 42 | M11 | — **Bernard** (chap.) | 34 pl. Raoul-Dautry, 15ᵉ | 43 21 50 76 |
| 8 | D16 | — **Bernard de la Chapelle** (égl.) | 11 r. Affre, 18ᵉ | 42 64 52 12 |
| 36 | J23 | — **Charles de la Croix-St-Simon** (chap.) | 16 r. Croix-St-Simon, 20ᵉ | 43 71 42 04 |
| 17 | D10 | — **Charles de Monceau** (égl.) | 22 bis r. Legendre, 17ᵉ | 47 63 05 84 |
| 39 | L5 | — **Christophe de Javel** (égl.) | 4 r. St-Christophe, 15ᵉ | 45 77 63 78 |
| 8 | C16 | — **Denys de la Chapelle** (égl.) | 16 r. de la Chapelle, 18ᵉ | 46 07 54 31 |
| 33 | H17 | — **Denys du St-Sacrement** (égl.) | 68 bis r. de Turenne, 3ᵉ | 42 72 28 96 |
| 55 | N13 | — **Dominique** (égl.) | 20 r. Tombe-Issoire, 14ᵉ | 43 31 05 25 |
| 46 | L20 | — **Eloi** (égl.) | 1 pl. M.-de-Fontenay, 12ᵉ | 43 07 55 65 |
| 47 | M21 | — **Esprit** (égl.) | 186 av. Daumesnil, 12ᵉ | 43 07 52 84 |
| 44 | L15 | — **Étienne du Mont** (égl.) | pl. Ste-Geneviève, 5ᵉ | 43 54 11 79 |
| 19 | F14 | — **Eugène** (égl.) | 4 bis r. Ste-Cécile, 9ᵉ | 48 24 70 25 |
| 31 | H14 | — **Eustache** (égl.) | r. du Jour, 1ᵉʳ | 42 36 31 05 |
| 16 | E7 | — **Ferdinand-Ste-Thérèse** (égl.) | 27 r. d'Armaillé, 17ᵉ | 45 74 00 32 |
| 22 | E20 | — **François d'Assise** (égl.) | 9 r. de Mouzaïa, 19ᵉ | 46 07 32 57 |
| 17 | D9 | — **François de Sales** (égl.) | 6 r. Brémontier, 17ᵉ | 47 66 75 90 |
| 29 | K10 | — **François-Xavier** (égl.) | 12 pl. Prés.-Mithouard, 7ᵉ | 47 83 32 12 |
| 47 | K22 | — **Gabriel** (égl.) | 5 r. des Pyrénées, 20ᵉ | 43 72 59 73 |
| 21 | E18 | — **Georges** (égl.) | 114 av. Simon-Bolivar, 19ᵉ | 46 07 26 88 |
| 26 | K4 | — **Georges** (rite byzantin-roumain) | 38 r. Ribera, 16ᵉ | 45 27 22 59 |
| 31 | H14 | — **Germain l'Auxerrois** (égl.) | 2 pl. du Louvre, 1ᵉʳ | 42 60 13 96 |
| 35 | H22 | — **Germain de Charonne** (égl.) | 4 pl. St-Blaise, 20ᵉ | 43 71 42 04 |
| 31 | J13 | — **Germain-des-Prés** (égl.) | 3 pl. St-G.-des-Prés, 6ᵉ | 43 25 41 71 |
| 32 | J15 | — **Gervais-St-Protais** (égl.) | pl. St-Gervais, 4ᵉ | 48 87 32 02 |
| 57 | R17 | — **Hippolyte** (égl.) | 27 av. de Choisy, 13ᵉ | 45 85 12 05 |
| 15 | G6 | — **Honoré-d'Eylau** (égl.) | 9 pl. Victor-Hugo, 16ᵉ | 45 01 96 00 |
| 15 | G6 | —   —   (nouvelle église) | 66 bis av. R.-Poincaré, 16ᵉ | 45 01 96 00 |
| 30 | K12 | — **Ignace** (égl.) | 33 r. de Sèvres, 6ᵉ | 45 48 25 25 |
| 43 | L14 | — **Jacques du Haut Pas** (égl.) | 252 r. St-Jacques, 5ᵉ | 43 25 91 70 |
| 10 | C19 | — **Jacques-St-Christophe** (égl.) | 6 pl. de Bitche, 19ᵉ | 42 06 82 73 |
| 29 | H9 | — **Jean** (chap.) | 9 pass. Landrieu, 7ᵉ | 45 50 24 47 |
| 22 | E20 | — **Jean-Baptiste de Belleville** (égl.) | 139 r. de Belleville, 19ᵉ | 42 08 54 54 |
| 40 | L7 | — **Jean-Baptiste de Grenelle** (égl.) | 23 pl. Étienne-Pernet, 15ᵉ | 48 28 64 34 |
| 41 | M10 | — **Jean-Baptiste de la Salle** (égl.) | 9 r. du Dr-Roux, 15ᵉ | 47 34 19 95 |
| 35 | J21 | — **Jean Bosco** (égl.) | 79 r. Alexandre-Dumas, 20ᵉ | 43 70 29 27 |
| 40 | M8 | — **Jean de Dieu** (chap.) | 223 r. Lecourbe, 15ᵉ | 48 28 56 90 |
| 19 | D13 | — **Jean l'Évangéliste** (égl.) | 19 r. des Abbesses, 18ᵉ | 46 06 43 96 |
| 21 | G18 | — **Joseph** (égl.) | 161 bis r. St-Maur, 11ᵉ | 43 57 58 50 |
| 16 | F8 | — **Joseph** (cathol. anglophone) | 50 av. Hoche, 8ᵉ | 45 63 20 61 |
| 21 | D17 | — **Joseph Artisan** (égl.) | 214 r. La Fayette, 10ᵉ | 46 07 92 87 |
| 42 | K12 | — **Joseph des Carmes** (égl.) | 70 r. de Vaugirard, 6ᵉ | 45 48 05 16 |
| 6 | B11 | — **Joseph des Épinettes** (égl.) | 40 r. Pouchet, 17ᵉ | 46 27 11 24 |
| 31 | K14 | — **Julien le Pauvre** (rite grec-byzantin) | 1 r. St-Julien-le-Pauvre, 5ᵉ | 43 54 20 41 |
| 40 | M8 | — **Lambert de Vaugirard** (égl.) | 2 r. Gerbert, 15ᵉ | 48 28 56 90 |
| 20 | F16 | — **Laurent** (égl.) | 68 bd Magenta, 10ᵉ | 46 07 24 65 |
| 28 | K8 | — **Léon** (égl.) | 1 pl. du Card.-Amette, 15ᵉ | 45 67 01 32 |
| 32 | H15 | — **Leu-St-Gilles** (égl.) | 92 bis r. St-Denis, 1ᵉʳ | 42 33 50 22 |
| 18 | F12 | — **Louis d'Antin** (égl.) | 63 r. Caumartin, 9ᵉ | 45 26 65 34 |
| 29 | K9 | — **Louis École Militaire** (chap.) | 13 pl. Joffre, 7ᵉ | 45 50 32 80 |
| 32 | K16 | — **Louis en l'Ile** (égl.) | 19 bis r. St-L.-en-l'Ile, 4ᵉ | 46 34 41 30 |
| 29 | J10 | — **Louis des Invalides** (égl.) | Hôtel des Invalides, 7ᵉ | 45 55 92 30 |
| 44 | M16 | — **Marcel** (égl.) | 80 bd de l'Hôpital, 13ᵉ | 47 07 27 43 |
| 21 | F17 | — **Martin des Champs** (égl.) | 36 r. Albert-Thomas, 10ᵉ | 42 08 36 60 |
| 44 | M15 | — **Médard** (égl.) | 141 r. Mouffetard, 5ᵉ | 43 36 14 92 |
| 32 | H15 | — **Merri** (égl.) | 78 r. St-Martin, 4ᵉ | 42 71 93 93 |
| 6 | C11 | — **Michel des Batignolles** (égl.) | 12 bis r. St-Jean, 17ᵉ | 43 87 33 94 |
| 32 | G15 | — **Nicolas des Champs** (égl.) | 254 r. St-Martin, 3ᵉ | 42 72 92 54 |
| 44 | K15 | — **Nicolas du Chardonnet** (égl.) | 23 r. des Bernardins, 5ᵉ | 46 34 28 33 |
| 32 | J16 | — **Paul-St-Louis** (égl.) | 99 r. St-Antoine, 4ᵉ | 42 72 30 32 |
| 17 | F10 | — **Philippe du Roule** (égl.) | 154 r. du Fg-St-Honoré, 8ᵉ | 43 59 24 56 |
| 41 | L9 | — **Pie X** (chap.) | 36 r. Miollis, 15ᵉ | 47 83 58 65 |

| Plan n° | Repère | | Adresse | Téléphone |
|---|---|---|---|---|
| 42 | L12 | **St-Pierre** (chap.) | 68 r. d'Assas, 6ᵉ | 45 48 12 68 |
| 28 | G8 | **— Pierre de Chaillot** (égl.) | 35 av. Marceau, 16ᵉ | 47 20 12 33 |
| 29 | H9 | **— Pierre du Gros Caillou** (égl.) | 92 r. St-Dominique, 7ᵉ | 45 55 22 38 |
| 7 | C14 | **— Pierre de Montmartre** (égl.) | 2 r. du Mont-Cenis, 18ᵉ | 46 06 57 63 |
| 54 | P12 | **— Pierre du Petit Montrouge** (égl.) | 82 av. Gén.-Leclerc, 14ᵉ | 45 40 68 79 |
| 9 | A17 | **— Pierre-St-Paul** (chap.) | 44 r. Charles-Hermite, 18ᵉ | 42 08 08 11 |
| 31 | G13 | **— Roch** (égl.) | 296 r. St-Honoré, 1ᵉʳ | 42 60 81 69 |
| 16 | F8 | **— Sacrement** (égl.) | 23 av. de Friedland, 8ᵉ | 45 61 05 59 |
| 31 | K14 | **— Séverin** (égl.) | 1 r. Prêtres-St-Séverin, 5ᵉ | 43 25 96 63 |
| 31 | K13 | **— Sulpice** (égl.) | pl. St-Sulpice, 6ᵉ | 43 54 38 51 |
| 30 | J12 | **— Thomas d'Aquin** (égl.) | pl. St-Thomas-d'Aquin, 7ᵉ | 42 22 59 74 |
| 20 | E15 | **— Vincent de Paul** (égl.) | pl. Franz-Liszt, 10ᵉ | 48 78 47 47 |
| 42 | K11 | **— Vincent de Paul** (chap. Pères Lazaristes) | 95 r. de Sèvres, 6ᵉ | 42 22 63 70 |
| 30 | J12 | **— Vladimir le Grand** (rite oriental ukrainien) | 51 r. des Sts-Pères, 6ᵉ | 45 48 48 65 |
| 7 | C13 | **des Sts-Vincent** (chap.) | 22 r. Damrémont, 18ᵉ | |
| 19 | D14 | **Ste-Anne** (chap.) | 9 r. de Clignancourt, 18ᵉ | |
| 56 | P15 | **— Anne Maison Blanche** (égl.) | 186-188 r. de Tolbiac, 13ᵉ | 45 89 34 73 |
| 48 | L23 | **— Bernadette** (chap.) | 12 av. Pte-de-Vincennes, 12ᵉ | 46 28 05 56 |
| 38 | L4 | **— Bernadette** (chap.) | 4 r. d'Auteuil, 16ᵉ | |
| 11 | C21 | **— Claire** (égl.) | 179 bd Sérurier, 19ᵉ | 42 05 42 35 |
| 30 | J11 | **— Clotilde** (égl.) | 23 bis r. Las-Cases, 7ᵉ | 47 05 22 46 |
| 22 | D20 | **— Colette** (chap.) | 41 r. d'Hautpoul, 19ᵉ | |
| 32 | H16 | **— Croix-St-Jean** (rite arménien) | 13 r. du Perche, 3ᵉ | 42 78 31 93 |
| 32 | G16 | **— Élisabeth** (égl.) | 195 r. du Temple, 3ᵉ | 48 87 56 77 |
| 34 | K20 | **— Famille** (Italie) | 46 r. de Montreuil, 11ᵉ | 43 72 49 30 |
| 40 | N7 | **— Félicité** (chap.) | 37 r. St-Lambert, 15ᵉ | 45 32 72 83 |
| 7 | B13 | **— Geneviève-Gdes Carrières** (égl.) | 174 r. Championnet, 18ᵉ | 46 27 84 43 |
| 7 | B14 | **— Hélène** (égl.) | 4 r. Esclangon, 18ᵉ | 46 06 16 99 |
| 8 | C16 | **— Jeanne d'Arc** (basilique) | 18 r. de la Chapelle, 18ᵉ | 46 07 54 31 |
| 55 | R13 | **— Jeanne d'Arc** (chap. Franciscaines) | 32 av. Reille, 14ᵉ | 45 89 15 51 |
| 37 | M2 | **— Jeanne de Chantal** (égl.) | pl. Pte-St-Cloud, 16ᵉ | 46 51 03 30 |
| 34 | K19 | **— Marguerite** (égl.) | 36 r. St-Bernard, 11ᵉ | 43 71 34 24 |
| 26 | K4 | **— Marie** (Abbaye bénédictine) | 3 r. de la Source, 16ᵉ | 45 25 30 07 |
| 6 | C11 | **— Marie des Batignolles** (égl.) | 77 pl. Dr-F.-Lobligeois, 17ᵉ | 46 27 57 67 |
| 18 | G11 | **— Marie-Madeleine** (égl.) | pl. de la Madeleine, 8ᵉ | 42 65 52 17 |
| 4 | C7 | **— Odile** (égl.) | 2 av. Stéph.-Mallarmé, 17ᵉ | 42 27 18 37 |
| 18 | D12 | **— Rita** (chap.) | 65 bd de Clichy, 9ᵉ | 48 74 99 23 |
| 56 | P15 | **— Rosalie** (égl.) | 50 bd Auguste-Blanqui, 13ᵉ | 43 31 36 83 |
| 15 | G6 | **— Thérèse** (chap.) | 71 bis r. Boissière, 16ᵉ | 45 01 96 00 |
| 18 | E12 | **— Trinité** (égl.) | pl. d'Estienne-d'Orves, 9ᵉ | 48 74 12 77 |
| 38 | K4 | **— Trinité** (rite byzantin-russe) | 39 r. François-Gérard, 16ᵉ | 42 24 05 53 |
| 43 | M14 | **Val de Grâce** (chap.) | 1 pl. Laveran, 5ᵉ | 43 29 12 31 |

*Visite des* **églises, monuments** *et* **musées**

*Le guide* **Vert Michelin PARIS** *décrit les monuments les plus intéressants : leur histoire, leur architecture, les œuvres d'art qu'ils renferment.*

*Pour les monuments les plus importants, ces descriptions sont accompagnées d'illustrations ou de plans mettant en évidence les grandes étapes de leur construction et la situation des œuvres d'art.*

*Les horaires et tarifs de visite y figurent, ainsi que les jours et périodes de fermeture.*

*Le guide* **Vert de PARIS** *(édité en français, anglais et allemand), est le complément indispensable du guide pratique Paris Atlas que vous avez en main.*

# Églises issues de la Réforme

## Protestant churches, Protestantische Kirchen, Iglesias Reformistas

| 18 | E12 | **Fédération Protestante de France** | 47 r. de Clichy, 9ᵉ | 48 74 15 08 |

## Culte Réformé

### Reformed churches, Reformierte Kirchen, Culto Reformado

| 18 | E12 | **Église Réformée de France** (siège social) | 47 r. de Clichy, 9ᵉ | 48 74 90 92 |
| 27 | H6 | **Annonciation** (de l') | 19 r. Cortambert, 16ᵉ | 45 03 43 10 |
| 38 | L3 | **Auteuil** (d') | 53 r. Erlanger, 16ᵉ | 46 51 72 85 |
| 18 | D11 | **Batignolles** (des) | 44 bd des Batignolles, 17ᵉ | 43 87 69 49 |
| 22 | F19 | **Belleville** (de) | 97 r. Julien-Lacroix, 20ᵉ | 43 66 15 39 |
| 35 | H22 | **Béthanie** (de) | 185 r. des Pyrénées, 20ᵉ | 46 36 25 58 |
| 15 | E6 | **Étoile** (de l') | 54 av. Grande-Armée, 17ᵉ | 45 74 41 79 |
| 33 | J17 | **Foyer de l'Ame** | 7 bis r. Pasteur-Wagner, 11ᵉ | 47 00 47 33 |
| 40 | K8 | **— de Grenelle** | 17 r. de l'Avre, 15ᵉ | 45 79 81 49 |
| 42 | L12 | **Luxembourg** (du) | 58 r. Madame, 6ᵉ | 45 48 13 50 |
| 44 | L15 | **Maison Fraternelle** | 37 r. Tournefort, 5ᵉ | 44 19 80 55 |
| 7 | C14 | **Maison Verte** | 129 r. Marcadet, 18ᵉ | 42 54 61 25 |
| 31 | H14 | **Oratoire du Louvre** | 145 r. St-Honoré, 1ᵉʳ | 42 60 21 64 |
| 30 | J11 | **Pentemont** (de) | 106 r. de Grenelle, 7ᵉ | 42 22 07 69 |
| 41 | N10 | **Plaisance** (de) | 95 r. de l'Ouest, 14ᵉ | 45 43 91 11 |
| 44 | N15 | **Port-Royal** (de) | 18 bd Arago, 13ᵉ | 45 35 30 56 |
| 20 | E15 | **Rencontre** (de la) | 17 r. des Petits-Hôtels, 10ᵉ | 48 24 96 43 |
| 18 | F11 | **St-Esprit** (du) | 5 r. Roquépine, 8ᵉ | 42 65 43 58 |
| 33 | J17 | **Ste-Marie** | 17 r. St-Antoine, 4ᵉ | 43 79 82 59 |

## Culte Luthérien

### Lutheran churches, Lutherische Kirchen, Culto Luterano

| 19 | F14 | **Égl. Évangélique Luthérienne de France** | 16 r. Chauchat, 9ᵉ | 47 70 80 30 |
| 5 | D10 | **— Ascension** (de l') | 47 r. Dulong, 17ᵉ | 47 63 90 10 |
| 32 | J16 | **— Billettes** (des) | 24 r. des Archives, 4ᵉ | 42 72 38 79 |
| 34 | K20 | **— Bon Secours** (du) | 20 r. Titon, 11ᵉ | 42 72 38 79 |
| 19 | F14 | **— Rédemption** (de la) | 16 r. Chauchat, 9ᵉ | 47 70 80 30 |
| 40 | L8 | **— Résurrection** (de la) | 8 r. Quinault, 15ᵉ | |
| 29 | J9 | **— St-Jean** | 147 r. de Grenelle, 7ᵉ | 47 05 85 66 |
| 43 | M13 | **— St-Marcel** | 24 r. Pierre-Nicole, 5ᵉ | 45 82 70 95 |
| 8 | C15 | **— St-Paul** | 90 bd Barbès, 18ᵉ | 46 06 91 18 |
| 22 | D19 | **— St-Pierre** | 55, r. Manin 19ᵉ | 42 08 45 56 |
| 56 | N16 | **— Trinité** (de la) | 172 bd Vincent-Auriol, 13ᵉ | 45 82 70 95 |
| 40 | M8 | **Égl. Protestante Évangél. Luthérienne** | 105 r. de l'Abbé-Groult, 15ᵉ | 48 42 58 09 |

## Culte Baptiste

### Baptist churches, Baptisten-Gemeinden, Culto Bautista

| 30 | J12 | **Égl. Évangélique Baptiste** | 48 r. de Lille, 7ᵉ | 42 61 13 95 |
| 42 | N11 | **—** | 123 av. du Maine, 14ᵉ | 43 22 51 57 |
| 38 | M4 | **— du Point du Jour** | 10 r. Musset, 16ᵉ | 46 47 62 53 |
| 6 | B12 | **Égl. du Tabernacle** | 163 bis r. Belliard, 18ᵉ | 46 27 43 12 |

## Cultes en langues étrangères, *Services in foreign languages,* *Gottesdienste in Fremdsprachen, Cultos en idiomas extranjeros*

| 16 | G8 | **American Cathedral in Paris** | 23 av. George-V, 8ᵉ | 47 20 17 92 |
| 29 | G9 | **Church of Scotland** (Écosse) | 17 r. Bayard, 8ᵉ | 48 78 47 94 |
| 18 | E12 | **Deutsche Evangelische Christus-Kirche** | 25 r. Blanche, 9ᵉ | 45 26 79 43 |
| 56 | N16 | **Église Réformée néerlandaise** | 172 bd Vincent-Auriol, 13ᵉ | 47 02 36 21 |
| 16 | F8 | **Frederikskircken** (Danemark) | 17 r. Lord-Byron, 8ᵉ | 42 56 12 84 |
| 29 | G9 | **Reformatus Templom** (Hongrie) | 17 r. Bayard, 8ᵉ | 45 51 33 47 |
| 16 | F8 | **St George's Anglican Church** | 7 r. A.-Vacquerie, 16ᵉ | 47 20 22 51 |
| 18 | F11 | **St Michael's English Church** | 5 r. d'Aguesseau, 8ᵉ | 47 42 70 88 |
| 17 | E9 | **Svenska Kyrkan** (Suède) | 9 r. Médéric, 17ᵉ | 47 63 70 33 |
| 29 | H9 | **The American Church in Paris** | 65 quai d'Orsay, 7ᵉ | 47 05 07 99 |

## Églises Orthodoxes
*Orthodox churches, Orthodoxe Kirchen, Iglesias ortodoxas*

| | | | | |
|---|---|---|---|---|
| 38 | L3 | Apparition de la Ste-Vierge (Russie) | 87 bd Exelmans, 16e | 46 51 92 25 |
| 44 | K15 | N.-D. Joie des Affligés et Ste-Geneviève | 4 r. St-Victor, 5e | 45 82 67 07 |
| 52 | N7 | Présentation de la Ste-Vierge (Russie) | 91 r. O.-de-Serres, 15e | 42 50 53 66 |
| 16 | E8 | St-Alexandre Newsky (cathédrale) Russie | 12 r. Daru, 8e | 42 27 37 34 |
| 28 | G8 | St-Étienne (cathédrale) Grèce | 7 r. Georges-Bizet, 16e | 47 20 82 35 |
| 55 | N14 | St-Irénée (cathédrale) France | 96 bd Aug.-Blanqui, 13e | 43 36 18 46 |
| 29 | G9 | St-Jean-Baptiste (cathédrale) rite arménien | 15 r. Jean-Goujon, 8e | 43 59 67 03 |
| 8 | B15 | St-Sava (Serbie) | 23 r. du Simplon, 18e | 42 55 31 05 |
| 41 | L9 | St-Séraphin de Sarov (Russie) | 91, r. Lecourbe, 15e | |
| 22 | D19 | St-Serge (Russie) | 93 r. de Crimée, 19e | 42 08 12 93 |
| 22 | E20 | St-Simon (Ukraine) | 6 r. de Palestine, 19e | 42 05 93 62 |
| 43 | K14 | Sts-Archanges (Roumanie) | 9 bis r. J.-de-Beauvais, 5e | 43 54 67 47 |
| 19 | E13 | Sts-Constantin et Hélène (Grèce) | 2 bis r. Laferrière, 9e | 48 78 35 53 |
| 38 | M3 | Tous les Saints Russes | 19 r. Claude-Lorrain, 16e | 45 27 24 82 |
| 40 | M8 | Trois Sts-Docteurs | 5 r. Pétel, 15e | 45 32 92 65 |

## Synagogues, *Synagogen, Sinagogas*

| | | | | |
|---|---|---|---|---|
| 19 | E13 | Association Consistoriale Israélite | 17 r. St-Georges, 9e | 42 85 71 09 |
| 19 | F14 | Centre Communautaire — Maison des Jeunes | 19 bd Poissonnière, 2e | 42 33 80 21 |
| 16 | G7 | Union Libérale Israélite de France | 22-24 r. Copernic, 16e | 47 04 37 27 |
| | | Synagogues et Oratoires | | |
| 32 | G16 | Synagogue | 15 r. N.-D.-Nazareth, 3e | 42 78 00 30 |
| 32 | J16 | Oratoire | 18 r. des Écouffes, 4e | |
| 32 | J16 | Assoc. cultuelle « agoudas Hakehilos » (Syn.) | 10 r. Pavée, 4e | 48 87 21 54 |
| 33 | J17 | Synagogue | 21 bis r. des Tournelles, 4e | 42 85 71 09 |
| 33 | J17 | Synagogue | 14 pl. des Vosges, 4e | 48 87 79 45 |
| 44 | M15 | Synagogue | 9 r. Vauquelin, 5e | 47 07 21 22 |
| 20 | F15 | Syn. Rachi | 6 r. Ambroise-Thomas, 9e | 48 24 86 94 |
| 19 | E14 | Synagogue | 28 r. Buffault, 9e | 45 26 80 87 |
| 19 | F14 | Comm. Israël de la Stricte observance (Syn.) | 10 r. Cadet, 9e | 42 46 36 47 |
| 19 | E13 | Syn. Berith Chalom | 18 r. St-Lazare, 9e | 48 78 45 32 |
| 19 | F13 | Synagogue | 44 r. de la Victoire, 9e | 42 85 71 09 |
| 33 | J18 | Syn. Don Isaac Abravanel | 84 r. de la Roquette, 11e | 47 00 75 95 |
| 47 | M21 | Orat. Beth Yaakov | 15 r. Lamblardie, 12e | 43 47 36 78 |
| 55 | P14 | Syn. Sidi Fredj Halimi | 61 r. Vergniaud, 13e | 45 88 93 84 |
| 41 | L9 | Synagogue et Oratoire | 14 r. Chasseloup-Laubat, 15e | 42 73 36 29 |
| 39 | K6 | Synagogue | 11 r. Gaston-de-Caillavet, 15e | 45 75 38 01 |
| 40 | K7 | Synagogue | 13 r. Fondary, 15e | 45 78 25 07 |
| 27 | G5 | Syn. Ohel Abraham | 31 r. de Montevideo, 16e | 45 04 66 73 |
| 8 | C15 | Orat. Talmud Thora | 80 r. Doudeauville, 18e | 46 06 12 24 |
| 7 | C14 | Syn. Hadar Hatorah | 5 r. Duc, 18e | |
| 7 | B14 | Syn. de Montmartre | 13 r. Ste-Isaure, 18e | 42 64 48 34 |
| 7 | C14 | Oratoire | 42 r. des Saules, 18e | 46 06 71 39 |
| 21 | E18 | Oratoire | 70 av. Secrétan, 19e | |
| 22 | F19 | Oratoire | 120 bd de Belleville, 20e | 46 36 73 72 |
| 22 | F19 | Synagogue | 75 r. Julien-Lacroix, 20e | 43 58 28 39 |

## Culte Musulman, *Islam, Islamische Kultstätte, Culto Musulmán*

| | | | | |
|---|---|---|---|---|
| 44 | L16 | Institut Musulman | pl. Puits-de-l'Ermite, 5e | 45 35 97 33 |
| 44 | M16 | Mosquée | pl. Puits-de-l'Ermite, 5e | 45 35 97 33 |

## Culte Bouddhique, *Buddhism, Buddhistische Kultstätte, Culto Budista*

| | | | | |
|---|---|---|---|---|
| 46 | L20 | Institut Internat. Bouddhique | 20 cité Moynet, 12e | 43 40 91 61 |
| 60 | P24 | Centre Cultuel et culturel Bouddhique | 40 rte de ceinture du Lac Daumesnil, 12e | 43 41 21 85 |

## ENSEIGNEMENT SUPÉRIEUR
### HIGHER EDUCATION
### UNIVERSITÄTEN, HOCHSCHULEN
### ENSEÑANZA SUPERIOR

Institut de France
*Institute of France, Instituto de Francia*

| 31 | J13 | Académie Française | 23 quai de Conti, 6ᵉ | 43 29 55 10 |
| | | Académie des Inscriptions et Belles Lettres | – | 43 29 55 10 |
| | | Académie des Sciences | – | 43 29 55 10 |
| | | Académie des Beaux-Arts | – | 43 29 55 10 |
| | | Académie des Sciences Morales et Politiques | – | 43 29 55 10 |

Académies et Institutions, *Academies and institutions,*
*Akademien und staatliche Institutionen, Academias e Instituciones*

| 30 | H11 | Académie Agriculture | 18 r. Bellechasse, 7ᵉ | 47 05 10 37 |
| 30 | K12 | — Chirurgie | 26 bd Raspail, 7ᵉ | 45 48 22 54 |
| 15 | G5 | — Nat. chirurgie dentaire | 22 r. Émile-Ménier, 16ᵉ | 47 04 65 40 |
| 28 | J7 | — Marine | 3 av. Octave-Gréard, 7ᵉ | 42 60 33 30 |
| 31 | J13 | — Nat. Médecine | 16 r. Bonaparte, 6ᵉ | 43 26 96 80 |
| 43 | L13 | — Nat. Pharmacie | 4 av. de l'Observatoire, 6ᵉ | 43 29 12 08 |
| 16 | F7 | — Sciences d'Outre-Mer | 15 r. La Pérouse, 16ᵉ | 47 20 87 93 |
| 29 | J10 | — Vétérinaire de France | 60 bd La Tour-Maubourg, 7ᵉ | 45 51 59 72 |
| 43 | N13 | Bureau des Longitudes | 77 av. Denfert-Rochereau, 14ᵉ | 43 20 12 10 |
| 30 | H11 | Centre National de la Recherche Scientifique (CNRS) | 15 q. Anatole-France, 7ᵉ | 45 55 92 25 |
| 43 | K14 | Collège de France | 11 pl. M.-Berthelot, 5ᵉ | 43 29 12 11 |
| 29 | J10 | Institut Géographique National | 136 bis r. Grenelle, 7ᵉ | 45 50 34 95 |
| 44 | N15 | Manufacture des Gobelins | 42 av. des Gobelins, 13ᵉ | 45 70 12 60 |
| 44 | L16 | Museum National d'Histoire Naturelle | 57 r. Cuvier, 5ᵉ | 43 36 54 26 |
| 43 | N13 | Observatoire de Paris | 61 av. de l'Observatoire, 14ᵉ | 43 20 12 10 |
| 19 | G13 | Phonothèque Nationale et Audiovisuel | 2 r. de Louvois, 2ᵉ | 42 61 82 83 |
| 30 | J11 | Société Nat. d'Horticulture de France | 84 r. de Grenelle, 7ᵉ | 45 48 81 00 |

Services et Organismes para-universitaires
*University organizations,*
*Universitäre Einrichtungen,*
*Servicios y Organismos para-universitarios*

| 43 | M13 | Centre Régional des Œuvres Universitaires et Scolaires (CROUS) Information et accueil pour étudiants | 39 av. G.-Bernanos, 5ᵉ | 43 29 12 43 |
| 55 | S13 | Cité Internationale Universitaire de Paris | 19-21 bd Jourdan, 14ᵉ | 45 89 68 52 |
| 101 | pli 25 | Division des Examens et Concours | Arcueil - 7 r. Ernest-Renan | 46 57 11 90 |
| 55 | R13 | Fondation Santé des Étudiants de France | 8 r. Emile-Deutsch-de-la-Meurthe, 14ᵉ | 45 89 43 39 |

*La Cité Internationale Universitaire de Paris (S13) occupe, au Sud du Parc Montsouris,*
*un quadrilatère de 40 ha, autour duquel s'ordonnent :*

*- la Maison Internationale, qui offre des activités culturelles (théâtre) et sportives*
*(piscine) dans le cadre de la Fondation Nationale, à laquelle se rattachent un Hôpital*
*International et trois restaurants universitaires.*

*- des Maisons d'étudiants et Fondations, vivant chacune de façon autonome, les unes*
*françaises (Fondation Deutsch-de-la-Meurthe, Pavillon Honnorat, etc.), les autres*
*étrangères, regroupant plus de cent nationalités.*

## Universités
### *Universities, Universitäten, Universidades*

| Plan n° | Repère | | Adresse | Téléphone |
|---|---|---|---|---|
| 43 | K14 | **Académie de Paris** (Rectorat) | 47 r. des Écoles, 5ᵉ | 43 29 12 13 |
| 43 | L14 | **Paris I** Panthéon-Sorbonne . . . . . . . . . . | 12 pl. du Panthéon, 5ᵉ | 43 29 21 40 |
| 43 | L14 | **Paris II** Droit, Économie et Sciences sociales . . . | 12 pl. du Panthéon, 5ᵉ | 43 29 21 40 |
| 43 | K14 | **Paris III** Sorbonne Nouvelle . . . . . . . . . . | 17 r. de la Sorbonne, 5ᵉ | 46 34 01 10 |
| 43 | K14 | **Paris IV** Paris-Sorbonne . . . . . . . . . . | 1 r. Victor-Cousin, 5ᵉ | 43 29 12 13 |
| 31 | K14 | **Paris V** René Descartes . . . . . . . . . . | 12 r. de l'Éc.-Médecine, 6ᵉ | 43 29 21 77 |
| 44 | L16 | **Paris VI** Pierre et Marie Curie . . . . . . . | 4 pl. Jussieu, 5ᵉ | 43 36 25 25 |
| 44 | L16 | **Paris VII** . . . . . . . . . . | 2 pl. Jussieu, 5ᵉ | 43 29 21 49 |
| 101 | pli 16 | **Paris VIII** . . . . . . . | St-Denis - 2 r. de la Liberté | 48 21 63 64 |
| 15 | F5 | **Paris IX** Paris-Dauphine . . . . . . . . . . | pl. du Mar.-de-Lattre-de-Tassigny, 16ᵉ | 45 05 14 10 |
| 101 | pli 14 | **Paris X** Paris-Nanterre . . . . . . . . . . | Nanterre - 200 av. de la République | 47 25 92 34 |
| 101 | pli 23 | **Paris XI** Paris-Sud . . . . . . . . . . | Orsay - 15 av. G.-Clemenceau | 69 41 67 50 |
| 101 | pli 27 | **Paris XII** Paris-Val-de-Marne . . . . . . . | Créteil - av. du Gén.-de-Gaulle | 48 98 91 44 |
| 101 | pli 5 | **Paris XIII** Paris-Nord . . . . . . . . . . | Villetaneuse - av. J.-B.-Clément | 48 21 61 70 |

## Instituts Universitaires de Technologie **(I.U.T.)**
### *Institutes of Technology, Technische Hochschulen, Institutos Universitarios de Tecnología*

| Plan n° | Repère | | Adresse | Téléphone |
|---|---|---|---|---|
| 38 | M4 | **Paris V** . . . . . . . . . . | 143 av. de Versailles, 16ᵉ | 45 24 46 02 |
| 101 | pli 23 | **Paris X** . . . . . . . . . . | Ville-d'Avray - 1 chemin Desvallières | 47 09 05 70 |
| — | pli 2 | — | Cergy - Allée des Chênes-Pourpres | 30 32 66 44 |
| 101 | pli 25 | **Paris XI** . . . . . . . . . . | Cachan - 9 av. Div.-Leclerc | 46 64 10 32 |
| — | pli 33 | — | Orsay - Plateau du Moulon | 69 41 00 40 |
| — | pli 25 | — | Sceaux - 8 av. Cauchy | 46 60 06 83 |
| 101 | pli 27 | **Paris XII** . . . . . . . . . . | Créteil - av. du Gén.-de-Gaulle | 48 98 91 44 |
| — | pli 37 | — | Évry - Quartier Les Passages | 60 78 03 63 |
| 101 | pli 16 | **Paris XIII** . . . . . . . . . . | St-Denis - pl. du 8-Mai-1945 | 48 21 61 55 |
| — | pli 5 | — | Villetaneuse - av. J.-B.-Clément | 48 21 61 70 |

## Enseignement spécialisé - Grandes Écoles
### *Colleges of university level, Hochschulen Enseñanza especializada - Colegios Mayores*

| Plan n° | Repère | | Adresse | Téléphone |
|---|---|---|---|---|
| 30 | J12 | **Administration** (Ec. Nat.) ENA | 13 r. de l'Université, 7ᵉ | 42 61 55 35 |
| 43 | L14 | **Administration et Direction** des affaires (École) EAD | 15 r. Soufflot, 5ᵉ | 43 29 97 60 |
| 39 | L6 | **Administration des Entreprises** (Inst.) | 47 r. des Bergers, 15ᵉ | 45 54 40 10 |
| 43 | L13 | **Administration Publique** (Inst. Internat.) | 2 av. de l'Observatoire, 6ᵉ | 43 20 12 60 |
| 17 | D10 | École Européenne des **Affaires** EAP | 108 bd Malesherbes, 17ᵉ | 47 66 51 34 |
| 44 | M15 | Institut National **Agronomique** Paris-Grignon | 16 r. Cl.-Bernard, 5ᵉ | 45 70 15 50 |
| 42 | M12 | **Architecture** (École Spéciale) | 254 bd Raspail, 14ᵉ | 43 22 83 70 |
| 19 | F14 | **Art Dramatique** (Conserv. Nat. Sup.) | 2 bis r. Conservatoire, 9ᵉ | 42 46 12 91 |
| 46 | L20 | **Arts Appliqués** BOULLE (École Sup.) | 9 r. Pierre-Bourdan, 12ᵉ | 43 46 67 34 |
| 40 | N8 | **Arts Appliqués et Métiers d'Art** (École Nationale Supérieure) | 63 r. Olivier-de-Serres, 15ᵉ | 45 30 20 66 |
| 43 | L14 | **Arts Décoratifs** (Éc. Nat. Sup.) | 31 r. d'Ulm, 5ᵉ | 43 29 86 79 |
| 30 | K12 | **Arts Graphiques** (École Supérieure) Atelier MET de PENNINGHEN et J. D'ANDON | 31 r. du Dragon, 6ᵉ | 42 22 55 07 |

| Plan n° | Repère | | Adresse | Téléphone |
|---|---|---|---|---|
| 56 | P15 | **Arts et Industries Graphiques** ESTIENNE (École Supérieure) | 18 bd Auguste-Blanqui, 13ᵉ | 45 70 96 19 |
| 101 | pli 24 | **Arts et Manufactures** (École Centrale) | Châtenay-Malabry - Grande Voie des Vignes | 46 61 33 10 |
| 32 | G16 | **Arts et Métiers** (Conserv. Nat.) | 292 r. St-Martin, 3ᵉ | 42 71 24 14 |
| 44 | N16 | **Arts et Métiers** (Éc. Nat. Sup.) | 151 bd de l'Hôpital, 13ᵉ | 43 36 49 55 |
| 18 | E12 | **Arts et Techniques du Théâtre** (Éc. Nat. Sup.) | 21 r. Blanche, 9ᵉ | 48 74 44 30 |
| 33 | J17 | Les **Ateliers** (Éc. Nat. Sup. de Création Industrielle) | 46-48 r. St-Sabin, 11ᵉ | 43 38 09 09 |
| 31 | J13 | **Beaux-Arts** (Éc. Nat. Sup.) | 17 quai Malaquais, 6ᵉ | 42 60 34 57 |
| 47 | L21 | **Bois** (Éc. Supérieure) | 6 av. de St-Mandé, 12ᵉ | 46 28 09 33 |
| 42 | K12 | **Carmes** (Séminaire) | 21 r. d'Assas, 6ᵉ | 45 48 05 16 |
| 42 | K12 | Institut **Catholique de Paris** | 21 r. d'Assas, 6ᵉ | 42 22 41 80 |
| 43 | K14 | **Chartes** (École Nationale) | 19 r. de la Sorbonne, 5ᵉ | 46 33 41 82 |
| 43 | L14 | **Chimie** (Éc. Nat. Sup.) | 11 r. P.-et-M.-Curie, 5ᵉ | 43 29 12 21 |
| 44 | N16 | **Chimie, Physique, Biologie** (École Nationale) | 11 r. Pirandello, 13ᵉ | 43 31 90 94 |
| 34 | G19 | **Commerce de Paris** (Éc. Sup.) | 79 av. République, 11ᵉ | 43 55 39 08 |
| 101 | pli 33 | **Électricité** (Éc. Sup.) SUPELEC | Gif-sur-Yvette - plateau du Moulon | 69 41 80 40 |
| 40 | L7 | **Électricité et Mécanique Industrielles** (École) | 115 av. Émile-Zola, 15ᵉ | 45 75 62 98 |
| 101 | pli 2 | **Électronique et ses Applications** (École Nationale Supérieure) ENSEA | Cergy - allée des Chênes-Pourpres | 30 30 92 44 |
| 42 | K12 | **Électronique de Paris** (Inst. Sup.) | 21 r. d'Assas, 6ᵉ | 45 48 24 87 |
| 101 | pli 25 | **Enseignement Technique** (École Normale Supérieure) ENSET | Cachan - 61 av. du Prés.-Wilson | 46 64 15 51 |
| 30 | J12 | **Études politiques** (Inst.) | 27 r. St-Guillaume, 7ᵉ | 42 60 39 60 |
| 43 | M13 | **Faculté Libre Autonome et Cogérée d'Économie et de Droit** (FACO) | 115 r. N.-D.-des-Champs, 6ᵉ | 43 29 89 09 |
| 42 | L11 | **Génie Rural, des Eaux et Forêts** (Éc. Nat.) | 19 av. du Maine, 15ᵉ | 45 44 38 86 |
| 27 | G5 | **Gestion** (Institut Supérieur) | 8 r. de Lota, 16ᵉ | 47 25 95 99 |
| 29 | K9 | **Guerre** (École Supérieure) | 1 pl. Joffre, 7ᵉ | 45 50 32 80 |
| 43 | L14 | École Pratique des **Hautes Études** (inst. H. Poincaré) | 11 r. P.-et-M.-Curie, 5ᵉ | 43 54 83 57 |
| 101 | pli 18 | **Hautes Études Cinématographiques** (Inst.) | Bry-sur-Marne - 4 av. de l'Europe | 48 81 39 33 |
| 101 | pli 23 | **Hautes Études Commerciales** (HEC) | Jouy-en-Josas - 1 r. de la Libération | 39 56 80 00 |
| 30 | K12 | **Hautes Études en Sciences Sociales** (Éc.) | 54 bd Raspail, 6ᵉ | 45 44 39 79 |
| 31 | J13 | **Hautes Études Sociales** (École Libre) | 4 pl. St-Germain-des-Prés, 6ᵉ | 42 22 68 06 |
| | | **Hautes Études Internationales** (École Libre) | — | 45 44 01 12 |
| 64 | DU | **Horticulture et Techniques du Paysage** (École du Breuil) | rte de la Ferme, Bois de Vincennes, 12ᵉ | 43 28 28 94 |
| 101 | pli 23 | **Horticulture** (École Nationale Supérieure) et du Paysage (École Nat. Supérieure) | Versailles - 4 r. Hardy — 6 bis r. Hardy | 39 50 60 87 / 39 53 98 89 |
| 101 | pli 25 | **Industries du Caoutchouc** (Éc. Sup.) IFOCA | Montrouge - 12 r. Carvès | 46 55 71 11 |
| 101 | pli 17 | **Informatique** (École Supérieure) | Montreuil - 98 r. Carnot | 48 59 69 69 |
| 41 | M10 | **Ingénieurs en Électrotechnique et Électronique** (École Supérieure) | 89 r. Falguière, 15ᵉ | 43 20 12 15 |
| 101 | pli 25 | **Ingénieurs des Études et Techniques d'Armement d'Arcueil** (Éc. Nat. Sup.) | Arcueil - 24 av. Prieur-de-la-Côte-d'Or | 46 56 52 20 |
| 44 | N15 | **Institut Français de Restauration des Œuvres d'Art** (IFROA) | 1 r. Berbier-du-Mets, 13ᵉ | 43 37 93 37 |
| 42 | K12 | **Interprétariat et Traduction** (Institut Supérieur) ISIT | 21 r. d'Assas, 6ᵉ | 42 22 33 16 |
| 15 | G5 | **Interprètes et Traducteurs** (École Supérieure) ESIT | av. de Pologne, 16ᵉ Centre Universitaire Dauphine | 45 05 14 10 |
| 44 | M15 | Séminaire **Israélite de France** | 9 r. Vauquelin, 5ᵉ | 47 07 21 22 |
| 31 | J13 | **Journalisme** (École Supérieure) | 4 pl. St-Germain-des-Prés, 6ᵉ | 42 22 68 06 |
| 31 | J13 | **Langues et Civilisations Orientales** (Institut National) | 2 r. de Lille, 7ᵉ | 42 60 76 62 |
| 44 | L15 | **Louis Lumière** (École Nationale) Photo-Cinéma-Son | 8 r. Rollin, 5ᵉ | 43 29 01 70 |
| 31 | H13 | **Louvre** (École) | 34 quai du Louvre, 1ᵉʳ | 42 60 39 26 |
| 42 | K12 | **Management** (Centre d'Enseignement) CNOF | 3 r. Cassette, 6ᵉ | 45 44 38 80 |

*Les **cartes Michelin** sont constamment tenues à jour.*

| Plan n° | Repère | | Adresse | Téléphone |
|---|---|---|---|---|
| ou carte 101 | | | | |
| 42 | L11 | **Mécanique et Électricité** (SUDRIA) École | 4 r. Blaise-Desgoffe, 6ᵉ | 45 48 03 70 |
| 30 | J11 | **Métrologie** (École Supérieure) | 96 r. de Varenne, 7ᵉ | 45 56 35 85 |
| 43 | L13 | **Mines** (École Nationale Supérieure) | 60 bd Saint-Michel, 6ᵉ | 43 29 21 05 |
| 30 | K11 | **Missions Étrangères** (Séminaire) | 128 r. du Bac, 7ᵉ | 45 48 19 92 |
| 18 | E11 | **Musique de Paris** (Conserv. Nat. Sup.) | 14 r. de Madrid, 8ᵉ | 42 93 15 20 |
| 17 | D9 | **Musique de Paris** (École Normale) | 114 bis bd Malesherbes, 17ᵉ | 47 63 85 72 |
| 43 | M14 | **Normale Supérieure** (Hommes) | 45 r. d'Ulm, 5ᵉ | 43 29 12 25 |
| 101 | pli 14 | — | St-Cloud -<br>Grille d'Honneur du Parc | 46 02 41 03 |
| 54 | R12 | **Normale Supérieure** (Femmes) | 48 bd Jourdan, 14ᵉ | 45 89 08 33 |
| 53 | R10 | — | Montrouge - 1 r. M.-Arnoux | 46 57 12 86 |
| 101 | pli 25 | **Normale Supérieure** (mixte) | Fontenay-aux-Roses<br>31 av. Lombard | 47 02 60 50 |
| 101 | pli 13 | **Pétrole et Moteurs**<br>(École Nationale Supérieure) IFP | Rueil-Malmaison -<br>4 av. de Bois-Préau | 47 49 02 14 |
| 43 | M14 | **Physique et Chimie Industrielles** (École Sup.) | 10 r. Vauquelin, 5ᵉ | 43 37 77 00 |
| 101 | pli 34 | **Polytechnique** (École) | Palaiseau - Route de Saclay | 69 41 82 00 |
| — | pli 25 | **Polytechnique Féminine** (École) | Sceaux - 3 bis r. Lakanal | 46 60 95 18 |
| 30 | J12 | **Ponts et Chaussées** (École Nationale) | 28 r. des Sts-Pères, 7ᵉ | 42 60 34 13 |
| 53 | P9 | **Puériculture** (Institut) | 26 bd Brune, 14ᵉ | 45 39 22 15 |
| 43 | L14 | **Radium** (Fondation Curie) | 26 r. d'Ulm, 5ᵉ | 43 29 12 42 |
| 42 | K12 | **Saint-Sulpice** (Séminaire) | 6 r. du Regard, 6ᵉ | 42 22 38 45 |
| 51 | R5 | — | Issy-les-Moulineaux -<br>33 r. du Gén.-Leclerc | 46 44 78 40 |
| 43 | M14 | **Schola Cantorum** | 269 r. St-Jacques, 5ᵉ | 43 54 56 74 |
| 101 | pli 2 | **Sciences Économiques et Commerciales**<br>(École Supérieure) Groupe ESSEC | Cergy<br>Av. de la Grande-École | 30 38 38 00 |
| 63 | BT | **Sciences Géographiques** (Éc. Nat.) | St-Mandé - 2 av. Pasteur | 43 74 12 15 |
| 31 | K13 | **Sciences Sociales et Économiques**<br>(Collège des) CNOF | 14 r. Monsieur-le-Prince, 6ᵉ | 43 29 70 50 |
| 38 | L4 | **Sciences et Techniques Humaines** (Inst. Privé) | 6 av. Léon-Heuzey, 16ᵉ | 42 24 10 72 |
| 56 | R16 | | 83 av. d'Italie, 13ᵉ | 45 85 59 35 |
| 101 | pli 33 | **Sciences et Techniques Nucléaires**<br>(Institut National) | Gif-sur-Yvette -<br>Centre d'Ét. Nucl. de Saclay | 69 08 21 59 |
| 53 | R9 | **Statistique et Administration Économique**<br>(École Nationale) E.N.S.A.E. | Malakoff - 3 av. P.-Larousse | 45 40 04 16 |
| 39 | N6 | **Techniques Avancées** (Éc. Nat. Sup.) | 32 bd Victor, 15ᵉ | 45 52 44 08 |
| 55 | P14 | **Télécommunications** (Éc. Nat. Sup.) | 46 r. Barrault, 13ᵉ | 45 81 77 77 |
| 101 | pli 37 | **Télécommunications** (Institut Nat.) | Évry - 9 r. Ch.-Fourier | 60 77 94 11 |
| 43 | N13 | **Théologie** (Institut Protestant) | 83 bd Arago, 14ᵉ | 43 31 61 64 |
| 101 | pli 33 | **Travaux Aéronautiques** (École Spéciale) E.S.T.A. | Orsay - Bât. 502 bis<br>Campus Universitaire | 69 28 68 57 |
| 31 | K14 | **Travaux Publics, du Bâtiment et de<br>l'Industrie** (École Spéciale) | 57 bd St-Germain, 5ᵉ | 46 34 21 99 |
| 101 | pli 27 | **Vétérinaire d'Alfort** (École Nationale) | Maisons-Alfort -<br>7 av. du Gén.-de-Gaulle | 43 75 92 11 |

*Pour vous diriger dans la banlieue de Paris,
utilisez les **plans Michelin** au 15 000ᵉ :*

*n° 17 **Nord-Ouest** en 1 feuille*
*n° 18 **Nord-Ouest** avec répertoire des rues*

*n° 19 **Nord-Est** en 1 feuille*
*n° 20 **Nord-Est** avec répertoire des rues*

*Pour visiter les **Environs de Paris,**
utilisez le **guide Vert Michelin***

*Ces ouvrages se complètent utilement.*

## INFORMATION, *INFORMACIÓN*

| 19 | G14 | **Agence France-Presse** | 15 pl. de la Bourse, 2ᵉ | 42 33 44 66 |
|---|---|---|---|---|
| 18 | F12 | — **Centrale Parisienne de Presse** | 1 r. Caumartin, 9ᵉ | 42 66 90 43 |
| 19 | F14 | — **Parisienne de Presse** | 18 r. St-Fiacre, 2ᵉ | 42 36 95 59 |

### Radio-Télévision, *Rundfunk - Fernsehen*

| 27 | K5 | **Radio-France** | 116 av. P.-Kennedy, 16ᵉ | 45 24 24 24 |
|---|---|---|---|---|
| 29 | H9 | **Télévision Française 1** (TF1) | 15 r. Cognacq-Jay, 7ᵉ | 45 55 35 35 |
| | | — (Relations Publiques) | 17 r. de l'Arrivée, 15ᵉ | 45 38 52 55 |
| 29 | G9 | **Antenne 2** | 22 av. Montaigne, 8ᵉ | 42 99 42 42 |
| 29 | G9 | **France Régions 3** (FR3) | 28 cours Albert-Iᵉʳ, 8ᵉ | 42 25 59 59 |
| | | (Renseignements aux Téléspectateurs) | — | 42 30 22 22 |
| 40 | N7 | **Canal Plus** | 78 r. Olivier-de-Serres, 15ᵉ | 45 30 10 10 |
| 29 | G9 | **EDIRADIO** (RTL) | 22 r. Bayard, 8ᵉ | 47 20 44 44 |
| 29 | G9 | **Europe N° 1 - Télécompagnie** | 26 bis r. François-Iᵉʳ, 8ᵉ | 42 32 90 00 |
| 16 | F8 | **Radio Monte-Carlo** | 12 r. Magellan, 8ᵉ | 47 23 00 01 |

### Grands quotidiens

*Main daily newspapers, Größere Tageszeitungen, Grandes diarios*

| 31 | G14 | **L'Aurore** | 37 r. du Louvre, 2ᵉ | 42 33 44 00 |
|---|---|---|---|---|
| 29 | G9 | La **Croix** | 3 r. Bayard, 8ᵉ | 45 62 51 51 |
| 17 | G9 | Les **Échos** | 37 av. Champs-Élysées, 8ᵉ | 45 62 19 68 |
| 19 | F14 | L'**Équipe** | 10 r. du Fg-Montmartre, 9ᵉ | 42 46 92 33 |
| 17 | F10 | Le **Figaro** (Administr.) | 25 av. Matignon, 8ᵉ | 42 56 80 00 |
| 31 | G14 | — (Rédaction) | 37 r. du Louvre, 2ᵉ | 42 33 44 00 |
| 32 | G15 | **France-Soir** | 100 r. Réaumur, 2ᵉ | 45 08 28 00 |
| 20 | F15 | L'**Humanité** | 5 r. Fg-Poissonnière, 9ᵉ | 42 46 82 69 |
| 8 | D15 | **Libération** | 9 r. Christiani, 18ᵉ | 42 62 34 34 |
| 31 | G14 | Le **Matin** | 21 r. Hérold, 1ᵉʳ | 42 96 16 65 |
| 19 | F13 | Le **Monde** | 5 r. des Italiens, 9ᵉ | 42 46 72 23 |
| 101 | pli 15 | Le **Parisien Libéré** | St-Ouen - 25 av. Michelet | 42 52 82 15 |
| 14 | D4 | Le **Quotidien de Paris** | Neuilly-sur-Seine - 2 r. Ancelle | 47 47 12 32 |
| 19 | F14 | La **Tribune de l'Économie** | 108 r. de Richelieu, 2ᵉ | 42 61 80 82 |

### Journaux de Province, *Main regional newspapers,*
*Größere regionale Tageszeitungen, Periódicos de Provincia*

| 33 | J17 | **L'Auvergnat de Paris** | 13 bd Beaumarchais, 4ᵉ | 42 77 70 05 |
|---|---|---|---|---|
| 31· | H13 | Le **Dauphiné Libéré** | 5 pl. André-Malraux, 1ᵉʳ | 42 61 80 58 |
| 28 | H8 | La **Dépêche du Midi** | 7 r. de Monttessuy, 7ᵉ | 45 55 91 71 |
| 18 | F11 | Les **Dernières Nouvelles d'Alsace** | 3 r. de Rigny, 8ᵉ | 43 87 12 30 |
| 19 | F13 | L'**Est Républicain** | 24 r. du 4-Septembre, 2ᵉ | 47 42 51 00 |
| 101 | pli 14 | **Midi Libre** | Boulogne - 83 r. du Château | 46 05 05 06 |
| 18 | F12 | La **Montagne** | 1 r. Caumartin, 9ᵉ | 42 66 90 43 |
| 17 | F9 | La **Nouvelle République du Centre Ouest** | 77 av. Champs-Élysées, 8ᵉ | 43 59 57 17 |
| 16 | F8 | **Ouest-France** | 114 av. Champs-Élysées, 8ᵉ | 45 62 29 93 |
| 31 | G14 | **Paris-Normandie** | 62 r. du Louvre, 2ᵉ | 42 33 44 00 |
| 31 | H13 | Le **Républicain Lorrain** | 8 r. de l'Échelle, 1ᵉʳ | 42 60 67 88 |
| 19 | F13 | **Sud-Ouest** | 27 r. de la Michodière, 2ᵉ | 42 66 17 52 |
| 17 | F9 | La **Voix du Nord** | 73 av. Champs-Élysées, 8ᵉ | 43 59 10 38 |

### Renseignements par téléphone, *Information by telephone,*
*Telefonische Auskunft, Información por teléfono*

| Horloge des neiges | 42 66 64 28 | Tourisme-Info | 42 60 37 38 |
|---|---|---|---|
| Horloge parlante | 46 99 84 00 | Information Météo | 45 55 95 90 |
| Informations téléphonées | INF1 | Météo Ile-de-France | 45 55 91 90 |
| Information Bourse | | Météo France | 45 55 91 09 |
| *(jours ouvr., 12 h 15-16 h)* | 42 60 84 00 | Génie Météo | 43 69 00 00 |

## LES JEUNES A PARIS

### THE YOUNG IN PARIS, JUGEND IN PARIS, LOS JÓVENES EN PARÍS

| Plan n° | Repère | | Adresse | Téléphone |
|---|---|---|---|---|
| 32 | H15 | Accueil des Jeunes en France | 119 r. St-Martin, 4ᵉ | 42 77 87 80 |
| 32 | J16 | — | 16 r. du Pont-L.-Philippe, 4ᵉ | 42 78 04 82 |
| 43 | M13 | — | 139 bd St-Michel, 5ᵉ | 43 54 95 86 |
| 20 | E16 | — | Gare du Nord - Hall des Arrivées, 10ᵉ | 42 85 86 19 |
| 32 | J15 | Bureau d'Accueil des Jeunes | 11 av. Victoria, 4ᵉ | 48 87 97 67 |
| 17 | F9 | Bureau Information-Documentation | 25 r. de Ponthieu, 8ᵉ | 43 59 01 69 |
| 28 | J7 | Centre d'Information et Documentation Jeunesse (CIDJ) | 101 quai Branly, 15ᵉ | |
| 29 | K9 | Commission Armées-Jeunesse | 1 pl. Joffre, 7ᵉ | 45 50 32 80 |

### Hébergement
### Accommodation, Unterkunft, Alojamiento

| Plan n° | Repère | | Adresse | Téléphone |
|---|---|---|---|---|
| 48 | M23 | Centre International de Séjour de Paris | 6 av. Maurice-Ravel, 12ᵉ | 43 43 19 01 |
| 56 | S16 | — | 17 bd Kellermann, 13ᵉ | 45 80 70 76 |
| 55 | P13 | Foyer International d'Accueil de Paris | 30 r. Cabanis, 14ᵉ | 45 89 89 15 |
| 101 | pli 14 | —      la Défense | Nanterre - 19 r. Salvador-Allende | 47 25 91 34 |
| 101 | pli 15 | Léo-Lagrange (Centre Intern. de Séjour) | Clichy - 107, r. Martre | 42 70 03 22 |
| 32 | J16 | Maisons Internationales de la Jeunesse et des Étudiants (MIJE) | 11 r. du Fauconnier, 4ᵉ | 42 74 23 45 |
| 32 | J16 | | 6 r. de Fourcy, 4ᵉ | 42 74 23 45 |
| 32 | J16 | | 12 r. des Barres, 4ᵉ | 42 74 23 45 |
| 18 | E11 | Union Chrétienne de Jeunes Filles | 22 r. de Naples, 8ᵉ | 45 22 23 49 |
| 12 | F14 | Union Chrétienne de Jeunes Gens | 14 r. de Trévise, 9ᵉ | 47 70 90 94 |
| 101 | pli 24 | Auberges de Jeunesse | Châtenay-Malabry - 3 voie de Loup-Pendu | 46 32 17 43 |
| — | pli 26 | — | Choisy-le-Roi - 125 av. Villeneuve-St-Georges | 48 90 92 30 |
| — | pli 13 | — | Rueil-Malmaison - 4 r. des Marguerites | 47 49 43 97 |

### Loisirs éducatifs
### Cultural associations, Kulturelle Vereinigungen, Asociaciones Educativas

| Plan n° | Repère | | Adresse | Téléphone |
|---|---|---|---|---|
| 8 | C16 | Fédération Française des Cinés-Clubs | 6 r. Ordener, 18ᵉ | 42 09 13 49 |
| 18 | D11 | Fédération Régionale des Maisons des Jeunes et de la Culture | 54 bd des Batignolles, 17ᵉ | 43 87 66 83 |
| 32 | J16 | Jeunesses Musicales de France (transfert prévu) | 14 r. François-Miron, 4ᵉ | 42 78 19 54 |
| 34 | K20 | Maison Internationale des Jeunes | 4 r. Titon, 11ᵉ | 43 71 99 21 |
| 43 | M13 | Organisation pour le Tourisme Universitaire | 137 bd St-Michel, 5ᵉ | 43 29 12 88 |
| 55 | N14 | Union Nationale des Centres Sportifs de Plein Air (UCPA) | 62 r. de la Glacière, 13ᵉ | 43 36 05 20 |

### Mouvements de Jeunesse
### Youth organizations, Jugendorganisationen, Organizaciones Juveniles

| Plan n° | Repère | | Adresse | Téléphone |
|---|---|---|---|---|
| 35 | J21 | Scouts de France | 23 r. Ligner, 20ᵉ | 43 70 01 70 |
| 19 | F13 | Éclaireuses et Éclaireurs de France | 66 r. Chaussée-d'Antin, 9ᵉ | 48 74 51 40 |
| 29 | K10 | Éclaireuses et Éclaireurs Israélites de France | 27 av. de Ségur, 7ᵉ | 47 83 60 33 |
| 5 | A10 | Fédération Éclaireuses et Éclaireurs Unionistes de France | Clichy - 15 r. Klock | 42 70 66 84 |

## MUSÉES, *MUSEUMS, MUSEEN, MUSEOS*

| Plan n° | Repère | Nom | Adresse | Téléphone |
|---------|--------|-----|---------|-----------|
| 29 | J10 | **Armée** | Hôtel des Invalides, 7ᵉ | 45 55 92 30 |
| 15 | F6 | **Arménien** | 59 av. Foch, 16ᵉ | |
| 7 | C14 | **Art Juif** | 42 r. des Saules, 18ᵉ | 42 57 84 15 |
| 32 | H15 | **Art moderne** | Centre G.-Pompidou, 4ᵉ | 42 77 12 33 |
| 28 | G8-H8 | **Art moderne de la ville de Paris** | 11 av. Prés.-Wilson, 16ᵉ | 47 23 61 27 |
| | | (Palais de Tokyo) | | |
| 48 | N23 | **Arts Africains et Océaniens** | 293 av. Daumesnil, 12ᵉ | 43 43 14 54 |
| 31 | H13 | **Arts Décoratifs** | 107 r. de Rivoli, 1ᵉʳ | 42 60 32 14 |
| 14 | E4 | **Arts et Traditions Populaires** | 6 av. Mahatma-Gandhi, 16ᵉ | 47 47 69 80 |
| 32 | K15 | **Assistance Publique** | 47 quai de la Tournelle, 5ᵉ | 46 33 01 43 |
| 27 | J6 | **Balzac** (Maison de) | 47 r. Raynouard, 16ᵉ | 42 24 56 38 |
| 29 | G10 | **Beaux-Arts** (Petit Palais) | av. Winston-Churchill, 8ᵉ | 42 65 12 73 |
| 42 | L11 | **Bourdelle** | 16 r. A.-Bourdelle, 15ᵉ | 45 48 67 27 |
| 31 | G13 | **Cabinet des Médailles et Antiques** | 58 r. de Richelieu, 2ᵉ | 42 61 82 83 |
| 33 | J17 | **Carnavalet** | 23 r. de Sévigné, 3ᵉ | 42 72 21 13 |
| 17 | E10 | **Cernuschi** | 7 av. Velasquez, 8ᵉ | 45 63 50 75 |
| 32 | H16 | **Chasse et nature** | 60 r. des Archives, 3ᵉ | 42 72 86 43 |
| 64 | CT | **Chasseurs à pied, mécanisés et alpins** | Château de Vincennes | 43 74 11 55 |
| 28 | H7 | **Cinéma-Henri Langlois** | pl. du Trocadéro, 16ᵉ | 45 53 74 39 |
| 27 | H6 | **Clemenceau** | 8 r. Franklin, 16ᵉ | 45 20 53 41 |
| 31 | K14 | **Cluny** | 6 pl. Paul-Painlevé, 5ᵉ | 43 25 62 00 |
| 18 | F12 | **Cognacq-Jay** | 25 bd des Capucines, 2ᵉ | 42 61 94 54 |
| 15 | F5 | **Contrefaçon** | 16 r. de la Faisanderie, 16ᵉ | 45 01 51 11 |
| 20 | F15 | **Cristal** | 30 bis r. Paradis, 10ᵉ | 47 70 64 30 |
| 31 | J13 | **Delacroix** | 6 pl. de Furstemberg, 6ᵉ | 43 54 04 87 |
| 15 | F6 | **D'Ennery** | 59 av. Foch, 16ᵉ | 45 53 57 96 |
| 19 | E13 | **Frédéric Masson** | 27 pl. St-Georges, 9ᵉ | 48 78 14 33 |
| 19 | F14 | **Grand Orient** | 16 r. Cadet, 9ᵉ | 45 23 20 92 |
| 31 | H14 | **Grévin** (nouveau) | Niv. -1 Forum des Halles, 1ᵉʳ | 42 61 28 50 |
| 19 | F14 | **Grévin** | 10 bd Montmartre, 9ᵉ | 47 70 85 05 |
| 28 | G7 | **Guimet** | 6 pl. d'Iéna, 16ᵉ | 47 23 61 65 |
| 19 | E13 | **Gustave-Moreau** | 14 r. La Rochefoucault, 9ᵉ | 48 74 38 50 |
| 42 | L11 | **Hébert** | 85 r. du Cherche-Midi, 6ᵉ | 42 22 23 82 |
| 26 | J4 | **Henri-Bouchard** | 25 r. de l'Yvette, 16ᵉ | 46 47 63 46 |
| 32 | H16 | **Histoire de France** | 60 r. des Fr.-Bourgeois, 3ᵉ | 42 77 11 30 |
| 44 | L16 | **Histoire Naturelle** (Museum Nat.) | 57 r. Cuvier, 5ᵉ | 43 36 14 41 |
| 7 | D13 | **Historial de Montmartre** | 11 r. Poulbot, 18ᵉ | 46 06 78 92 |
| 31 | H14 | **Holographie** | Niv. -1 Forum des Halles, 1ᵉʳ | 42 96 96 83 |
| 28 | H7 | **Homme** | pl. du Trocadéro, 16ᵉ | 45 53 70 60 |
| 18 | E11 | **Instrumental** | 14 r. de Madrid, 8ᵉ | 42 93 15 20 |
| 32 | H15 | **Instruments de Musique Mécanique** | Impasse Berthaud, 3ᵉ | |
| 17 | F10 | **Jacquemart-André** | 158 bd Haussmann, 8ᵉ | 45 62 39 94 |
| 17 | D9 | **Jean-Jacques Henner** | 43 av. de Villiers, 17ᵉ | 47 63 42 73 |
| 30 | G11 | **Jeu de Paume** | Place de la Concorde - | |
| | | | Jardin des Tuileries, 1ᵉʳ | 42 60 12 07 |
| 32 | J16 | **Kwok On** (Asie) | 41 r. des Francs-Bourgeois, 4ᵉ | 42 72 99 42 |
| 30 | H11 | **Légion d'Honneur** | 2 r. de Bellechasse, 7ᵉ | 45 55 95 16 |
| 31 | H13 | **Louvre** | pl. du Carrousel, 1ᵉʳ | 42 60 39 26 |
| 27 | J5 | **Lunettes et lorgnettes de jadis** | 2 av. Mozart, 16ᵉ | 45 27 21 05 |
| 28 | H7 | **Marine** | pl. du Trocadéro, 16ᵉ | 45 53 31 70 |
| 26 | H4 | **Marmottan** | 2 r. Louis-Boilly, 16ᵉ | 42 24 07 02 |
| 32 | J16 | **Martyr Juif Inconnu** | 17 r. Geoffroy-l'Asnier, 4ᵉ | 42 77 44 72 |
| 43 | L14 | **de la Mer et des Eaux** (Centre) | 195 r. St-Jacques, 5ᵉ | 46 33 08 61 |
| 32 | K16 | **Mickiewicz** | 6 quai d'Orléans, 4ᵉ | 43 54 35 61 |
| 43 | L13 | **Minéralogie** (École des Mines) | 60 bd St-Michel, 6ᵉ | 43 29 21 05 |
| 44 | L16 | **Minéralogie** (Université Paris VI) | 4 pl. Jussieu, 5ᵉ | 43 36 25 25 |
| 28 | G8 | **Mode et Costume** (Palais Galliera) | 10 av. Pierre-1ᵉʳ-de-Serbie, 16ᵉ | 47 20 85 46 |
| 31 | J13 | **Monnaie** (Hôtel des Monnaies) | 11 quai de Conti, 6ᵉ | 43 29 12 48 |
| 7 | C14 | **Montmartre** | 12 r. Cortot, 18ᵉ | 46 06 61 11 |
| 28 | H7 | **Monuments Français** | pl. du Trocadéro, 16ᵉ | 47 27 35 74 |
| 17 | E10 | **Nissim de Camondo** | 63 r. de Monceau, 8ᵉ | 45 63 26 32 |
| 32 | K15 | **Notre-Dame** | 10 r. Cloître-N.-D., 4ᵉ | 43 25 42 92 |
| 18 | F12 | **Opéra** | pl. Charles-Garnier, 9ᵉ | 47 42 07 02 |

| Plan n° | Repère | | Adresse | Téléphone |
|---|---|---|---|---|
| 30 | H11 | Orangerie des Tuileries | Pl. de la Concorde, 1er | 42 65 99 48 |
| 29 | J10 | Ordre Nat. de la Libération | 51 bis bd de La Tour-Maubourg, 7e | 47 05 04 10 |
| 29 | G10 | Palais de la Découverte | av. Franklin-Roosevelt, 8e | 43 80 18 21 |
| 28 | G8-H8 | Palais de Tokyo | 13 av. Prés.-Wilson, 16e | 47 23 36 53 |
| 41 | M10 | Pasteur | 25 r. du Dr-Roux, 15e | 43 06 19 19 |
| 29 | J10 | Plans-Reliefs | Hôtel des Invalides, 7e | 47 05 11 07 |
| 41 | M10 | Poste | 34 bd de Vaugirard, 15e | 43 20 15 30 |
| 44 | K15 | Préfecture de Police (Collections historiques) | 1 bis r. Basse-des-Carmes, 5e | 43 29 21 57 |
| 30 | J12 | Protestantisme | 54 r. des Saints-Pères, 7e | 45 48 62 07 |
| 20 | F15 | Publicité | 18 r. de Paradis, 10e | 42 46 13 09 |
| 19 | E13 | Renan-Scheffer | 16 r. Chaptal, 9e | 48 74 95 38 |
| 29 | J10 | Rodin | 77 r. de Varenne, 7e | 47 05 01 34 |
| 45 | L17 | Sculpture en plein air | quai St-Bernard, 5e | |
| 29 | H9 | SEITA | 12 r. Surcouf, 7e | 45 55 91 50 |
| 32 | H16 | Serrure (Bricard) | 1 r. de la Perle, 3e | 42 77 79 62 |
| 32 | G15 | Techniques | 270 r. St-Martin, 3e | 42 71 24 14 |
| 43 | M14 | Val de Grâce | 1 pl. Alphonse-Laveran, 5e | 43 29 12 31 |
| 33 | J17 | Victor Hugo (Maison de) | 6 pl. des Vosges, 4e | 42 72 16 65 |
| 27 | J6 | Vin | r. des Eaux, 16e | 45 25 63 26 |
| 43 | L13 | Zadkine | 100 bis rue d'Assas, 6e | 43 26 91 90 |

## PARCS ET JARDINS, *PARKS AND GARDENS*
## *PARKS UND GÄRTEN, PARQUES Y JARDINES*

| Plan n° | Repère | | Adresse |
|---|---|---|---|
| 32 | J16 | Albert-Schweitzer (sq.) | r. des Nonnains-d'Hyères, 4e |
| 44 | L15 | Arènes de Lutèce (sq.) | r. des Arènes, 5e |
| 5 | C10 | Batignolles (sq.) | pl. Charles-Fillion, 17e |
| 30 | K12 | Boucicaut (sq.) | r. Velpeau, 7e |
| 23 | D21 | Butte du Chapeau Rouge (sq.) | bd d'Algérie, 19e |
| 22 | E19 | Buttes Chaumont (parc) | r. Manin, 19e |
| 6 | C12 | Carpeaux (sq.) | r. Carpeaux, 18e |
| 30 | H12 | Carrousel (jardin) | pl. du Carrousel, 1er |
| 28 | J8 | Champ de Mars (parc) | pl. Joffre, 7e |
| 31 | K14 | Cluny (sq.) | bd St-Germain, 5e |
| 52 | P8 | Docteur Calmette (sq.) | av. Albert-Bartholomé, 15e |
| 35 | G22 | Édouard-Vaillant (sq.) | r. du Japon, 20e |
| 24 | F23 | Emmanuel Fleury (sq.) | r. Le Vau, 20e |
| 6 | B12 | Épinettes (sq.) | r. Maria-Deraismes, 17e |
| 52 | N8 | Georges Brassens (parc) | r. des Morillons, 15e |
| 29 | J10 | Intendant (jardin) | pl. Vauban, 7e |
| 32 | K15 | Jean XXIII (sq.) | r. du Cloître-Notre-Dame, 4e |
| 56 | S15 | Kellermann (parc) | r. Keufer, 13e |
| 18 | F11 | Louis XVI (sq.) | r. Pasquier, 8e |
| 43 | L13 | Luxembourg (jardin) | pl. André-Honnorat, 6e |
| 43 | M13 | Marco-Polo (sq.) | pl. C.-Jullian, 6e |
| 34 | H19 | Maurice Gardette (sq.) | r. du Général-Blaise, 11e |
| 17 | E9 | Monceau (parc) | bd de Courcelles, 8e |
| 55 | R13 | Montsouris (parc) | av. Reille, 14e |
| 28 | H7 | Palais de Chaillot (jardins) | av. de New York, 16e |
| 31 | G13 | Palais Royal (jardin) | r. de Valois, 1er |
| 44 | L16 | Plantes (jardin) | pl. Valhubert, 5e |
| 26 | H4-J4 | Ranelagh (jardin) | av. Raphaël, 16e |
| 56 | N15 | René Le Gall (sq.) | r. Corvisart, 13e |
| 43 | L13 | Robert Cavelier de La Salle (jardin) | pl. André-Honnorat, 6e |
| 40 | L8-M8 | Saint-Lambert (sq.) | r. Jean-Formigé, 15e |
| 35 | H21 | Samuel de Champlain (jardin) | av. Gambetta, 20e |
| 47 | K22 | Sarah Bernhardt (sq.) | r. de Lagny, 20e |
| 54 | R11 | Serment de Koufra (sq.) | av. Ernest-Reyer, 14e |
| 36 | G23 | Séverine (sq.) | pl. de la Pte-de-Bagnolet, 20e |
| 52 | G16 | Temple (sq.) | r. Eugène-Spuller, 3e |
| 30 | H12 | Tuileries (jardin) | pl. de la Concorde, 8e |
| 31 | J14 | Vert-Galant (sq.) | pl. du Pont-Neuf, 1er |
| 40 | L7 | Violet (sq.) | r. de l'Église, 15e |

## P.T.T. *SERVICES POSTAUX*

A Paris, 162 **bureaux de poste** sont à la disposition du public. Ces bureaux sont identifiés et localisés sur les plans *(p. ▨ à ▨)* par le signe bleu ▨. La vente des timbres-poste courants est pratiquée dans tous les bureaux de tabac.

**Service normal** : Les **bureaux des P.T.T.** sont ouverts au public du lundi au vendredi de 8 h à 19 h, le samedi de 8 h à 12 h. Toutes opérations peuvent y être pratiquées.

**Ouvertures exceptionnelles et services réduits** : **Horaires et opérations**

| | | | | |
| --- | --- | --- | --- | --- |
| 31 | G14 | **Paris Iᵉʳ Recette Principale** | 52 r. du Louvre | 42 33 71 60 |
| 32 | H15 | **Paris Iᵉʳ RP Annexe 1 — Forum des Halles** | Centre Commercial, niveau 4 | 42 60 83 24 |
| 17 | F9 | **Paris 8 - Annexe 1** | 71 av. des Champs-Élysées | 43 59 55 18 |
| 28 | J7 | **Tour Eiffel (1ᵉʳ étage)-Paris 7 - Annexe 2** | av. Gustave-Eiffel | 45 51 05 78 |
| 15 | E6 | **Paris 17 - Annexe 2** | Palais des Congrès | 47 57 61 83 |
| 10 | D19 | **Paris 19 Belvédère** | 118 av. Jean-Jaurès | 42 06 31 45 |

**Recette Principale.** — *Ouvert jour et nuit.*
Aux heures de service normal *(voir ci-dessus)* : toutes opérations ;
*Samedi (à partir de 12 h), les dimanches et jours fériés et la nuit :* vente de timbres-poste ; téléphone, télégraphe ; dépôt des objets recommandés et chargés ; paiement des chèques postaux de dépannage, des mandats-lettres, des bons et chèques postaux de voyage et des Postchèques étrangers ; remboursements sans préavis sur livrets de C.N.E. ; retrait des objets (sauf les mandats) adressés en Poste Restante à Paris RP.

**Recette Principale Annexe 1 — Forum des Halles** (Porte Lescot). — *Ouvert du lundi au vendredi (10 h à 19 h) et samedi (9 h à 12 h).*

**Paris 7-Annexe 2.** — *Ouvert tous les jours de 10 h à 19 h 30.*

**Paris 8 - Annexe 1.** — *Ouvert en semaine, de 8 h à 22 h ; les dimanches et jours fériés, voir ci-dessous.*
Aux heures de service normal *(voir ci-dessus)* : toutes opérations.
*Lundi au vendredi (à partir de 19 h), samedi (à partir de 12 h) et les dimanches et jours fériés (10 h à 12 h et 14 h à 20 h) :* téléphone, télégraphe ; vente des timbres-poste ; affranchissement des correspondances ; délivrance des objets en Poste Restante.

**Paris 17 - Annexe 2.** — *Ouvert du lundi au vendredi (9 h à 19 h) et samedi (8 h 30 à 12 h).*

**Paris 19 Belvédère.** — *Ouvert du lundi au vendredi (11 h à 12 h 30 et 18 h à 19 h 30) et samedi (11 h à 12 h 30).*

**Poste Restante** : Tous les bureaux de Paris assurent le service Poste Restante. Mais le courrier adressé **« Poste Restante - Paris »** sans spécification d'arrondissement est à retirer à la Recette Principale, 52, rue du Louvre.

**Centre des Chèques Postaux (C.C.P.)** : Le C.C.P. 16 rue des Favorites, 15ᵉ (M 9) ☏ 45 30 77 77 *(renseignements par téléphone du lundi au vendredi de 7 h à 19 h et samedi de 7 h à 12 h)* est ouvert au public du lundi au vendredi de 8 h à 18 h et le samedi de 8 h à 12 h.

**Télex**

| | | | | |
| --- | --- | --- | --- | --- |
| 18 | E12 | **Agence Commerciale** | 8 r. d'Amsterdam, 9ᵉ | 42 68 14 14 |
| | | **Paris St-Lazare** *(8 h 30 à 18 h 30)* | | |
| 31 | G14 | **Bureau Télégraphique Internat.** *(8 h à 23 h)* | 9 pl. de la Bourse, 2ᵉ | 42 33 44 11 |
| 19 | G14 | **Paris Bourse** *(8 h à 20 h)* | 5-7 r. Feydeau, 2ᵉ | 42 47 12 12 |

**Divers services P.T.T.**

| | | | |
| --- | --- | --- | --- |
| **Renseignements téléphoniques** | | **Renseignements postaux** | 42 80 67 89 |
| (Paris et Ile-de-France) | 12 | *après 20 h et les dim. et fériés* | 42 33 48 88 |
| (autres départements) | 16...11-12 | **Télégrammes téléphonés :** | |
| **Réclamations** | 13 | — métropole | 44 44 11 11 |
| **Réveil par téléphone** | 44 63 71 11 | — étranger | 42 33 44 11 |

## P.T.T. : POSTAL SERVICES

**Normal opening times and services.** — **Post offices** provide the full range of services from Mondays to Fridays 8am to 7pm, Saturdays 8am to noon.

**Additional opening times with a limited service**

**General Post Office.** — 52 rue du Louvre (G14) ☏ 42 33 71 60. *Open 24 hours. Outwith normal hours a limited service only is provided.*

**Paris 1st - Forum des Halles.** — 4th level, Porte Lescot (H15) ☏ 42 60 83 24. *Open Mondays to Fridays 10am to 7pm and Saturdays 9am to noon.*

**Paris 7th - Tour-Eiffel.** — lst floor, avenue Gustave-Eiffel (28J7) ☏ 45 51 05 78. *Open daily, including Sundays and holidays, 10am to 7.30pm.*

**Paris 8th.** — 71 avenue des Champs-Élysées (F9) ☏ 43 59 55 18. *Open Mondays to Saturdays 8am to 11.30pm. A limited service only is available from 7pm Mondays to Fridays, from noon on Saturdays and from 10am to noon and 2 to 8pm on Sundays and holidays. Apply in advance for full details.*

**Paris 17th.** — Palais des Congrès, place Porte Maillot (E6) ☏ 47 57 61 83. *Open Mondays to Fridays 9am to 7pm and Saturdays 8.30am to noon.*

**Paris 19th Belvédère.** — 118 avenue Jean-Jaurès (D19). *Open Mondays to Fridays 11am to 12.30pm and 6 to 7.30pm and Saturdays 11am to 12.30pm.*

**Poste Restante.** — All Parisian post offices have Poste Restante. Letters sent **« Poste Restante Paris »** with no arrondissement number go to the General Post Office.

## P.T.T. : POST

**Öffnungszeiten.** — Die **Postämter** sind montags bis freitags von 8-19 Uhr und samstags von 8-12 Uhr geöffnet. Sie versehen dann alle Postdienste.

**Besondere Schalterstunden, nur begrenzte Postdienste**

**Hauptpostamt.** — 52 rue du Louvre (G14) ☏ 42 33 71 60. *Tag und Nacht geöffnet. Samstags ab 12 Uhr, an Sonn- und Feiertagen sowie nachts nur bestimmte Dienstleistungen.* Erkundigen Sie sich, welche Schalter geöffnet sind.

**Paris 1ᵉ - Postamt 1** — **Forum des Halles,** Niveau 4 (Porte Lescot) (H15) ☏ 42 60 83 24. *Geöffnet : montags-freitags 10-19 Uhr ; samstags 9-12 Uhr.*

**Paris 7ᵉ - Eiffelturm** — 1. Etage, Avenue Gustave-Eiffel (28 J7) ☏ 45 51 05 78. *Geöffnet : Täglich, auch an Sonn- und Feiertagen, von 10-19.30 Uhr.*

**Paris 8ᵉ - Postamt 1.** — 71 avenue des Champs-Élysées (F9) ☏ 43 59 55 18. *Geöffnet : 8-23.30 Uhr. Montags-freitags ab 19 Uhr, samstags ab 12 Uhr und an Sonn- und Feiertagen (10-12, 14-20 Uhr) nur bestimmte Dienstleistungen.*

**Paris 17ᵉ - Postamt 2.** — Palais des Congrès (E6) ☏ 47 57 61 83. *Geöffnet : montags-freitags 9-19 Uhr, samstags 8.30-12 Uhr.*

**Paris 19ᵉ** — **Belvédère.** — 118 avenue Jean-Jaurès (D19). *Geöffnet : montags-freitags 11-12.30 Uhr und 18-19.30 Uhr ; samstags 11-12.30 Uhr.*

**Postlagernde Sendungen.** — Mit Angabe des Arrondissements können postlagernde Sendungen *(poste restante)* an alle Pariser Postämter geschickt werden. Falls als Adresse jedoch nur **« Poste Restante - Paris »** vermerkt ist, muβ die Post bei der Hauptpost, 52 rue du Louvre, *(s. oben)* abgeholt werden.

## P.T.T. : SERVICIOS POSTALES

**Servicio normal.** — Para todas las operaciones, las **oficinas de los P.T.T.** están abiertas al público de lunes a viernes de 8 h a 19 h, los sábados de 8 h a 12 h.

**Aperturas excepcionales y servicios reducidos**

**Paris 1º - Oficina Principal.** — 52 rue du Louvre (G14) ☏ 42 33 71 60. *Abierta día y noche. Sábados (desde 12 h), domingos, festivos y durante la noche : sólo son posibles algunas operaciones.* Informarse.

**Paris 1º - Forum des Halles.** — Piso 4, porte Lescot (H15) ☏ 42 60 83 24. *Abierta de lunes a viernes de 10 h a 19 h. Sábados de 9 h a 12 h.*

**Paris 7º - Tour Eiffel.** — Piso 1, avenue Gustave-Eiffel (28J7) ☏ 45 51 05 78. *Abierta todos los días de 10 h à 19 h 30.*

**Paris 8º.** — 71 avenue des Champs-Élysées (F9) ☏ 43 59 55 18. *Abierta de 8 h a 23 h 30. De lunes a viernes (desde 19 h), sábados (desde 12 h), domingos y festivos : sólo son posibles algunas operaciones.* Informarse.

**Paris 17º.** — Palais des Congrès, place Porte Maillot (E6) ☏ 47 57 61 83. *Abierta de lunes a viernes de 9 h a 19 h. Sábados de 8 h 30 a 12 h.*

**Paris 19º.** — 118 avenue Jean-Jaurès (D19). *Abierta de lunes a viernes de 11 h a 12 h 30 y de 18 h a 19 h 30. Sábados de 11 h a 12 h 30.*

**Lista de Correos.** — Todas las oficinas mantienen el servicio de Lista de Correos (Poste Restante). Pero la correspondencia a **« Poste Restante - Paris »** sin especificación de distrito, debe de ser retirada en la Oficina Principal, 52 rue du Louvre.

# SANTÉ, *HEALTH, GESUNDHEITSWESEN, SANIDAD*

## Grands Hôpitaux, Cliniques, Maisons de Santé
## *Hospitals, Krankenhäuser, Grandes Hospitales*

Paris

| Plan n° | Repère | Nom | Adresse | Téléphone |
|---|---|---|---|---|
| 22 | E19 | **Adolphe de Rothschild** (Fond. ophtalmologique) | 25 r. Manin, 19ᵉ | 42 03 96 96 |
| 29 | H9 | **Alma** (Centre chirurgical) | 166 r. de l'Université, 7ᵉ | 45 55 95 10 |
| 22 | E19 | **Banque Française des Yeux** | 54 av. Mathurin-Moreau, 19ᵉ | 42 05 93 67 |
| 43 | M13 | **Baudelocque** (Clin.) | 123 bd de Port-Royal, 14ᵉ | 42 34 11 40 |
| 7 | A13 | **Bichat** (Hôp.) | 46 r. Henri-Huchard, 18ᵉ | 42 28 80 08 |
| 28 | G8 | **Bizet** (Clin.) | 23 r. Georges-Bizet, 16ᵉ | 47 23 78 26 |
| 39 | M6 | **Boucicaut** (Hôp.) | 78 r. de la Convention, 15ᵉ | 45 54 92 92 |
| 6 | C12 | **Bretonneau** (Hôp.) | 2 r. Carpeaux, 18ᵉ | 42 26 40 40 |
| 44 | N15 | **Broca** (Hôp.) | 54-56 r. Pascal, 13ᵉ | 45 35 20 10 |
| 53 | P10 | **Broussais** (Hôp.) | 96 r. Didot, 14ᵉ | 45 39 22 66 |
| 57 | S17 | **Centre médico-chirurgical de la Porte de Choisy** | 6 pl. Port-au-Prince, 13ᵉ | 45 85 62 92 |
| 9 | A18 | **Claude-Bernard** (Hôp.) | 10 av. Pte-d'Aubervilliers, 19ᵉ | 42 38 66 22 |
| 43 | M14 | **Cochin** (Groupe hosp.) | 27 r. du Fg-St-Jacques, 14ᵉ | 42 34 12 12 |
| 36 | J23 | **Croix-St-Simon** (Hôp.) | 18 r. de Croix-St-Simon, 20ᵉ | 43 71 12 01 |
| 43 | L14 | **Curie** (Institut-Section hospit.) | 26 r. d'Ulm, 5ᵉ | 43 29 12 42 |
| 46 | L20 | **Diaconesses** (Hôp.) | 18 r. du Sergent-Bauchat, 12ᵉ | 43 41 72 00 |
| 20 | D16 | **Fernand-Widal** (Hôp.) | 200 r. du Fg-St-Denis, 10ᵉ | 42 80 62 33 |
| 44 | M16 | **Gardien de la Paix** (Fond.) | 35 bd St-Marcel, 13ᵉ | 43 31 88 60 |
| 44 | L16 | **Geoffroy-St-Hilaire** (Clin.) | 59 r. Geoffroy-St-Hilaire, 5ᵉ | 45 70 15 89 |
| 38 | M3 | **Henry-Dunant** (Hôp.) | 95 r. Michel-Ange, 16ᵉ | 46 51 52 46 |
| 23 | D21 | **Herold** (Hôp.) | 7 pl. Rhin-et-Danube, 19ᵉ | 42 40 48 48 |
| 32 | J15 | **Hôtel-Dieu de Paris** (Hôp.) | 1 pl. Parvis-Notre-Dame, 4ᵉ | 42 34 82 34 |
| 57 | P17 | **Jeanne d'Arc** (Clin.) | 11-13 r. Ponscarme, 13ᵉ | 45 84 15 75 |
| 41 | N9 | **Labrouste** (Clin. chirurg.) | 64 r. Labrouste, 15ᵉ | 45 31 22 22 |
| 42 | K11 | **Laennec** (Hôp.) | 42 r. de Sèvres, 7ᵉ | 45 44 39 39 |
| 20 | D15 | **Lariboisière** (Hôp.) | 2 r. Ambroise-Paré, 10ᵉ | 42 80 62 33 |
| 33 | G18 | **Léonard de Vinci** (Clin.) | 95 av. Parmentier, 11ᵉ | 43 55 39 33 |
| 42 | M11 | **Léopold-Bellan** (Hôp.) | 7 r. du Texel, 14ᵉ | 43 22 26 80 |
| 16 | E7 | **Marmottan** (Centre médical) | 19 r. d'Armaillé, 17ᵉ | 45 74 00 04 |
| 23 | E22 | **Maussins** (Clin. des) | 67 r. de Romainville, 19ᵉ | 42 03 94 76 |
| 34 | J20 | **Mont-Louis** (Clin.) | 8-10 r. de la Folie-Regnault, 11ᵉ | 43 71 11 00 |
| 41 | L10 | **Necker-Enfants Malades** (Groupe hosp.) | 149 r. de Sèvres, 15ᵉ | 42 73 80 00 |
| 54 | P11 | **N.-D. de Bon-Secours** (Hôp.) | 66 r. des Plantes, 14ᵉ | 45 39 22 61 |
| 41 | M10 | **Pasteur** (Institut-Hôp.) | 211 r. de Vaugirard, 15ᵉ | 45 67 35 09 |
| 43 | M14 | **Péan** (Clin. chirurg.) | 11 r. de la Santé, 13ᵉ | 45 70 12 19 |
| 56 | R15 | **Peupliers** (Hôp.) | 8 pl. Abbé-G.-Hénocque, 13ᵉ | 45 65 15 15 |
| 45 | M17 | **Pitié-Salpêtrière** (Groupe hosp.) | 47-83 bd de l'Hôpital, 13ᵉ | 45 70 21 12 |
| 43 | M13 | **Port-Royal** (Maternité) | 123 bd de Port-Royal, 14ᵉ | 42 34 12 12 |
| 33 | K18 | **Quinze-Vingts** (Hôp.) | 28 r. de Charenton, 12ᵉ | 43 46 15 20 |
| 19 | E13 | La **Rochefoucauld** (Inst.) | 23 r. de La Rochefoucauld, 9ᵉ | 42 80 61 51 |
| 47 | L22 | **Rothschild** (Hôp.) | 33 bd de Picpus, 12ᵉ | 43 41 72 72 |
| 46 | K19 | **St-Antoine** (Hôp.) | 184 r. du Fg-St-Antoine, 12ᵉ | 43 44 33 33 |
| 44 | M16 | **St-François** (Clin.) | 36 bd St-Marcel, 5ᵉ | 45 35 36 52 |
| 41 | M9 | **St-Jacques** (Hôp.) | 37 r. des Volontaires, 15ᵉ | 45 66 93 09 |
| 42 | K11 | **St-Jean-de-Dieu** (Clin.) | 19 r. Oudinot, 7ᵉ | 43 06 94 06 |
| 53 | P10 | **St-Joseph** (Fond.-Hôp.) | 7 r. Pierre-Larousse, 14ᵉ | 45 39 22 13 |
| 20 | E15 | **St-Lazare** (Hôp.) | 107 bis r. du Fg-St-Denis, 10ᵉ | 42 80 62 33 |
| 21 | F17 | **St-Louis** (Hôp.) | 2 pl. du Dr-A.-Fournier, 10ᵉ | 42 49 49 49 |
| 40 | N8 | **St-Michel** (Hôp.) | 33 r. Olivier-de-Serres, 15ᵉ | 48 28 40 80 |
| 43 | M13 | **St-Vincent-de-Paul** (Hôp.) | 74 av. Denfert-Rochereau, 14ᵉ | 43 20 14 74 |
| 55 | P13 | **Ste-Anne** (Centre hosp.) | 1 r. Cabanis, 14ᵉ | 45 81 11 20 |
| 40 | M7 | **Ste-Félicité** (Maternité) | 37 r. St-Lambert, 15ᵉ | 45 32 72 83 |
| 43 | M13 | **Tarnier** (Hôp.) | 89 r. d'Assas, 6ᵉ | 43 29 12 89 |
| 35 | G22 | **Tenon** (Hôp.) | 4 r. de la Chine, 20ᵉ | 43 60 01 70 |
| 47 | M22 | **Trousseau** (Hôp.) | 26 av. Dr-A.-Netter, 12ᵉ | 43 46 13 90 |
| 55 | R13 | **Université de Paris** (Hôp. internat.) | 42 bd Jourdan, 14ᵉ | 45 89 47 89 |
| 43 | M14 | **Val-de-Grâce** (Hôp.) | 74 bd de Port-Royal, 5ᵉ | 43 29 12 31 |
| 40 | N7 | **Vaugirard** (Hôp.) | 389 r. de Vaugirard, 15ᵉ | 45 32 80 00 |
| 18 | D12 | **Vintimille** (Clin.) | 58 r. de Douai, 9ᵉ | 45 26 89 69 |

Proche Banlieue, *Suburbs, Vororte, Alrededores*

| Plan n° | Repère | | Adresse | Téléphone |
|---|---|---|---|---|
| 101 | pli 27 | **Albert-Chenevier** (Hôp.) | Créteil - 40 r. de Mesly | 43 77 11 44 |
| — | pli 14 | **Ambroise-Paré** (Hôp.) | Boulogne - 9 av. Ch.-de-Gaulle | 46 04 91 09 |
| 3 | B5 | **Américain** (Hôp.) | Neuilly-sur-Seine - 63 bd Victor-Hugo | 47 47 53 00 |
| 101 | pli 24 | **Antoine-Beclère** (Hôp.) | Clamart - 157 r. Porte-de-Trivaux | 45 37 44 44 |
| — | pli 27 | **Armand-Brillard** (Clin.) | Nogent-sur-Marne - 3-5 av. Watteau | 48 76 12 66 |
| — | pli 16 | **Avicenne** (Hôp.) | Bobigny - 125 r. de Stalingrad | 48 30 12 33 |
| — | pli 15 | **Beaujon** (Hôp.) | Clichy - 100 bd Général-Leclerc | 47 39 33 40 |
| — | pli 16 | **Bégin** (Hôp. Instr. Armées) | Saint-Mandé - 69 av. de Paris | 43 74 12 40 |
| — | pli 26 | **Bicêtre** (Centre hosp.) | Le Kremlin-Bicêtre - 78 r. du Gén.-Leclerc | 45 21 21 21 |
| — | pli 25 | **Bois de Verrières** (Clin.) | Antony - 66 r. du Colonel-Fabien | 46 66 21 50 |
| 2 | C3 | **Centre Hospitalier** | Neuilly-sur-Seine - 36 bd Gén.-Leclerc | 47 47 11 44 |
| 101 | pli 14 | **Centre Hospitalier** | Puteaux - 1 bd Richard-Wallace | 47 72 51 44 |
| — | pli 14 | **Centre Hospitalier** | Saint-Cloud - 3 pl. Silly | 46 02 70 92 |
| — | pli 16 | **Centre Hosp. Général** | Saint-Denis - 2 r. du Dr-Delafontaine | 48 21 61 40 |
| — | pli 27 | **Centre Hosp. Intercomm.** | Créteil - 40 av. de Verdun | 48 98 91 80 |
| — | pli 17 | **Centre Hosp. Intercomm.** | Montreuil - 56 bd Boissière | 48 58 90 80 |
| — | pli 27 | **Centre Hosp. Intercomm.** | Villeneuve-St-Georges - 40 allée de la Source | 43 82 39 40 |
| — | pli 26 | **Centre Hosp. spécialisé** | Villejuif - 54 av. de la République | 46 77 81 04 |
| — | pli 26 | **Charles-Foix** (Hôp.) | Ivry-sur-Seine - 7 av. de la République | 46 70 15 92 |
| 51 | P5 | **Corentin-Celton** (Hôp.) | Issy-les-Moulineaux - 37 bd Gambetta | 45 54 95 33 |
| 101 | pli 17 | **Dhuys** (Clin.) | Bagnolet - 1-9 r. Pierre-Curie | 43 60 01 50 |
| — | pli 27 | **Émile-Roux** (Centre hosp.) | Limeil-Brévannes - 1 av. de Verdun | 45 69 96 33 |
| — | pli 27 | **Esquirol** (Hôp.) | Saint-Maurice - 57 r. Maréchal-Leclerc | 43 75 92 33 |
| — | pli 17 | **Floréal** (Clin.) | Bagnolet - 40 r. Floréal | 43 61 44 90 |
| — | pli 14 | **Foch** (Centre médico-chirurg.) | Suresnes - 40 r. Worth | 47 72 91 91 |
| 5 | A10 | **Gouin** (Hôp. chirurg.) | Clichy - 2 r. Gaston-Paymal | 47 31 30 30 |
| 101 | pli 26 | **Gustave-Roussy** (nouv. Inst.) | Villejuif - 39 r. Camille-Desmoulins | 45 59 49 09 |
| — | pli 24 | **Hauts-de-Seine** (Clin.) | Châtenay-Malabry - 17 av. du Bois | 46 30 22 50 |
| 3 | D6 | **Henri-Hartmann** (Clin.) | Neuilly-sur-Seine - 26 bd Victor-Hugo | 47 58 12 10 |
| 101 | pli 27 | **Henri-Mondor** (Hôp.) | Créteil - 51 av. Mar.-de-Lattre-de-T. | 42 07 51 41 |
| 3 | C6 | **Hertford** (British Hosp.) | Levallois-Perret - 3 r. Barbès | 47 58 13 12 |
| 101 | pli 26 | **Jean-Rostand** (Hôp.) | Ivry-sur-Seine - 39 r. Jean-Le-Galleu | 46 70 15 55 |
| — | pli 24 | **Jean Rostand** (Centre Hosp. Intercomm.) | Sèvres - 141 Grande-Rue | 45 34 75 11 |
| — | pli 17 | **Jean Verdier** (Hôp.) | Bondy - av. du 14-Juillet | 48 47 31 03 |
| — | pli 14 | **Louis-Mourier** (Hôp.) | Colombes - 178 r. des Renouillers | 47 80 72 32 |
| — | pli 18 | **Maison-Blanche** (centre hosp. spécialisé) | Neuilly-sur-Marne - 3 av. Jean-Jaurès | 43 00 96 90 |
| — | pli 14 | **Maison de Nanterre** (Hôp.) | Nanterre - 403 av. de la République | 47 80 75 75 |
| — | pli 15 | **Maison de Santé** | Épinay - 6 av. de la République | 48 21 49 00 |
| — | pli 14 | **Marcelin-Berthelot** (Centre hosp.) | Courbevoie - 30 r. Kilford | 47 88 82 55 |
| — | pli 24 | **Marie-Lannelongue** (Centre chirurg.) | Le Plessis-Robinson - 133 av. de la Résistance | 46 30 21 33 |
| — | pli 13 | **Les Martinets** (Clin.) | Rueil-Malmaison - 97 av. Albert-Ier | 47 08 92 33 |
| — | pli 24 | **Meudon-la-Forêt-Vélizy** (Clin.) | Meudon-la-Forêt - 3-5 av. de Villacoublay | 46 30 21 31 |
| 3 | C5 | **N.-D.-du-Perpétuel Secours** (Hôp.) | Levallois-Perret - 2 r. Kléber | 47 57 31 57 |
| 101 | pli 26 | **Paul-Brousse** (Groupe hosp.) | Villejuif - 14 av. P.-Vaillant-Couturier | 46 77 81 81 |
| 49 | S2 | **Percy** (Hôp. militaire) | Clamart - 101 av. Henri-Barbusse | 46 45 21 04 |
| 101 | pli 23 | **Raymond-Poincaré** (Hôp.) | Garches - 104 bd R.-Poincaré | 47 41 79 00 |
| — | pli 16 | **La Roseraie** (Clin.-Hôp.) | Aubervilliers - 120 av. de la République | 48 34 93 93 |
| — | pli 28 | **Saint-Camille** (Hôp.) | Bry-sur-Marne - 1 r. des Pères-Camilliens | 48 81 11 80 |
| — | pli 13 | **Stell** (Hôp. départemental) | Rueil-Malmaison - 1 r. Charles-Drot | 47 49 06 90 |
| 51 | R5 | **Suisse** (Hôp.) | Issy-les-Moulineaux - 10 r. Minard | 46 45 21 36 |
| 101 | pli 18 | **Valère-Lefebvre** (Hôp.) | Le Raincy - 73 bd de l'Ouest | 43 02 41 44 |
| — | pli 18 | **Ville-Évrard** (Centre hosp.) | Neuilly-sur-Marne - 2 av. Jean-Jaurès | 43 00 96 36 |

*Si vous voulez tirer le meilleur parti des 59 pages de plans,*
*reportez-vous à la légende, page 99.*

## Institutions socio-médicales, Entraide et Secours

*Social and medical institutions, Assistance,*
*Sozialversicherung, Fürsorge, Sociedades Médicas, Mutuas y Seguros*

| | | | | |
|---|---|---|---|---|
| 23 | E21 | Affaires Sanitaires et Sociales d'Ile de France | 58-62 r. de Mouzaïa, 19ᵉ | 42 00 33 00 |
| 28 | K7 | Allocations Familiales Rég. Parisienne (Caisse) | 18 r. Viala, 15ᵉ | 45 71 34 56 |
| 18 | E11 | Armée du Salut | 76 r. de Rome, 8ᵉ | 43 87 41 19 |
| 32 | J15 | Assistance Publique - Hôpitaux de Paris | 3 av. Victoria, 4ᵉ | 42 77 11 22 |
| 10 | C19 | Caisse Nat. Ass. Vieillesse Trav. Salariés | 110-112 r. de Flandre, 19ᵉ | 42 03 96 57 |
| 20 | D15 | Caisse Primaire Assur. Maladie de Paris | 69 bis r. de Dunkerque, 9ᵉ | 42 80 63 67 |
| 16 | F8 | Croix-Rouge Française | 17 r. Quentin-Bauchart, 8ᵉ | 42 61 51 05 |
| 29 | J10 | Institution Nat. des Invalides | 6 bd des Invalides, 7ᵉ | 45 50 32 66 |
| 45 | L17 | Institut Médico-Légal | 2 pl. Mazas, 12ᵉ | 43 43 78 53 |
| 41 | L10 | Institut Nat. des Jeunes Aveugles | 56 bd des Invalides, 7ᵉ | 45 67 35 08 |
| 43 | L14 | Institut Nat. de Jeunes Sourds | 254 r. St-Jacques, 5ᵉ | 43 54 82 80 |
| 57 | P17 | Inst. Nat. Santé et Recherche Médicale | 101 r. de Tolbiac, 13ᵉ | 45 84 14 41 |
| 33 | H17 | Secours Populaire Français | 9 r. Froissart, 3ᵉ | 42 78 50 48 |

## Centres Hospitaliers Universitaires (C.H.U.)

*Teaching Hospitals, Universitätskliniken,*
*Centros Hospitalarios Universitarios*

| | | | | | |
|---|---|---|---|---|---|
| 43 | M14 | C.H.U. Cochin | Paris V | 24 r. du Fg-St-Jacques, 14ᵉ | 43 20 12 40 |
| 41 | L10 | — Necker | — | 149 r. de Sèvres, 15ᵉ | 47 83 33 03 |
| 101 | pli 23 | — Paris-Ouest | — | Garches - 104 bd R.-Poincaré | 47 41 81 18 |
| 53 | P10 | C.H.U. Broussais | Paris VI | 96 r. Didot, 14ᵉ | 43 29 21 77 |
| 45 | M17 | — Pitié-Salpétrière | — | 91-105 bd de l'Hôpital, 13ᵉ | 45 84 11 84 |
| 46 | K19 | — Saint-Antoine | — | 27 r. Chaligny, 12ᵉ | 43 41 71 00 |
| 7 | A13 | C.H.U. Bichat | Paris VII | 46 r. Henri-Huchard, 18ᵉ | 42 28 80 08 |
| 20 | E16 | — Lariboisière-St.-Louis | — | 10 av. de Verdun, 10ᵉ | 42 03 94 26 |
| 101 | pli 26 | C.H.U. Bicêtre | Paris XI | Le Kremlin-Bicêtre - 78 r. Général-Leclerc | 45 21 21 21 |
| 101 | pli 27 | C.H.U. Créteil | Paris XII | Créteil - 51 av. Maréchal-de-Lattre-de-Tassigny | 48 85 12 14 |
| 101 | pli 16 | C.H.U. Bobigny | Paris XIII | Bobigny - 74 r. Marcel-Cachin | 48 36 55 79 |

## Hôpitaux - Hospices

*Nursing and old people's homes, Krankenhäuser, Alterspflegeheime,*
*Residencias sanitarias*

| | | | | |
|---|---|---|---|---|
| 23 | F21 | Belleville (Résidence de) | 180 r. Pelleport, 20ᵉ | 47 97 75 61 |
| 47 | M21 | De Rothschild (Fondation) | 76 r. de Picpus, 12ᵉ | 43 44 78 10 |
| 29 | H9 | Leprince (Résidence) | 109 r. St-Dominique, 7ᵉ | 45 51 69 40 |
| 38 | L4 | Ste-Périne (Groupe Hospitalier) | 11 r. Chardon-Lagache, 16ᵉ | 45 20 00 09 |

## Services médicaux d'urgence

*Medical emergency numbers, Notruf,*
*Teléfonos de Urgencia*

| | | | | |
|---|---|---|---|---|
| | | SAMU | | 45 67 50 50 |
| | | S.O.S. Médecin | | 47 07 77 77 |
| | | S.O.S. Docteurs 92 | | 46 03 77 44 |
| | | Urgences médicales de Paris (jour et nuit) | | 48 28 40 04 |
| 32 | J15 | Ambulances Assistance Publique | 3 av. Victoria, 4ᵉ | 43 78 26 26 |
| | | Radio-Ambulances | | 47 07 37 39 |
| 101 | pli 14 | Centre anti-brûlures (hôpital Foch) | Suresnes - 40 r. Worth | 47 72 91 91 |
| 16 | E7 | Centre anti-drogue (hôpital Marmottan) | 19 r. d'Armaillé, 17ᵉ | 45 74 00 04 |
| 20 | D16 | Centre anti-poison (hôpital Fernand-Widal) | 200 r. du Fg-St-Denis, 10ᵉ | 42 05 63 29 |
| | | Transfusions d'urgence | | 43 07 47 28 |
| | | S.O.S. Vétérinaire (Paris et Région Parisienne) (nuit et dimanches) | | 48 32 93 30 |

## SPECTACLES

*ENTERTAINMENTS, VERANSTALTUNGEN, ESPECTÁCULOS*

Théâtres, *Theatres, Theater, Teatros*

| | | | | |
|---|---|---|---|---|
| 20 | F16 | **Antoine-Simone Berriau** | 14 bd de Strasbourg, 10ᵉ | 42 08 77 71 |
| 19 | D14 | **Atelier** | 1 pl. Charles-Dullin, 18ᵉ | 46 06 49 24 |
| 18 | F12 | **Athénée** | 4 sq. de l'Opéra-L.-Jouvet, 9ᵉ | 47 42 67 27 |
| 20 | D16 | **Bouffes-du-Nord** | 37 bis bd de la Chapelle, 10ᵉ | 42 39 34 50 |
| 19 | G13 | **Bouffes-Parisiens** | 4 r. Monsigny, 2ᵉ | 42 96 60 24 |
| 52 | P8 | **Carré Silvia-Monfort** | 106 r. Brancion, 15ᵉ | 45 31 28 34 |
| 28 | H7 | **Chaillot** (Th. Nat.) | 1 pl. du Trocadéro, 16ᵉ | 47 27 81 15 |
| 29 | G9 | **Champs-Élysées** | 15 av. Montaigne, 8ᵉ | 47 23 47 77 |
| 55 | S13 | **Cité Internat. Universitaire** | 21 bd Jourdan, 14ᵉ | 45 89 38 69 |
| 18 | F12 | **Comédie Caumartin** | 25 r. Caumartin, 9ᵉ | 47 42 43 41 |
| 19 | D13 | **Comédie de Paris** | 42 r. Fontaine, 9ᵉ | 42 81 00 11 |
| 29 | G9 | **Comédie des Champs-Élysées** | 15 av. Montaigne, 8ᵉ | 47 23 37 21 |
| 31 | H13 | **Comédie-Française** | pl. Colette, 1ᵉʳ | 42 96 10 20 |
| 18 | G12 | **Daunou** | 9 r. Daunou, 2ᵉ | 42 61 69 14 |
| 18 | F12 | **Édouard-VII-Sacha Guitry** | 10 pl. Édouard-VII, 9ᵉ | 47 42 57 49 |
| 30 | G11 | **Espace Pierre Cardin** | 1 av. Gabriel, 8ᵉ | 42 66 17 30 |
| 32 | H15 | **Essaïon** | 6 r. Pierre-au-Lard, 4ᵉ | 42 78 46 42 |
| 19 | E13 | **Fontaine** | 10 r. Fontaine, 9ᵉ | 48 74 74 40 |
| 42 | M11 | **Gaîté-Montparnasse** | 26 r. de la Gaîté, 14ᵉ | 43 22 16 18 |
| 20 | F15 | **Gymnase** | 38 bd Bonne-Nouvelle, 10ᵉ | 42 46 79 79 |
| 18 | D11 | **Hébertot** | 78 bis bd Batignolles, 17ᵉ | 43 87 23 23 |
| 31 | K14 | **Huchette** | 23 r. de la Huchette, 5ᵉ | 43 26 38 99 |
| 19 | E13 | **La Bruyère** | 5 r. La Bruyère, 9ᵉ | 48 74 76 99 |
| 19 | G13 | **La Michodière** | 4 bis r. de La Michodière, 9ᵉ | 47 42 95 22 |
| 42 | L12 | **Lucernaire-Berthommé-Le Guillochet** | 53 r. N.-D.-des-Champs, 6ᵉ | 45 44 57 34 |
| 18 | F11 | **Madeleine** | 19 r. de Surène, 8ᵉ | 42 65 07 09 |
| 32 | G16 | **Marais** | 37 r. Volta, 3ᵉ | 42 78 03 53 |
| 17 | G10 | **Marigny** | Carré Marigny, 8ᵉ | 42 56 04 41 |
| 18 | F12 | **Mathurins** | 36 r. des Mathurins, 8ᵉ | 42 65 90 00 |
| 18 | F12 | **Michel** | 38 r. des Mathurins, 8ᵉ | 42 65 35 02 |
| 18 | E12 | **Moderne** | 15 r. Blanche, 9ᵉ | 42 80 09 30 |
| 18 | F12 | **Mogador** | 25 r. Mogador, 9ᵉ | 42 85 45 30 |
| 42 | M11 | **Montparnasse** | 31 r. de la Gaîté, 14ᵉ | 43 20 89 90 |
| 19 | F14 | **Nouveautés** | 24 bd Poissonnière, 9ᵉ | 47 70 52 76 |
| 43 | K13 | **Odéon** (Th. Nat.) | pl. de l'Odéon, 6ᵉ | 43 25 70 32 |
| 18 | E12 | **Œuvre** | 55 r. de Clichy, 9ᵉ | 48 74 42 52 |
| 18 | F12 | **Opéra de Paris** (Th. Nat.) | pl. de l'Opéra, 9ᵉ | 47 42 57 50 |
| 19 | F13 | **Opéra de Paris** (salle Favart) | pl. Boieldieu, 2ᵉ | 42 96 12 20 |
| 21 | G17 | **Palais des Glaces** | 37 r. du Fg-du-Temple, 10ᵉ | 46 07 49 93 |
| 31 | G13 | **Palais-Royal** | 38 r. de Montpensier, 1ᵉʳ | 42 97 59 81 |
| 18 | E12 | **Paris** | 15 r. Blanche, 9ᵉ | 42 80 09 30 |
| 52 | P7 | **Plaine** | 13 r. Gén.-Guillaumat, 15ᵉ | 42 50 15 65 |
| 42 | N11 | **Plaisance** | 111 r. du Château, 14ᵉ | 43 20 00 06 |
| 42 | L12 | **Poche Montparnasse** | 75 bd du Montparnasse, 6ᵉ | 45 48 92 97 |
| 20 | G16 | **Porte-St-Martin** | 16 bd St-Martin, 10ᵉ | 46 07 37 53 |
| 18 | G12 | **Potinière** | 7 r. Louis-Le-Grand, 2ᵉ | 42 61 44 16 |
| 10 | C20 | **Présent** | 211 av. Jean-Jaurès, 19ᵉ | 42 03 02 55 |
| 20 | G16 | **Renaissance** | 20 bd St-Martin, 10ᵉ | 42 08 18 50 |
| 17 | G10 | **Rond-Point** (Compagnie Renaud-Barrault) | av. Franklin-Roosevelt, 8ᵉ | 42 56 70 80 |
| 19 | E13 | **St-Georges** | 51 r. St-Georges, 9ᵉ | 48 78 63 47 |
| 29 | G9 | **Studio des Champs-Élysées** | 15 av. Montaigne, 8ᵉ | 47 23 35 10 |
| 55 | P14 | **Théâtre 13** | 24 rue Daviel, 13ᵉ | 45 88 16 30 |
| 33 | J18 | **Théâtre de la Bastille** | 76 r. de la Roquette, 11ᵉ | 43 57 42 14 |
| 23 | F22 | **Théâtre de l'Est Parisien** (TEP) | 159 av. Gambetta, 20ᵉ | 43 64 80 80 |
| 31 | J14 | **Théâtre Musical de Paris-Châtelet** (TMP) | 1 pl. du Châtelet, 1ᵉʳ | 42 33 00 00 |
| 64 | CT | **Théâtre du Soleil** (Cartoucherie) | rte du Champ-de-Manœuvre, 12ᵉ Bois de Vincennes | 43 74 24 08 |
| 32 | J15 | **Théâtre de la Ville** | 2 pl. du Châtelet, 4ᵉ | 48 87 54 42 |
| 18 | E11 | **Tristan Bernard** | 64 r. du Rocher, 8ᵉ | 45 22 08 40 |
| 19 | F14 | **Variétés** | 7 bd Montmartre, 2ᵉ | 42 33 09 92 |

## Salles de concerts et de réunions
### Concert halls and Conference centres
### Säle für Konzerte und Tagungen
### Salas de conciertos y de reuniones

| | | | | |
|--|--|--|--|--|
| 17 | D9 | Cortot | 78 r. Cardinet, 17ᵉ | 47 63 85 72 |
| 16 | E8 | Espace Wagram | 39 av. de Wagram, 17ᵉ | 43 80 30 03 |
| 17 | F10 | Gaveau | 45 r. La Boétie, 8ᵉ | 45 63 20 30 |
| 30 | H11 | Maison de la Chimie | 28 r. St-Dominique, 7ᵉ | 47 05 10 73 |
| 44 | K15 | Palais de la Mutualité | 24 r. St-Victor, 5ᵉ | 43 26 69 03 |
| 39 | N6 | Palais des Sports | pl. Pte-de-Versailles, 15ᵉ | 48 28 40 90 |
| 16 | E8 | Pleyel | 252 r. Fg-St-Honoré, 8ᵉ | 45 63 88 73 |
| 11 | B21 | Zénith | 211 av. J.-Jaurès, 19ᵉ | 42 45 91 48 |

Des concerts et ballets sont fréquemment proposés à la Maison de la Radio, au Palais de Chaillot *(pl. du Trocadéro et du 11-Novembre)* et au Palais des Congrès *(Pte Maillot)*, ainsi que dans les grands théâtres de la capitale (Théâtre Musical de Paris-Châtelet, Théâtre de la Ville, Théâtre des Champs-Élysées...) et à l'Université Paris II *(92 r. d'Assas)*.

Des concerts spirituels et récitals d'orgue sont régulièrement donnés à Notre-Dame, St-Germain-des-Prés, St-Séverin, St-Roch, St-Louis des Invalides, St-Eustache...

## Cinéma, *Cinemas, Kinos, Cines*

*Consulter la presse chaque mercredi - See newspaper on Wednesdays,*
*Siehe Presse jeden Mittwoch - Consultar los periódicos el miércoles.*

*Cinémathèque Française: salle Beaubourg rue Rambuteau, Tél. 42 78 35 57 et salle Chaillot av. Albert-de-Mun Tél. 47 04 24 24.*

## Music-halls

| | | | | |
|--|--|--|--|--|
| 31 | J13 | Alcazar de Paris | 62 r. Mazarine, 6ᵉ | 43 29 02 20 |
| 20 | G16 | Bobino-Eldorado | 4 bd de Strasbourg, 10ᵉ | 42 08 23 50 |
| 28 | G8 | Crazy Horse | 12 av. George-V, 8ᵉ | 47 23 32 32 |
| 19 | D14 | Élysée-Montmartre | 72 bd Rochechouart, 18ᵉ | 42 52 25 15 |
| 19 | F14 | Folies-Bergère | 32 r. Richer, 9ᵉ | 42 46 77 11 |
| 16 | F8 | Lido-Normandie | 116 bis av. des Ch-Élysées, 8ᵉ | 45 63 11 61 |
| 19 | D13 | Moulin-Rouge (Bal du) | 82 bd de Clichy, 18ᵉ | 46 06 00 19 |
| 18 | F12 | Olympia-Bruno Coquatrix | 28 bd des Capucines, 9ᵉ | 47 42 25 49 |
| 44 | K15 | Paradis Latin | 28 r. du Card.-Lemoine, 5ᵉ | 43 25 28 28 |

## Spectacles pour enfants
### Children's entertainment
### Veranstaltungen für Kinder, Espectáculos para niños

| | | | | |
|--|--|--|--|--|
| 10 | C20 | Cirque Gruss (à l'ancienne) | 211 av. Jean-Jaurès, 19ᵉ | 42 45 85 85 |
| 33 | H17 | Cirque d'Hiver | 110 r. Amelot, 11ᵉ | 47 00 12 25 |
| 28 | J8 | Marionnettes du Champ-de-Mars | Parc du Champ-de-Mars, 7ᵉ | 46 37 07 87 |
| 17 | G10 | Marionnettes des Champs-Élysées | Rond-Point des Ch.-Élysées, 8ᵉ | 45 79 08 68 |
| 43 | L13 | Marionnettes du Luxembourg | r. Guynemer, 6ᵉ | 43 26 46 47 |
| 62 | CV | Théâtre du Jardin | Jardin d'Acclimatation - Bois de Boulogne, 16ᵉ | 47 47 77 86 |
| 33 | H17 | Théâtre du Petit Monde | 4 bd des Filles-du-Calvaire, 11ᵉ | 47 00 23 77 |

*Un kiosque-théâtre, situé sur le terre-plein Ouest de l'église de la Madeleine, offre au public la possibilité d'acheter chaque jour, entre 12 h 30 et 20 h, des places de théâtre à moitié prix pour les représentations le soir même.*

| Plan n° | Repère | | Adresse | Téléphone |
|---------|--------|--|---------|-----------|
| ou carte 101 | | | | |

### Principaux théâtres de banlieue, *Suburban theatres,* *Theater in den Vororten, Teatros de los alrededores*

| Plan n° | Repère | | Adresse | Téléphone |
|---------|--------|--|---------|-----------|
| 101 | pli 14 | **Amandiers** | Nanterre - 7 av. Pablo-Picasso | 47 21 18 81 |
| — | pli 27 | **Atelier Théâtre de la Cité** | Saint-Maur - 20 r. de la Liberté | 48 89 22 11 |
| — | pli 28 | **Boucles de la Marne** | Champigny - 54 bd du Château | 48 80 90 90 |
| — | pli 28 | **Centre Municipal d'Animation G.-Philipe** | Champigny - 54 bd du Château | 48 80 96 28 |
| — | pli 17 | **Daniel-Sorano** | Vincennes - 16 r. Charles-Pathé | 43 74 73 74 |
| — | pli 25 | **Firmin-Gémier** | Antony - pl. Firmin-Gémier | 46 66 02 74 |
| — | pli 16 | **Gérard-Philipe** | Saint-Denis - 59 bd Jules-Guesde | 42 43 00 59 |
| — | pli 14 | **Hauts-de-Seine** | Puteaux - 5 r. Henri-Martin | 47 72 09 59 |
| — | pli 14 | **Jean-Vilar** | Suresnes - pl. Stalingrad | 47 72 38 80 |
| — | pli 26 | **Jean-Vilar** | Vitry - av. Youri-Gagarine | 46 81 68 67 |
| — | pli 27 | **Maison des Arts André-Malraux Maison de la Culture de Créteil** | Créteil - pl. Salvador-Allende | 48 99 94 50 |
| — | pli 26 | **Paul-Éluard** | Choisy-le-Roi 4 av. Villeneuve-St-Georges | 48 90 89 79 |
| — | pli 26 | **Romain-Rolland** | Villejuif - 18 r. Eugène-Varlin | 47 26 15 02 |
| 58 | S19 | **Studio d'Ivry** | Ivry - 21 r. Ledru-Rollin | 46 72 37 43 |
| 37 | N1 | **Th. de Boulogne-Billancourt** (TBB) | Boulogne - 60 r. de la Belle-Feuille | 46 03 60 44 |
| 101 | pli 16 | **Th. de la Commune** | Aubervilliers - square Stalingrad | 48 33 16 16 |
| — | pli 15 | **Th. de Gennevilliers** | Gennevilliers - 41 av. des Grésillons | 47 93 26 30 |
| — | pli 26 | **Th. d'Ivry** | Ivry - 1 r. Simon-Dereure | 46 70 21 55 |
| — | pli 15 | **Th. Municipal** | Asnières - 16 pl. de l'Hôtel-de-Ville | 47 90 63 12 |
| 60 | R23 | **Th. Municipal** | Charenton-le-Pont - 107 r. de Paris | 43 68 55 81 |

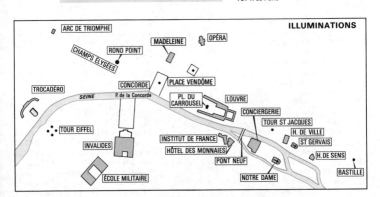

Du 1er juin au 15 juillet : *de 22 h à 24 h du dimanche au vendredi, de 22 h à 1 h les samedis et veilles de fêtes ;*

Le reste de l'année : *de la tombée du jour (entre 17 h 20 et 21 h 45) à 24 h du dimanche au vendredi, à 1 h les samedis et veilles de fêtes.*

## SPORT, *DEPORTES*

| 18 | F11 | Comité National Olympique et Sportif | 23 r. d'Anjou, 8ᵉ | 42 65 02 74 |
| --- | --- | --- | --- | --- |
| 64 | CT | Institut Nat. du Sport et de l'Éducation Physique (I.N.S.E.P.) | 11 av. du Tremblay, 12ᵉ Bois de Vincennes | 43 74 11 21 |
| 57 | P18 | Jeunesse et Sports Dir. Rég. | 6-8 r. Eugène-Oudiné, 13ᵉ | 45 84 12 05 |
| 17 | F9 | — Dir. Dép. | 25 r. de Ponthieu, 8ᵉ | 43 59 01 69 |

Clubs

| 44 | K15 | Assoc. Sportive de la Police de Paris | 4 r. Montagne-Ste-Geneviève, 5ᵉ | 43 54 59 26 |
| --- | --- | --- | --- | --- |
| 53 | P10 | Assoc. Sportive des PTT de Paris | 12 allée Gaston-Bachelard, 14ᵉ | 45 39 69 14 |
| 101 | pli 14 | Athlétic-Club de Boulogne-Billancourt | Boulogne - Mairie de Boulogne | 46 84 77 77 |
| 14 | E3 | Bowling de Paris | Bois de Boulogne, 16ᵉ | 47 47 77 55 |
| 18 | F11 | Club Alpin Français | 9 r. La Boétie, 8ᵉ | 47 42 38 46 |
| 37 | L2 | Club Athlétique des Sports Généraux | av. du Général-Sarrail, 16ᵉ | 46 51 55 40 |
| 48 | M23 | Club des Nageurs de Paris | 34 bd Carnot, 12ᵉ | 46 28 77 03 |
| 21 | D18 | Club de Natation Les Mouettes de Paris | 15 av. Jean-Jaurès, 19ᵉ | 42 08 30 65 |
| 19 | F14 | Paris St-Germain Football-Club | 30 r. Bergère, 9ᵉ | 42 46 90 84 |
| 43 | M13 | Paris Université-Club (PUC) | 31 av. Georges-Bernanos, 5ᵉ | 46 33 21 89 |
| 61 | AX | Polo de Paris | Allée du Bord-de-l'Eau Bois de Boulogne, 16ᵉ | 45 06 11 92 |
| 41 | K10 | Racing-Club de France | 5 r. Eblé, 7ᵉ | 45 67 55 86 |
| 25 | G2 | — (Croix-Catelan) | Bois de Boulogne, 16ᵉ | 45 27 55 85 |
| 101 | pli 14 | Racing Club de Paris | Colombes - 12 r. François-Faber | 47 86 19 61 |
| 14 | E3 | Société Bouliste du lac St-James | Rte de la Muette à Neuilly, 16ᵉ | 47 47 83 31 |
| 14 | F3 | Société Équestre de l'Étrier | Route de Madrid aux Lacs, 16ᵉ | 46 24 28 02 |
| 14 | E3 | Société d'Équitation de Paris | Pte de Neuilly, 16ᵉ Bois de Boulogne | 47 22 87 06 |
| 37 | M2 | Stade Français | 2 r. du Cdt-Guilbaud, 16ᵉ | 46 51 66 53 |
| 37 | N2 | Tennis Club de Paris | 15 av. Félix-d'Hérelle, 16ᵉ | 46 47 73 90 |
| 21 | D17 | Union Sportive Métropolitaine des Transports | 159 bd de la Villette, 10ᵉ | 42 06 52 38 |
| 16 | G7 | Yacht-Club de France | 6 r. Galilée, 16ᵉ | 47 20 89 29 |

Fédérations

*Federations, Sportverbände, Federaciones*

| 16 | F8 | Aéronautique | 52 r. Galilée, 8ᵉ | 47 20 39 75 |
| --- | --- | --- | --- | --- |
| 20 | F15 | Athlétisme | 10 r. du Fg-Poissonnière, 10ᵉ | 47 70 90 61 |
| 20 | E15 | Basket-Ball | 82 r. d'Hauteville, 10ᵉ | 47 70 33 55 |
| 11 | B21 | Boxe | Pantin - 14 r. Scandicci | 48 43 61 31 |
| 101 | pli 23 | Char à voile | Versailles - 33 r. Mademoiselle | 39 50 42 46 |
| 20 | E15 | Cyclisme | 43 r. de Dunkerque, 10ᵉ | 42 85 41 20 |
| 56 | P15 | Cyclo-Tourisme | 8 r. Jean-Marie-Jégo, 13ᵉ | 45 80 30 21 |
| 46 | L20 | Éducation Physique et Gymnastique Volontaire | 41-43 r. de Reuilly, 12ᵉ | |
| 17 | F9 | Équestre Française | 164 r. du Fg-St-Honoré, 8ᵉ | 42 25 11 22 |
| 18 | E12 | Escrime | 45 r. de Liège, 8ᵉ | 42 94 91 38 |
| 16 | G8 | Football | 60 bis av. d'Iéna, 16ᵉ | 47 20 65 40 |
| 16 | F7 | Golf | 69 av. Victor-Hugo, 16ᵉ | 45 00 62 20 |
| 20 | F15 | Gymnastique | 7 ter cour Petites-Écuries, 10ᵉ | 42 46 39 11 |
| 43 | N14 | Hand Ball | 18 r. de la Glacière, 13ᵉ | 43 36 07 34 |
| 101 | pli 24 | Handisport | Boulogne - 1 av. Pierre-Grenier | 46 08 31 85 |
| 19 | F13 | Hockey | 64 r. Taitbout, 9ᵉ | 48 78 74 88 |
| 31 | H14 | Jeu à Treize | 7 r. Jules-Breton, 13ᵉ | 43 31 29 77 |
| 54 | P11 | Judo, Ju jitsu, Kendo | 43 r. des Plantes, 14ᵉ | 45 42 80 90 |
| 20 | F15 | Lutte | 2 r. Gabriel-Laumain, 10ᵉ | 48 24 82 35 |
| 17 | F10 | Montagne | 20 bis r. La Boétie, 8ᵉ | 47 42 39 80 |
| 33 | H18 | Motocyclisme | 74 av. Parmentier, 11ᵉ | 47 00 94 40 |
| 27 | J5 | Motonautique | 49 r. de Boulainvilliers, 16ᵉ | 45 25 61 76 |

| Plan n° | Repère | | Adresse | Téléphone |
|---|---|---|---|---|
| ou carte 101 | | | | |
| 23 | F22 | **Natation** | 148 av. Gambetta, 20ᵉ | 43 64 17 02 |
| 19 | F13 | **Parachutisme** | 35 r. St-Georges, 9ᵉ | 48 78 45 00 |
| 38 | M4 | **Pelote Basque** (Ligue Ile-de-France) | 2 quai Saint-Exupéry, 16ᵉ | 42 88 94 99 |
| 19 | D13 | **Pétanque** (Ligue Ile-de-France) | 9 r. Duperré, 9ᵉ | 48 74 61 63 |
| 28 | G8 | **Randonnée Pédestre** | 8 av. Marceau, 8ᵉ | 47 23 62 32 |
| 19 | F13 | **Rugby** | 7 cité d'Antin, 9ᵉ | 48 74 84 75 |
| 5 | C10 | **Ski Nautique** | 9 bd Pereire, 17ᵉ | 42 67 15 66 |
| 18 | E12 | **Sociétés d'Aviron** | 7 r. Lafayette, 9ᵉ | 48 74 43 77 |
| 21 | G18 | **Spéléologie** | 130 r. St-Maur, 11ᵉ | 43 57 56 54 |
| 27 | G5 | **Sport Automobile** | 136 r. de Longchamp, 16ᵉ | 47 27 97 39 |
| 5 | D9 | **Sportive et Culturelle de France** | 5 r. Cernuschi, 17ᵉ | 47 66 03 23 |
| 101 | pli 16 | **Sportive et Gymnique du Travail** | Pantin - Tour Essor 14 r. Scandicci | 48 43 61 31 |
| 31 | H14 | **Sports de Glace** | 42 r. du Louvre, 1ᵉʳ | 42 61 51 38 |
| 17 | F10 | **Sports Sous-Marins** | 34 r. du Colisée, 8ᵉ | 43 59 22 15 |
| 37 | L2 | **Tennis** | 2 av. Gordon-Bennett, 16ᵉ | 47 43 96 81 |
| 7 | B13 | **Tennis de Table** | 12 r. Vauvenargues, 18ᵉ | 42 62 22 88 |
| 28 | G8 | **Tir** | 16 av. du Prés.-Wilson, 16ᵉ | 47 23 72 38 |
| 6 | B11 | **Tir à l'Arc** | 7 r. des Épinettes, 17ᵉ | 42 26 37 00 |
| 47 | M21 | **Trampoline** | 19 r. de la Lancette, 12ᵉ | 43 43 73 71 |
| 28 | G7 | **Voile** | 55 av. Kléber, 16ᵉ | 45 53 68 00 |
| 30 | K12 | **Vol à Voile** | 29 r. de Sèvres, 6ᵉ | 45 44 04 78 |
| 22 | D20 | **Volley-Ball** | 43 bis r. d'Hautpoul, 19ᵉ | 42 00 22 34 |

## Hippodromes

*Racecourses, Pferderennbahnen, Hipódromos*

| Plan n° | Repère | | Adresse | Téléphone |
|---|---|---|---|---|
| 26 | J3 | **Auteuil** | Pelouse Bois de Boulogne, 16ᵉ | 42 88 91 38 |
| | | **Chantilly** (60) | 16 av. du Gén.-Leclerc | 44 57 21 35 |
| 101 | pli 5 | **Enghien** (95) | Soisy-sous-Montmorency - pl. André-Foulon | 39 89 00 12 |
| — | pli 36 | **Évry** (91) | Ris-Orangis - Rte départementale 31 | 60 77 82 80 |
| 61 | AY | **Longchamp** | Bois de Boulogne, 16ᵉ | 47 72 57 33 |
| 101 | pli 13 | **Maisons-Laffitte** (78) | av. de la Pelouse | 39 62 90 95 |
| — | pli 14 | **St-Cloud** (92) | 4 r. du Camp-Canadien | 47 71 69 26 |
| 64 | DU | **Vincennes** | 2 route de la Ferme, 12ᵉ Bois de Vincennes | 43 68 35 39 |

## Patinoires

*Skating rinks, Eisbahnen, Pistas de patinaje sobre hielo*

| Plan n° | Repère | | Adresse | Téléphone |
|---|---|---|---|---|
| 42 | M11 | **Gaîté Montparnasse** | 16 r. Vercingétorix, 14ᵉ | 43 21 60 60 |
| 21 | E18 | **Pailleron** | 30 r. Édouard-Pailleron, 19ᵉ | 42 08 72 26 |
| 101 | pli 14 | **Centre Olympique** | Courbevoie - pl. Ch.-de-Gaulle | 47 88 03 33 |
| — | pli 15 | **Patinoire Olympique** | Asnières - bd P.-de-Coubertin | 47 99 96 06 |
| — | pli 24 | **Patinoire municipale** | Boulogne - 1 r. V.-Griffuelhes | 46 21 00 96 |
| — | pli 14 | **Patinoire** | Colombes - Ile Marante | 47 81 90 09 |
| — | pli 17 | **Patinoire** | Fontenay-s-Bois - av. Ch.-Garcia | 48 75 17 00 |
| — | pli 18 | **Patinoire** | Le Raincy - Allée Jardin Anglais | 43 81 41 41 |
| — | pli 15 | **Patinoire** | St-Ouen - 4 r. du Docteur-Bauer | 42 51 49 18 |

Participez à notre effort permanent de mise à jour,

Adressez-nous vos remarques et vos suggestions :

***Cartes et guides Michelin***

***46, avenue de Breteuil - 75341 Paris Cedex 07***

## Piscines
### Swimming pools, Schwimmbäder, Piscinas

| | | | | |
|---|---|---|---|---|
| 8 | B15 | **Amiraux** | 6 r. Hermann-Lachapelle, 18ᵉ | 46 06 46 47 |
| 42 | L11 | **Armand-Massard** | 66 bd du Montparnasse, 15ᵉ | 45 38 65 19 |
| 54 | N12 | **Aspirant Dunand** | r. Saillard, 14ᵉ | 45 45 50 37 |
| 26 | J3 | **Auteuil** | Rte des Lacs-à-Passy, 16ᵉ | 42 24 07 59 |
| 39 | K6 | **Beaugrenelle-R. et A. Mourlon** | 19 r. Gaston-de-Caillavet, 15ᵉ | 45 75 40 02 |
| 6 | B11 | **Bernard Lafay** | 79 r. de la Jonquière, 17ᵉ | 42 26 11 05 |
| 41 | L9 | **Blomet** | 17 r. Blomet, 15ᵉ | 47 83 35 05 |
| 56 | P15 | **Butte-aux-Cailles** | 5 pl. Paul-Verlaine, 13ᵉ | 45 89 60 05 |
| 57 | P17 | **Château-des-Rentiers** | 184 r. Chât.-des-Rentiers, 13ᵉ | 45 85 18 26 |
| 21 | D17 | **Château-Landon** | 31 r. du Château-Landon, 10ᵉ | 46 07 34 68 |
| 7 | A14 | **Clignancourt** | 12 r. René-Binet, 18ᵉ | 42 54 51 55 |
| 33 | H18 | **Cour des Lions** | 11 r. Alphonse-Baudin, 11ᵉ | 43 55 09 23 |
| 30 | H11 | **Deligny** | Face 23 quai Anatole-France, 7ᵉ | 45 51 72 15 |
| 53 | R9 | **Didot** | 22 av. Georges-Lafenestre, 14ᵉ | 45 39 89 29 |
| 45 | N17 | **Dunois** | 62 r. Dunois, 13ᵉ | 45 85 44 81 |
| 28 | J7 | **Émile-Anthoine** | 9 r. Jean-Rey, 15ᵉ | 45 67 10 20 |
| 19 | D14 | **Georges-Drigny** | 18 r. Bochart-de-Saron, 9ᵉ | 45 26 86 93 |
| 22 | D20 | **Georges-Hermant** | 4-10 r. David-d'Angers, 19ᵉ | 42 02 45 10 |
| 35 | J21 | **Georges-Rigal** (centre sportif) | 119 bd de Charonne, 11ᵉ | 43 70 64 22 |
| 23 | F22 | **Georges-Vallerey** (stade nautique) | 148 av. Gambetta, 20ᵉ | 43 64 47 00 |
| 57 | R17 | **Gymnothèque** | 66 av. d'Ivry, 13ᵉ | 45 86 57 60 |
| 9 | B17 | **Hébert** | 2 r. des Fillettes, 18ᵉ | 46 07 60 01 |
| 26 | G4 | **Henry-de-Montherlant** | 32 bd Lannes, 16ᵉ | 45 03 03 28 |
| 9 | C18 | **Îlot Riquet** | 11-17 r. Mathis, 19ᵉ | 42 41 51 00 |
| 44 | L15 | **Jean-Taris** | 16 r. Thouin, 5ᵉ | 43 25 54 03 |
| 39 | L6 | **Keller** | 8 r. de l'Ing.-Robert-Keller, 15ᵉ | 45 77 12 12 |
| 37 | L2 | **Molitor** | 2-8 av. de la Pte-Molitor, 16ᵉ | 46 51 10 61 |
| 34 | G19 | **Oberkampf** | 160 r. Oberkampf, 11ᵉ | 43 57 56 19 |
| 22 | E19 | **Pailleron** | 30 r. Édouard-Pailleron, 19ᵉ | 42 08 72 26 |
| 44 | K15 | **Pontoise** | 19 r. de Pontoise, 5ᵉ | 43 54 82 45 |
| 52 | P7 | **Porte de la Plaine** | 13 r. du Général-Guillaumat, 15ᵉ | 45 32 34 00 |
| 48 | M23 | **Roger-Le Gall** | 34 bd Carnot, 12ᵉ | 46 28 77 03 |
| 10 | B19 | **Rouvet** | 1 r. Rouvet, 19ᵉ | 46 07 40 97 |
| 31 | K13 | **St-Germain** | r. Clément, 6ᵉ | 43 29 08 15 |
| 32 | H15 | **St-Merri** | 18 r. du Renard, 4ᵉ | 42 72 29 45 |
| 19 | E14 | **Valeyre (Paul-Valeyre)** | 22-24 r. de Rochechouart, 9ᵉ | 42 85 27 61 |

## Stades
### Stadiums, Sportplätze, Estadios

| | | | | |
|---|---|---|---|---|
| 7 | A14 | **Bertrand-Dauvin** | 12 r. René-Binet, 18ᵉ | 46 06 08 43 |
| 9 | A17 | Stade des **Fillettes** | 54 r. Charles-Hermite, 18ᵉ | 46 07 53 27 |
| 37 | L1 | **Fond des Princes** | 61 av. de la Pte-d'Auteuil, 16ᵉ | 46 04 35 80 |
| 38 | M4 | **Fronton Chiquito de Cambo** | 2 quai St-Exupéry, 16ᵉ | 42 88 94 99 |
| 37 | M2 | Stade **Français** (Centre sportif Géo André) | 2 r. du Cdt-Guilbaud, 16ᵉ | 46 51 66 53 |
| 37 | L2 | **Jean-Bouin** (CASG) | av. du Gén.-Sarrail, 16ᵉ | 46 51 55 40 |
| 15 | F5 | **Jean-Pierre-Wimille** | 243 bd Amiral-Bruix, 16ᵉ | 47 27 00 23 |
| 11 | C21 | **Jules-Ladoumègue** | 1 pl. de la Pte-de-Pantin, 19ᵉ | 48 43 23 86 |
| 53 | R10 | **Jules-Noël** | 3 av. Maurice-d'Ocagne, 14ᵉ | 45 39 54 37 |
| 47 | N22 | **Léo-Lagrange** | 68 bd Poniatowski, 12ᵉ | 46 28 31 57 |
| 6 | A12 | **Max-Rousie** | 28 r. André-Bréchet, 17ᵉ | 46 27 17 94 |
| 39 | N6 | **Palais des Sports** | pl. de la Pte-de-Versailles, 15ᵉ | 48 28 40 10 |
| 46 | M19 | **Palais omnisports de Paris-Bercy** | 8 bd de Bercy, 12ᵉ | 43 41 72 04 |
| 37 | M2 | **Parc des Princes** | 24 r. du Cdt-Guilbaud, 16ᵉ | 42 88 02 76 |
| 64 | DU | **Pershing** | Rte du Bosquet-Mortemart, 12ᵉ Bois de Vincennes | 43 28 28 93 |
| 37 | N2 | **Pierre-de-Coubertin** | 82 av. Georges-Lafont, 16ᵉ | 45 27 79 12 |
| 51 | N5 | **Plaine de Vaugirard** (Centre sportif Suzanne Lenglen) | 2-6 r. Louis-Armand, 15ᵉ | 45 54 36 12 |
| 37 | L1 | **Roland-Garros** | 2 av. Gordon-Bennett, 16ᵉ | 47 43 96 81 |
| 55 | S14 | **Sébastien-Charléty** | 1 av. de la Pte-de-Gentilly, 13ᵉ | 45 89 58 12 |
| 60 | P23 | **Vélodrome Municipal** | av. Gravelle, Bois de Vinc., 12ᵉ | 43 68 01 27 |

## TOURISME *TOURISM, TOURISMUS, TURISMO*

| Plan n° | Repère | | Adresse | Téléphone |
|---|---|---|---|---|
| 16 | F8 | Office de Tourisme de Paris - Accueil de France | 127 av. des Champs-Élysées, 8ᵉ | 47 23 61 72 |
| 31 | G13 | Agence nationale pour l'information touristique (ANIT) | 8 av. de l'Opéra, 1ᵉʳ | 42 96 10 23 |
| 32 | H15 | Maison d'Information Culturelle | 1 r. Pierre-Lescot, 1ᵉʳ | 42 33 75 54 |

### Organismes, *Tourist associations, Touristische Organisationen, Organismos*

| Plan n° | Repère | | Adresse | Téléphone |
|---|---|---|---|---|
| 16 | E7 | Association Française des Automobilistes | 9 r. Anatole-de-la-Forge, 17ᵉ | 42 27 82 00 |
| 20 | F15 | Auto-Camping, Caravaning-Club | 37 r. d'Hauteville, 10ᵉ | 47 70 29 81 |
| 30 | G11 | Automobile-Club de France | 6-8 pl. de la Concorde, 8ᵉ | 42 65 34 70 |
| 30 | G11 | Automobile-Club de l'Ile-de-France | 8 pl. de la Concorde, 8ᵉ | 42 66 43 00 |
| 30 | J12 | Camping-Club de France | 218 bd St-Germain, 7ᵉ | 45 48 30 03 |
| 31 | H14 | Camping-Club Internat. de France | 14 r. des Bourdonnais, 1ᵉʳ | 42 36 12 40 |
| 19 | G13 | Compagnie Française du Thermalisme | 32 av. de l'Opéra, 2ᵉ | 47 42 67 91 |
| 32 | J15 | Féd. Franç. de Camping-Caravaning | 78 r. de Rivoli, 4ᵉ | 42 72 84 08 |
| 18 | F12 | Féd. Nat. des Gîtes Ruraux de France | 35 r. Godot-de-Mauroy, 9ᵉ | 47 42 25 43 |
| 17 | F10 | Féd. Nat. des Logis et Auberges de France | 23 r. Jean-Mermoz, 8ᵉ | 43 59 91 99 |
| 15 | G6 | Féd. Unie des Auberges de Jeunesse | 6 r. Mesnil, 16ᵉ | 45 05 13 14 |
| 31 | G13 | Havas-Voyages (Agence) | 26 av. de l'Opéra, 1ᵉʳ | 42 61 80 56 |
| 30 | K12 | Ligue Franç. des Auberges de Jeunesse | 38 bd Raspail, 7ᵉ | 45 48 69 84 |
| 43 | M13 | Organisation pour le Tourisme Universitaire | 137 bd St-Michel, 5ᵉ | 43 29 12 88 |
| 18 | F12 | Stations Françaises de Sports d'Hiver (Assoc. des Maires) | 61 bd Haussmann, 8ᵉ | 47 42 23 32 |
| 42 | L11 | Nouveau Touring Club de France | 62 bd du Montparnasse, 15ᵉ | 45 49 21 12 |
| 31 | J14 | Tourisme Régie Aut. Transports | 53 bis quai Gds-Augustins, 6ᵉ | 43 46 42 17 |
| 18 | G11 | — (RATP) | 20 pl. de la Madeleine, 8ᵉ | 42 65 31 18 |
| 16 | F8 | Tourisme Soc. Nat. Chemins de Fer | 127 av. des Champs-Élysées, 8ᵉ | 47 23 54 02 |
| 18 | F12 | — (SNCF) | 16 bd des Capucines, 9ᵉ | 47 42 00 26 |
| 41 | L10 | Union Nat. des Associations de Tourisme et de Plein Air | 8 r. César-Franck, 15ᵉ | 47 83 21 73 |
| 42 | M12 | Villages-Vacances-Familles (VVF) | 38 bd Edgar-Quinet, 14ᵉ | 45 38 20 00 |
| 19 | G13 | Wagons-Lits Tourisme (Agence) | 32 r. du 4-Septembre, 2ᵉ | 42 65 48 48 |

### Maisons des Provinces de France, *French Provincial centres, Vertretungen der Provinzen Frankreichs, Casas de las Provincias de Francia*

| Plan n° | Repère | | Adresse | Téléphone |
|---|---|---|---|---|
| 34 | K20 | Féd. Nat. des Groupes Folkloriques d'Originaires des Provinces Françaises | 8 r. Voltaire, 11ᵉ | 43 72 54 32 |
| 31 | H13 | Alpes-Dauphiné | 2 pl. André-Malraux, 1ᵉʳ | 42 96 08 43 |
| 17 | G9 | Alsace | 39 av. des Champs-Élysées, 8ᵉ | 42 25 93 42 |
| 30 | H12 | Auvergne | 194 bis r. de Rivoli, 1ᵉʳ | 42 61 82 38 |
| 27 | J5 | Basques | 10 r. Duban, 16ᵉ | 42 24 98 87 |
| 42 | L11 | Bretagne | Centre commercial Maine-Montparnasse, 15ᵉ | 45 38 73 15 |
| 18 | F12 | Corse | 12 r. Godot-de-Mauroy, 9ᵉ | |
| 19 | F13 | Drôme | 14 bd Haussmann, 9ᵉ | 42 46 66 67 |
| 17 | F9 | Franche-Comté (transfert prévu) | 10 r. du Colisée, 8ᵉ | 45 62 71 57 |
| 19 | F13 | Gers et Armagnac | 16 bd Haussmann, 9ᵉ | 47 70 39 61 |
| 19 | F13 | Limousin | 18 bd Haussmann, 9ᵉ | 47 70 32 63 |
| 19 | G13 | Lot-et-Garonne | 15-17 pass. Choiseul, 2ᵉ | 42 97 51 43 |
| 31 | K14 | Lozère | 4 r. Hautefeuille, 6ᵉ | 43 54 26 64 |
| 19 | F13 | Nord-Pas-de-Calais | 18 bd Haussmann, 9ᵉ | 47 70 59 62 |
| 19 | F13 | Périgord | 30 r. Louis-le-Grand, 2ᵉ | 47 42 09 15 |
| 31 | G13 | Poitou-Charentes | 4 av. de l'Opéra, 1ᵉʳ | 42 96 01 88 |
| 19 | G13 | Pyrénées | 15 r. St.-Augustin, 2ᵉ | 42 61 58 18 |
| 16 | E8 | Rouergue (Artisans du) | 89 bd de Courcelles, 8ᵉ | 43 80 84 46 |
| 19 | F13 | Savoie | 16 bd Haussmann, 9ᵉ | 45 23 05 50 |
| 17 | D9 | Tarn | 34 av. de Villiers, 17ᵉ | 47 63 06 26 |
| 18 | F12 | Antilles et Guyane | 12 r. Auber, 9ᵉ | 42 68 11 07 |
| 18 | G12 | La Réunion | 1 r. Vignon, 8ᵉ | 42 68 07 85 |
| 19 | G13 | Tahiti et ses Iles | 43 av. de l'Opéra, 2ᵉ | 42 97 42 46 |

## TRANSPORT

### *VERKEHRSMITTEL, COMUNICACIONES*

### Autobus-Métro, *Buses-Metro, Autobús-Metro*

| | | | | |
|---|---|---|---|---|
| 31 | J14 | **Régie Autonome des Transports** | 53 ter quai Gds-Augustins, 6ᵉ | 43 46 33 33 |
| | | **Parisiens** (RATP) Renseign. | — | 43 46 14 14 |

*Consulter en outre le plan sur lequel figurent les itinéraires d'autobus p. 102 à 105, et le plan de métro p. 106 et 107.*

### Automobile, *Motoring organizations, PKW, Automóvil*

| | | | | |
|---|---|---|---|---|
| 16 | F8 | **Chambre Synd. Constructeurs Autom.** | 2 r. de Presbourg, 8ᵉ | 47 23 54 05 |
| 17 | E10 | **Féd. Nat. des Transports Routiers** | 2 av. Velasquez, 8ᵉ | 45 63 16 00 |
| 17 | E9 | **Prévention Routière** | 6 av. Hoche, 8ᵉ | 42 67 97 17 |
| 20 | F15 | **Sécurité Routière** | 26 r. d'Enghien, 10ᵉ | 47 70 92 91 |

### Location de voitures
*Car hire companies, Autovermietung, Coches de alquiler*

| | | | | |
|---|---|---|---|---|
| 3 | B6 | **ALFA-interRent** | Levallois - 113 r. A.-France | 47 59 90 00 |
| 101 | pli 14 | **Avis** | Boulogne - 78 av. P.-Grenier | 46 09 92 12 |
| 5 | B10 | **Budget Train + Auto** | 163 bis av. de Clichy, 17ᵉ | 42 29 50 50 |
| 41 | L9 | **Cie Industr. Franç. Autom.** (CIFA-Peugeot) | 80 bd Garibaldi, 15ᵉ | 45 67 35 24 |
| 46 | L19 | **CITER** | 11 r. Erard, 12ᵉ | 43 41 45 45 |
| 42 | M11 | **EUROPCAR** | 48-50 av. du Maine, 14ᵉ | 43 21 28 37 |
| 29 | H10 | **Hertz** | Aérogare des Invalides, 7ᵉ | 45 51 20 37 |
| 45 | L18 | **Mattei** | 205 r. de Bercy, 12ᵉ | 43 46 11 50 |
| 15 | E6 | **Sté Internat. de Location** | 251 bd Pereire, 17ᵉ | 45 74 98 64 |

Taxis-radio - ☎ 42 00 67 89 - 42 03 99 99 - 42 05 77 77 - 42 70 44 22 - 46 57 11 12 - 47 35 22 22 - 47 39 33 33.

Les compagnies de taxis-radio envoient aussitôt la voiture libre la plus proche du lieu de l'appel.

The nearest free taxi will be sent in answer to your call.

Auf Anruf schicken die Funktaxi-Gesellschaften den freien Wagen, der sich Ihrer Adresse am nächsten befindet.

Las compañías de radio-taxi le enviarán el coche libre más cercano al lugar de llamada.

### Stations de taxis avec borne téléphonique
*Taxi ranks with phone nos, Taxistationen mit Telefon, Paradas de taxis con teléfono.*

Sur le plan, le signe ⊕ signale les stations disposant d'une borne téléphonique *(liste ci-dessous)* ou offrant au moins dix places réservées aux taxis.

#### 1ᵉʳ Arrondissement

| | | | |
|---|---|---|---|
| 31 | H13 | Pl. André-Malraux | 42 60 61 40 |
| 32 | J15 | Pl. du Châtelet | 42 33 20 99 |

#### 2ᵉ Arrondissement

| | | | |
|---|---|---|---|
| 19 | F13 | 7, pl. de l'Opéra | 47 42 75 75 |
| 20 | G16 | 19 bd St-Denis | 42 36 93 55 |

#### 3ᵉ Arrondissement

| | | | |
|---|---|---|---|
| 32 | H16 | 64 r. de Bretagne | 42 78 00 00 |
| 32 | H15 | 20 r. Beaubourg | 42 72 00 00 |

#### 4ᵉ Arrondissement

| | | | |
|---|---|---|---|
| 32 | J16 | Métro St-Paul | 48 87 49 39 |

#### 5ᵉ Arrondissement

| | | | |
|---|---|---|---|
| 44 | M15 | 28 bd St-Marcel | 43 31 00 00 |
| 44 | L15 | Pl. Monge | 45 87 15 95 |
| 44 | K16 | Pont de la Tournelle | 43 25 92 99 |
| 43 | L14 | 26 r. Soufflot | 46 33 00 00 |
| 31 | J14 | Pl. St-Michel | 43 29 63 66 |
| 32 | K15 | Pl. Maubert | 46 34 10 32 |

#### 6ᵉ Arrondissement

| | | | |
|---|---|---|---|
| 31 | K13 | 91 bd St-Germain | 43 26 00 00 |
| 31 | J13 | Métro Mabillon | 43 29 00 00 |
| 42 | L11 | Pl. du 18-Juin-1940 | 42 22 13 13 |
| 30 | K12 | Pl. A.-Deville | 45 48 84 75 |
| 31 | J13 | 149 bd St-Germain | 42 22 00 00 |

## 7e Arrondissement

| 28 | H8 | 2 av. Bosquet | 47 05 66 86 |
|----|-----|---------------|-------------|
| 28 | J8 | 36 av. La Bourdonnais | 47 05 06 89 |
| 29 | J9 | 28 av. de Tourville | 47 05 00 00 |
| 30 | J12 | Métro R. du Bac | 42 22 49 64 |
| 41 | L10 | Métro Duroc | 45 67 00 00 |
| 29 | H10 | Métro La Tour-Maub. | 45 55 78 42 |
| 30 | H11 | Métro Solférino | 45 55 00 00 |
| 41 | K10 | 7 pl. de Breteuil | 45 66 70 17 |
| 30 | H11 | Pl. Prés.-E.-Herriot | 47 05 03 14 |
| 28 | J7 | Tour Eiffel | 45 55 85 41 |

## 8e Arrondissement

| 17 | F9 | 1 av. de Friedland | 45 61 00 00 |
|----|-----|---------------|-------------|
| 18 | F11 | 8 bd Malesherbes | 42 65 00 00 |
| 18 | F11 | 44 bd Malesherbes | 47 42 54 73 |
| 28 | G8 | Pl. de l'Alma | 43 59 58 00 |
| 16 | E8 | Pl. des Ternes | 47 63 00 00 |
| 17 | G9 | Rd-Pt Champs-Élysées | 42 56 29 00 |

## 9e Arrondissement

| 18 | D12 | Pl. de Clichy | 42 85 00 00 |
|----|-----|---------------|-------------|
| 18 | E12 | Église de la Trinité | 48 74 00 00 |
| 19 | E14 | 2 r. Pierre-Semard | 48 78 00 00 |
| 19 | F14 | 9 r. Drouot | 42 46 00 00 |

## 10e Arrondissement

| 21 | F18 | 137 av. Parmentier | 42 03 00 00 |
|----|-----|---------------|-------------|

## 11e Arrondissement

| 34 | K19 | Métro Faidherbe-Chal. | 43 72 00 00 |
|----|-----|---------------|-------------|
| 34 | G19 | Métro Ménilmontant | 43 55 64 00 |
| 34 | H20 | Métro Père-Lachaise | 48 05 92 12 |
| 34 | J19 | Pl. Léon-Blum | 43 79 00 00 |
| 47 | K21 | 1 av. du Trône | 43 73 29 58 |
| 33 | G17 | 1 av. de la République | 43 55 92 64 |

## 12e Arrondissement

| 33 | K18 | 6 pl. de la Bastille | 43 45 10 00 |
|----|-----|---------------|-------------|
| 47 | M21 | 9 pl. Félix-Éboué | 43 43 00 00 |
| 48 | N23 | 1 pl. E.-Renard | 46 28 00 00 |
| 64 | CT | Rte des Pelouses-Marigny | 48 08 00 00 |

## 13e Arrondissement

| 55 | N14 | 127 bd A.-Blanqui | 45 80 00 00 |
|----|-----|---------------|-------------|
| 57 | P18 | Carr. Patay-Tolbiac | 45 83 00 00 |
| 56 | P16 | 1 av. d'Italie | 45 83 34 93 |
| 44 | N16 | Pl. Pinel | 45 86 00 00 |
| 57 | S17 | 36 av. de la Pte de Choisy | 45 85 40 00 |
| 56 | S16 | Métro Pte d'Italie | 45 86 00 44 |

## 14e Arrondissement

| 43 | M13 | 20 av. de l'Observatoire | 43 25 00 00 |
|----|-----|---------------|-------------|
| 53 | N10 | Métro Plaisance | 45 41 66 00 |
| 53 | P9 | Métro Pte de Vanves | 45 89 87 33 |
| 54 | N13 | Pl. Denfert-Rochereau | 43 54 00 00 |
| 54 | R12 | 1 pl. du 25-Août-1944 | 45 44 52 05 |
| 54 | P12 | 228 av. du Maine | 45 45 00 00 |
| 55 | P14 | 1 av. Reille | 45 89 05 71 |

## 15e Arrondissement

| 40 | M8 | Mairie du 15e arr. | 48 42 00 00 |
|----|-----|---------------|-------------|
| 28 | J7 | Métro Bir-Hakeim | 45 79 17 17 |
| 40 | M7 | Métro Boucicaut | 45 58 15 00 |
| 40 | M8 | Métro Convention | 42 50 00 00 |
| 40 | K8 | Métro La Motte-Picquet | 45 66 00 00 |
| 41 | L10 | Métro Sèvres-Lecourbe | 47 34 00 00 |
| 39 | L6 | Pl. Charles-Michels | 45 78 20 00 |
| 52 | N7 | 1 bd Lefebvre | 48 28 00 00 |
| 41 | N9 | 5 r. de Cronstadt | 48 28 45 98 |
| 39 | L5 | Rd-Pt du Pont Mirabeau | 45 77 48 00 |

## 16e Arrondissement

| 16 | F7 | 1 av. Victor-Hugo | 45 01 85 24 |
|----|-----|---------------|-------------|
| 27 | H6 | 10 bd Delessert | 45 20 00 00 |
| 38 | M4 | 23 bd Exelmans | 45 25 93 91 |
| 27 | G5 | 78 av. Henri-Martin | 45 04 00 00 |
| 26 | K4 | Métro Jasmin | 45 25 13 13 |
| 27 | J5 | Métro Muette | 42 88 00 00 |
| 39 | L5 | Pl. de Barcelone | 45 27 11 11 |
| 27 | K5 | Pl. Clément-Ader | 45 24 56 17 |
| 38 | K4 | Pl. Jean-Lorrain | 45 27 00 00 |
| 15 | G6 | 12 pl. Victor-Hugo | 45 53 00 11 |
| 27 | H6 | 1 av. d'Eylau | 47 27 00 00 |
| 38 | L3 | 114 bd Exelmans | 46 51 14 61 |
| 15 | F5 | Métro Pte-Dauphine | 45 53 00 00 |
| 38 | L3 | 27 bd Murat | 46 51 19 19 |
| 38 | M3 | Pl. de la Pte-de-St-Cloud | 46 51 60 40 |

## 17e Arrondissement

| 18 | D11 | Mairie du 17e arr. | 43 87 00 00 |
|----|-----|---------------|-------------|
| 6 | C11 | Métro Brochant | 46 27 00 00 |
| 17 | D10 | Métro Villiers | 46 22 00 00 |
| 16 | D8 | Pl. Aimé-Maillart | 46 22 40 70 |
| 16 | F8 | 1 av. de Wagram | 43 81 01 99 |
| 16 | D8 | 3 pl. Maréchal-Juin | 42 27 00 00 |
| 5 | D9 | Pl. du Nicaragua | 42 67 59 67 |
| 17 | E9 | Pl. Républ.-de-l'Équateur | 47 66 80 50 |
| 5 | C9 | 13 bis bd Berthier | 43 80 00 00 |
| 4 | D7 | 1 bd Gouvion-St-Cyr | 47 66 22 77 |
| 5 | B10 | 1 bd Berthier | 46 27 90 06 |
| 6 | B12 | 1 bd Bessières | 42 63 00 00 |

## 18e Arrondissement

| 8 | C15 | Pl. du Château-Rouge | 42 52 00 00 |
|----|-----|---------------|-------------|
| 6 | B12 | Métro Guy-Môquet | 42 28 00 00 |
| 7 | B14 | Pl. Jules-Joffrin | 46 06 00 00 |
| 19 | D13 | Pl. Blanche | 42 57 00 00 |
| 20 | D16 | Pl. de la Chapelle | 42 00 00 00 |
| 7 | D14 | 4 r. du Mont-Cenis | 42 59 00 00 |
| 7 | A14 | 1 av. de la Pte-de-Clignancourt | 42 58 00 00 |
| 7 | C13 | 2 r. Damrémont | 42 54 00 00 |

## 19e Arrondissement

| 22 | F20 | 5 r. Lassus | 42 08 42 66 |
|----|-----|---------------|-------------|
| 22 | D19 | Mairie du 19e arr. | 42 06 00 00 |
| 22 | E20 | Métro Botzaris | 42 05 00 00 |
| 21 | E18 | Pl. du Colonel-Fabien | 42 08 00 00 |
| 23 | E22 | 1 av. de la Pte-des-Lilas | 42 02 71 40 |
| 11 | C21 | 211 av. Jean-Jaurès | 46 07 21 10 |
| 10 | A20 | Av. de la Pte-de-la-Villette | 42 08 64 00 |
| 9 | C18 | 185 r. de Crimée | 42 39 28 27 |
| 21 | D17 | Métro Stalingrad | 42 40 00 00 |

## 20e Arrondissement

| 35 | H21 | 16 av. du Père-Lachaise | 46 36 00 00 |
|----|-----|---------------|-------------|
| 23 | G22 | Pl. Paul-Signac | 43 62 70 99 |
| 36 | G23 | Pl. de la Pte-de-Bagnolet | 43 60 60 79 |
| 36 | J23 | Métro Pte-de-Montreuil | 43 70 00 00 |
| 33 | G18 | Métro Pyrénées | 43 49 10 00 |

*Pour Paris, les indications de plan et repère (exemple: 29 J10)*
*renvoient à la page et au carroyage de l'ATLAS.*

## Chemins de fer
### *French Railways, Franz. Eisenbahn, Ferrocarriles franceses*

| Plan n° | Repère | Nom | Adresse | Téléphone |
|---------|--------|-----|---------|-----------|
| 18 | E12 | **Soc. Nat. Chemins de Fer Français** (SNCF) Direction Générale | 88 r. St-Lazare, 9ᵉ | 42 85 60 60 |
| | | — Rens. Voyageurs toutes gares | | 42 61 50 50 |
| 45 | L17 | **Gare d'Austerlitz** Renseignements | 55 quai d'Austerlitz, 13ᵉ | 45 84 16 16 |
| | | Réservations et Trains-Autos-Accompagnées | | 45 84 15 20 |
| 46 | M19 | **Gare de Bercy** | 48 bis bd de Bercy, 12ᵉ | 43 46 12 12 |
| 20 | E16 | **Gare de l'Est** Renseignements | pl. du 11-Novembre-1918, 10ᵉ | 42 08 49 90 |
| | | Réservations et Trains-Autos-Accompagnées | | 42 40 11 22 |
| 29 | H10 | **Gare des Invalides** | Esplanade des Invalides, 7ᵉ | 47 05 23 13 |
| 45 | L18 | **Gare de Lyon** Renseignements | pl. Louis-Armand, 12ᵉ | 43 45 92 22 |
| | | Réservations et Trains-Autos-Accompagnées | | 43 45 93 33 |
| 42 | M11 | **Gare Montparnasse** Renseignements | 16-24 pl. Raoul-Dautry, 15ᵉ | 45 38 52 29 |
| | | Réservations et Trains-Autos-Accompagnées | | 45 38 52 39 |
| 20 | E16 | **Gare du Nord** Renseignements | 18 r. de Dunkerque, 10ᵉ | 42 80 03 03 |
| | | Réservations et Trains-Autos-Accompagnées | | 48 78 87 54 |
| 18 | E11 | **Gare St-Lazare** Renseignements | r. St-Lazare, 8ᵉ | 45 38 52 29 |
| | | Réservations | | 43 87 91 70 |
| | | Réservations : Trains-Autos-Accompagnées | | 45 22 25 28 |

## Compagnies aériennes
### *French airlines, Franz. Fluggesellschaften, Compañías aéreas francesas*

| Plan n° | Repère | Nom | Adresse | Téléphone |
|---------|--------|-----|---------|-----------|
| 101 | pli 7 | **Aéroport du Bourget** | 93 Le Bourget | 48 62 12 12 |
| — | pli 8 | **Aéroport Charles-de-Gaulle** | 95 Roissy-en-France | 38 62 22 80 |
| — | pli 26 | **Aéroport d'Orly** | 94 Orly - Aéroport (plan p. 67) | 48 84 32 10 |
| 16 | F8 | **Air France** | 119 av. des Champs-Élysées, 8ᵉ | 42 99 23 64 |
| 30 | G12 | **Air Inter** | 12 r. de Castiglione, 1ᵉʳ | 42 60 36 46 |
| 29 | H10 | **Gare aérienne urbaine de Paris** | Esplanade des Invalides, 7ᵉ | 43 23 97 10 |
| 29 | H10 | arrêt d'autocars : Invalides (vers Orly) | 2 r. R.-Esnault-Pelterie, 7ᵉ | 43 23 97 10 |
| 15 | E6 | arrêt d'autocars : Palais des Congrès (vers Roissy) | (2ᵉ sous-sol) | 42 99 20 18 |
| 39 | N5 | **Héliport de Paris** | 4 av. de la Pte-de-Sèvres, 15ᵉ | |
| 18 | F11 | **Union Transports Aériens** (UTA) | 3 bd Malesherbes, 8ᵉ | 42 66 30 30 |

*Compagnies aériennes étrangères, voir p. 56 à 66.*

## Compagnies maritimes, *French shipping companies,*
### *Franz. Schiffahrtsgesellschaften, Compañías marítimas francesas*

| Plan n° | | Nom | Adresse | Téléphone |
|---------|--|-----|---------|-----------|
| 65 | | **Cie Générale Maritime** (Siège) | La Défense - Tour Winterthur | 47 76 70 00 |
| 18 | F11 | **Normandy-Ferries** | 9 pl. de la Madeleine, 8ᵉ | 42 66 40 17 |
| 18 | F11 | **Paquet** | 5 bd Malesherbes, 8ᵉ | 42 66 57 59 |
| 18 | F12 | **Sté Nat. Maritime Corse-Méditerranée** | 12 r. Godot-de-Mauroy, 9ᵉ | 42 66 67 98 |

## Informations routières par téléphone,
### *Traffic information, Verkehrsinformationen,*
### *Información telefónica del estado de las carreteras*

| | Téléphone |
|--|-----------|
| **F.I.P. 514** (circulation à Paris) | 45 25 50 50 |
| **Voirie** (fermeture du boulevard périphérique et des voies sur berge) | 42 76 52 52 |
| **Radio-France-Inter-Route** (Ile-de-France) | 48 58 33 33 |
| **Centre Régional d'Information et de Coordination Routière d'Ile-de-France** | 48 98 92 18 |

# NOTES

# NOTES

# LÉGENDE

## SIGNES CONVENTIONNELS

### Voirie

Autoroute, boulevard périphérique . . . . . . . . . . . . . . . . . .

Rue en construction, interdite ou impraticable . . . . . . . . . . .

Rue à sens unique, en escalier . . . . . . . . . . . . . . . . . . . .

Allée dans parc et cimetière - Rue piétonne . . . . . . . . . . . . .

Chemin de fer, métro aérien . . . . . . . . . . . . . . . . . . . . .

Passage sous voûte, tunnel . . . . . . . . . . . . . . . . . . . . . .

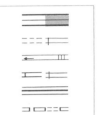

### Bâtiments (avec entrée principale)

Repère important - Autre bâtiment repère . . . . . . . . . . . . . .

Culte catholique ou orthodoxe . . . . . . . . . . . . . . . . . . . .

Culte protestant - Synagogue . . . . . . . . . . . . . . . . . . . . .

Caserne - Caserne de Sapeurs-Pompiers . . . . . . . . . . . . . . .

Hôpital, hospice - Marché couvert . . . . . . . . . . . . . . . . . .

Bureau de poste - Commissariat de police . . . . . . . . . . . . . .

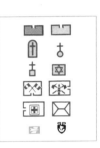

### Sports et Loisirs

Piscine de plein air, couverte . . . . . . . . . . . . . . . . . . . . .

Patinoire . . . . . . . . . . . . . . . . . . . . . . . . . . . . . . . .

Stade - Stade olympique - Terrain d'éducation physique . . . . . . .

Centre hippique - Hippodrome . . . . . . . . . . . . . . . . . . . .

Aviron - Canoë-kayak - Ski nautique . . . . . . . . . . . . . . . . .

Motonautisme - Club de voile . . . . . . . . . . . . . . . . . . . . .

### Signes divers

Monument - Fontaine - Usine . . . . . . . . . . . . . . . . . . . . .

Station taxi - Station de métro . . . . . . . . . . . . . . . . . . . .

Parking avec entrée . . . . . . . . . . . . . . . . . . . . . . . . . .

Station-service ouverte nuit et jour . . . . . . . . . . . . . . . . . .

Numéro d'immeuble . . . . . . . . . . . . . . . . . . . . . . . . . .

Limite de Paris et de département . . . . . . . . . . . . . . . . . . .

Limite d'arrondissement et de commune . . . . . . . . . . . . . . .

Repère du carroyage . . . . . . . . . . . . . . . . . . . . . . . . . .

Repère commun à la carte Michelin n° **101** . . . . . . . . . . . . .

# CONVENTIONAL SIGNS

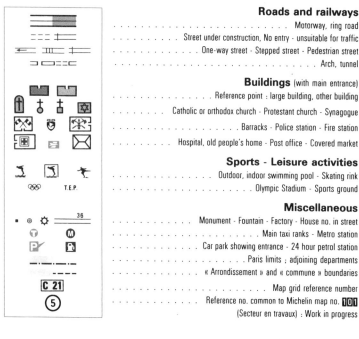

## Roads and railways

. . . . . . . . . . . . . . . . . . . . . . . . . . Motorway, ring road
. . . . . . . . Street under construction, No entry - unsuitable for traffic
. . . . . . . . One-way street - Stepped street - Pedestrian street
. . . . . . . . . . . . . . . . . . . . . . . . . . . . . Arch, tunnel

## Buildings (with main entrance)

. . . . . . . . . . Reference point : large building, other building
. . . . . Catholic or orthodox church - Protestant church - Synagogue
. . . . . . . . . . . . . Barracks - Police station - Fire station
. . . . . . . Hospital, old people's home - Post office - Covered market

## Sports - Leisure activities

. . . . . . . . . Outdoor, indoor swimming pool - Skating rink
. . . . . . . . . . . . . Olympic Stadium - Sports ground

## Miscellaneous

. . . . . . . . Monument - Fountain - Factory - House no. in street
. . . . . . . . . . . . . . . Main taxi ranks - Metro station
. . . . . Car park showing entrance - 24 hour petrol station
. . . . . . . . . . . . Paris limits ; adjoining departments
. . . . . . . . « Arrondissement » and « commune » boundaries
. . . . . . . . . . . . . . . . . . . Map grid reference number
. . . . . Reference no. common to Michelin map no. **101**
(Secteur en travaux) : Work in progress

# ZEICHENERKLÄRUNG

## Verkehrswege

. . . . . . . . . . . . . . . . . . . . . Autobahn - Stadtautobahn
. . . . . . . . Straße im Bau - für Kfz gesperrt, nicht befahrbar
. . . . . . . . Einbahnstraße - Treppenstraße - Fußgängerstraße
. . . . . . . . . . . . . . . . . . . Gewölbedurchgang - Tunnel

## Gebäude (mit Haupteingang)

. . . . . . Wichtiger Orientierungspunkt - Sonstiger Orientierungspunkt
. . . . . Katholische oder orthodoxe Kirche - Evangelische Kirche - Synagoge
. . . . . . . . . . . . . Kaserne - Polizeirevier - Feuerwehr
. . . . . . . Krankenhaus, Altersheim - Postamt - Markthalle

## Sport - Freizeit

. . . . . . . . . Freibad - Hallenbad - Schlittschuhbahn
. . . . . . Olympianormen entsprechendes Stadion - Sportplatz

## Verschiedene Zeichen

. . . . . . . . . Denkmal - Brunnen - Fabrik - Hausnummer
. . . . . . . . . . . . . . Größere Taxistation - Metrostation
. . . . Parkplatz und Einfahrt - Tag und Nacht geöffnete Tankstelle
. . . . . . . Grenze : Pariser Stadtgebiet u. Departement
. . . . . . . . . . . . Arrondissement und Vorortgemeinde
. . . . . . . . . . . . . . . . . . . Nr. des Planquadrates
. . . . . Referenz-Zeichen für die Michelin-Karte Nr. **101**
(Secteur en travaux) : Das Viertel wird neugestaltet

# SIGNOS CONVENCIONALES

## Vías de circulación

Autopista, autovía de circunvalación . . . . . . . . . . . . . . . . . .
Calle en construcción, prohibida, impracticable . . . . . . . . . . . . .
Calle de sentido único, con escalera - Calle peatonal . . . . . . . . .
Paso abovedado, túnel . . . . . . . . . . . . . . . . . . . . . . . . . .

## Edificios (y entrada principal)

Gran edificio, punto de referencia - Otro edificio, punto de referencia . . . . .

Iglesia católica u ortodoxa - Culto protestante - Sinagoga . . . . . . . .

Cuartel - Comisaría de Policía - Parque de Bomberos . . . . . . . . . . .

Hospital, hospicio - Oficina de Correos - Mercado cubierto . . . . . . . .

## Deportes y Distracciones

Piscina al aire libre, cubierta - Pista de patinaje . . . . . . . . . . . . . .
Estadio olímpico - Terreno de educación física . . . . . . . . . . . . . .

## Signos diversos

Monumento - Fuente - Fábrica - Número del edificio . . . . . . . . . . . .
Estación principal de taxis - Boca de metro . . . . . . . . . . . . . . . .
Aparcamiento y entrada - Estación de servicio abierta día y noche . . . . . .
Límite de París departamento . . . . . . . . . . . . . . . . . . . . . . .
Límite de distrito o de municipio . . . . . . . . . . . . . . . . . . . . . .

Referencia de la cuadrícula del plano . . . . . . . . . . . . . . . . . . .
Referencia común al mapa Michelin No. **101** . . . . . . . . . . . . . . .
(Secteur en travaux) : Sector en obras

*pliage accordéon*

*Service général de 7 h à 20 h 30 — Normal service from 7 am to 8.30 pm*

service assuré jusqu'à minuit   ■   buses running to midnight

service assuré les dimanches et fêtes   ●   buses running on Sundays and holidays

**20** ● Gare St-Lazare — Opéra — Sentier/Poissonnière-Bonne Nouvelle — République — Bastille — Gare de Lyon.

**21** ■ ● Gare St-Lazare — Opéra — Palais Royal — Châtelet — Gare du Luxembourg — Berthollet-Vauquelin — Glacière-Auguste Blanqui — Pte de Gentilly.

**22** Opéra — Pasquier-Anjou/Gare St-Lazare — Haussmann-Courcelles — Ch. de Gaulle-Etoile — Trocadéro — La Muette-Gare de Passy — Chardon Lagache-Molitor/Pt Mirabeau — Pte de St-Cloud.

**24** Gare St-Lazare — Concorde — Pt du Carrousel/Pt Royal — Pt Neuf — Maubert-Mutualité/Pt de l'Archevéché — Gare d'Austerlitz — Bercy-Rapée — Pt National — Charenton-Pt de Conflans — Alfort-Ecole Vétérinaire.

**26** ■ ● Gare St-Lazare — Carrefour de Châteaudun — La Fayette-St-Quentin-Gare du Nord/Magenta-Maubeuge-Gare du Nord — Jaurès-Stalingrad — Botzaris-Buttes Chaumont — Pyrénées-Ménilmontant — Pyrénées-Bagnolet — Cours de Vincennes.

**27** Gare St-Lazare — Opéra — Palais Royal — Pt Neuf — Gare du Luxembourg — Berthollet-Vauquelin — Pl. d'Italie — Nationale — Pte de Vitry (■ : St-Michel — Pte de Vitry).

**28** Gare St-Lazare — St-Philippe du Roule/Matignon-St-Honoré — Pt des Invalides — Ecole Militaire — Breteuil — Losserand — Pte d'Orléans.

**29** Gare St-Lazare — Opéra — E. Marcel-Montmartre — Archives-Rambuteau/Archives-Haudriettes — Bastille — Gare de Lyon/Daumesnil-Diderot — Daumesnil-F. Eboué — Pte de Montempoivre.

**30** Gare de l'Est — Barbès-Rochechouart — Pigalle — Pl. de Clichy — Malesherbes-Courcelles — Ch. de Gaulle-Etoile — Trocadéro.

**31** ■ ● Gare de l'Est — Barbès-Rochechouart — Mairie du 18ᵉ — Vauvenargues — Brochant-Cardinet — Jouffroy-Malesherbes — Ch. de Gaulle-Etoile.

**32** Gare de l'Est — Carrefour de Châteaudun — Gare St-Lazare — St-Philippe du Roule/Matignon-St-Honoré — Marceau-Pierre 1ᵉʳ de Serbie — Trocadéro — La Muette - Gare de Passy — Pte de Passy.

**33** Gare de l'Est — Réaumur-Arts et Métiers/Réaumur-Sébastopol — Châtelet — Gare du Luxembourg — Denfert Rochereau — Pte d'Orléans (■ ●: Châtelet — Pte d'Orléans).

**39** Gare de l'Est — Poissonnière-Bonne Nouvelle/Sentier — Richelieu-4 Septembre — Palais Royal — St-Germain des Prés — Hôp. des Enfants Malades — Mairie du 15ᵉ/Vaugirard-Favorites — Pte de Versailles.

**42** Gare du Nord — Carrefour de Châteaudun/Le Peletier — Opéra — Concorde — Alma-Marceau — Champ de Mars — Charles Michels — Balard-Lecourbe.

**43** Gare du Nord — Carrefour de Châteaudun — Gare St-Lazare — Haussmann-Courcelles — Ternes — Pte des Ternes — Neuilly-St-Pierre — Pt de Neuilly — Neuilly-Pl. de Bagatelle (● : Gare St-Lazare — Neuilly-Bagatelle).

**46** ● Gare du Nord — Gare de l'Est — Goncourt — Voltaire-L. Blum — Faidherbe-Chaligny — Daumesnil-F. Eboué — Pte Dorée — St-Mandé-Demi Lune-Zoo (service partiel jusqu'au Parc floral d'avril à septembre).

**47** Gare du Nord — Gare de l'Est — Réaumur-Arts et Métiers/Réaumur-Sébastopol — Châtelet — Maubert-Mutualité — Censier-Daubenton — Pl. d'Italie — Pte d'Italie — Le Kremlin Bicêtre-Hôpital (service partiel jusqu'au Fort de Bicêtre).

**48** Gare du Nord — Petites Ecuries/Cadet — Richelieu-4 Septembre/Réaumur-Montmartre — Palais Royal — St-Germain des Prés — Gare Montparnasse/pl. du 18 Juin 1940 — Institut Pasteur — Pte de Vanves.

**49** Gare du Nord — Carrefour de Châteaudun — Gare St-Lazare — St-Philippe du Roule/Matignon-St-Honoré — Pt des Invalides — Ecole Militaire — Mairie du 15ᵉ/Vaugirard-Favorites — Pte de Versailles.

**52** ● Opéra — Concorde/Boissy d'Anglas — St-Philippe du Roule — Ch. de Gaulle-Etoile — Belles Feuilles — La Muette — Pte d'Auteuil — Boulogne-Château — Pt de St-Cloud (■ : Ch. de Gaulle-Etoile — Pte d'Auteuil).

**53** Opéra — Gare St-Lazare — Legendre — Pte d'Asnières — Levallois Perret-G. Eiffel.

**54** République — Gare de l'Est — Barbès-Rochechouart — Pigalle — La Fourche — Pte de Clichy — Clichy-Landy-Martre/Clichy-Casanova — Asnières Gennevilliers-Gabriel Péri

**56** Pte de Clignancourt — Barbès-Rochechouart — Gare de l'Est — République — Voltaire-L. Blum — Nation — Pte de Vincennes — Vincennes-les Laitières — Chât. de Vincennes.

**57** Gare de Lyon — Gare d'Austerlitz — Pl. d'Italie — Poterne des Peupliers — Mairie de Gentilly.

**58** Hôtel de Ville — Pt Neuf — Palais du Luxembourg — Gare Montparnasse/pl. du 18 Juin 1940 — Château - Mairie du 14ᵉ — Pte de Vanves — Vanves-Lycée Michelet.

**60** Gambetta — Borrégo — Botzaris — Ourcq-Jaurès — Crimée — Ordener-Marx Dormoy — Mairie du 18ᵉ — Pte de Montmartre.

**61** Gare d'Austerlitz — Ledru Rollin-Fbg St-Antoine — Roquette-Père Lachaise — Gambetta — Pte des Lilas — Pré St-Gervais-Pl. Jean Jaurès.

**62** ■ ● Cours de Vincennes — Daumesnil-F. Eboué — Pt de Tolbiac — Italie-Tolbiac — Glacière-Tolbiac — Alésia-Gal. Leclerc — Vercingétorix — Convention-Vaugirard — Convention-St-Charles — Chardon Lagache-Molitor/Michel Ange-Auteuil — Pte de St-Cloud.

*Normaler Busverkehr von 7 bis 20.30 Uhr — Circulación general de 7 h a 20 h 30*

| | |
|---|---|
| Busverkehr bis 24 Uhr | ▪ servicio hasta las 24 h |
| Busverkehr auch an Sonn- und Feiertagen | ● servicio los domingos y festivos |

**63** ▪ ● Gare de Lyon — Gare d'Austerlitz — Monge-Mutualité/Maubert-Mutualité — St-Sulpice/St-Germain des Prés — Solférino-Bellechasse — Pt des Invalides-Quai d'Orsay — Alma-Marceau — Trocadéro — Pte de la Muette-Henri-Martin.

**65** Gare d'Austerlitz — Bastille — République — Gare de l'Est — Pl. Chapelle — Pte de la Chapelle — Aubervilliers-La Haie Coq — Mairie d'Aubervilliers (● : Pte de la Chapelle — Mairie d'Aubervilliers).

**66** Opéra — Gare St-Lazare/Rome-Haussmann — Sq. des Batignolles — Pte Pouchet — Clichy-Bd V. Hugo.

**67** Pigalle — Carrefour Châteaudun — Richelieu-4 Septembre/Réaumur-Montmartre — Palais Royal/Louvre-Rivoli — Hôtel de Ville — St-Germain-Cardinal Lemoine — Buffon-Mosquée — Pl. d'Italie — Pte de Gentilly.

**68** Pl. de Clichy — Trinité — Opéra — Pt Royal — Sèvres-Babylone — Vavin — Denfert Rochereau — Pte d'Orléans — Montrouge-Etats Unis/Montrouge-Verdier-République — Montrouge-Cim. Bagneux (● : Pte d'Orléans — Montrouge-Cim. Bagneux).

**69** Gambetta — Roquette-Père Lachaise — Bastille — Hôtel de Ville — Palais Royal/Pt Carrousel — Grenelle-Bellechasse/Solférino-Bellechasse — Invalides-La Tour Maubourg/La Tour Maubourg-St-Dominique — Champ de Mars.

**70** Hôtel de Ville — Pt Neuf — St-Sulpice/St-Germain des Prés — Hôp. des Enfants Malades — Peclet — Charles Michels — Pl. du Dr Hayem.

**72** Hôtel de Ville — Palais Royal/Pt Carrousel — Concorde — Alma-Marceau — Pt Bir Hakeim — Pt Mirabeau — Pte St-Cloud — Boulogne Billancourt-J. Jaurès — Pt St-Cloud (● : Concorde — ▪ : Pte St-Cloud — Pt St-Cloud).

**73** Gare d'Orsay — Concorde — Rond Point des Champs Elysées — Ch. de Gaulle-Etoile — Pte Maillot — Neuilly-Hôtel de Ville — Pt de Neuilly — La Défense.

**74** Hôtel de Ville — Louvre-Rivoli — Réaumur-Montmartre/Richelieu-4 Septembre — Carrefour de Châteaudun — La Fourche — Pte de Clichy — Clichy-V. Hugo — Clichy-Hôp. Beaujon (▪ ●: Pte Clichy — Hôp. Beaujon).

**75** Pt Neuf — Archives-Haudriettes/Grenier St-Lazare — République — Grange aux Belles — Armand Carrel-Mairie du 19e — Pte de Pantin.

**76** Louvre — Hôtel de Ville — Bastille — Charonne-Ph. Auguste — Pte de Bagnolet — Mairie de Bagnolet — Bagnolet-Malassis.

**80** ▪ ● Mairie du 15e — Ecole Militaire — Alma-Marceau — Matignon-St-Honoré/St-Philippe du Roule — Gare St-Lazare — Damrémont-Caulaincourt — Mairie du 18e (*les dimanches et fêtes seulement, prolongement de ligne Mairie du 18e — Mairie du 15e jusqu'à la* Pte de Versailles).

**81** Châtelet — Palais Royal — Opéra — Trinité/Gare St-Lazare — La Fourche — Pte de St-Ouen.

**82** ● Gare du Luxembourg — Pl. du 18 juin 1940 — Oudinot — Ecole Militaire — Champ de Mars — Kléber-Boissière — Pte Maillot — Neuilly-St-Pierre — Neuilly-Hôpital Américain.

**83** Pl. d'Italie — Gobelins — Observatoire — Sèvres-Babylone — Solférino — Pt des Invalides/Gare des Invalides — St-Philippe du Roule — Ternes — Pte de Champerret — Levallois-Pl. de la Libération.

**84** Panthéon — Gare du Luxembourg — Sèvres-Babylone — Solférino-Bellechasse — Concorde — St-Augustin — Courcelles — Pte de Champerret.

**85** Gare du Luxembourg — Châtelet — Louvre-Rivoli — Réaumur-Montmartre/Richelieu-4 Septembre — Cadet/Carrefour de Châteaudun — Muller — Pte Clignancourt — Mairie St-Ouen (▪ ●: Pte Clignancourt — Mairie St-Ouen).

**86** St-Germain des Prés — Mutualité — Bastille — Faidherbe-Chaligny — Pyrénées/Pte de Vincennes — St-Mandé-Tourelle — St-Mandé-Demi Lune-Zoo.

**87** Champ de Mars — Ecole Militaire — Duroc-Oudinot/Vaneau-Babylone — St-Germain des Prés/St-Sulpice — Mutualité — Bastille — Gare de Lyon — Charenton-Wattignies — Porte de Reuilly.

**89** Gare d'Austerlitz — Cardinal Lemoine-Monge — Gare Luxembourg — Pl. du 18 Juin 1940 — Cambronne-Vaugirard/Vaugirard-Favorites — Pte de Plaisance — Vanves-Lycée Michelet.

**91** ▪ ● Gare Montparnasse — Observatoire-Port Royal — Gobelins — Gare d'Austerlitz — Bastille.

**92** ▪ ● Gare Montparnasse — Oudinot — Ecole Militaire — Alma-Marceau — Ch. de Gaulle-Etoile — Pte de Champerret.

**94** Gare Montparnasse — Sèvres-Babylone — Solférino-Bellechasse — Concorde — St-Augustin — Malesherbes-Courcelles — Pte d'Asnières — Levallois-Av. de la République.

**95** ▪ ● Gare Montparnasse — St-Germain des Prés — Palais Royal — Opéra — Gare St-Lazare — Damrémont-Caulaincourt — Pte de Montmartre.

**96** ● Gare Montparnasse — St-Germain des Prés — St-Michel — Hôtel de Ville — Turenne-Francs Bourgeois — Parmentier-République — Pyrénées-Ménilmontant — Pte des Lilas (▪ : Châtelet — Pte des Lilas).

**PC** ● Pte Auteuil — Pte Passy — Longchamp — Pte Maillot — Pte Champerret — Pte Clichy — Pte St-Ouen — Pte Clignancourt — Pte Chapelle — Pte Villette — Pte Chaumont — Pte Lilas — Pte Bagnolet — Pte Vincennes — Pte Charenton — Pte Vitry — Pte Italie — Cité Universitaire — Pte Orléans — Pte Vanves — Pte Versailles — Bd Victor — Pte Auteuil (▪ les samedis, dimanches, fêtes et veilles de fêtes).

**Montmartrobus** ● Pigalle — Sacré-Cœur — Mairie du 18e.

# PARIS AUTOBUS

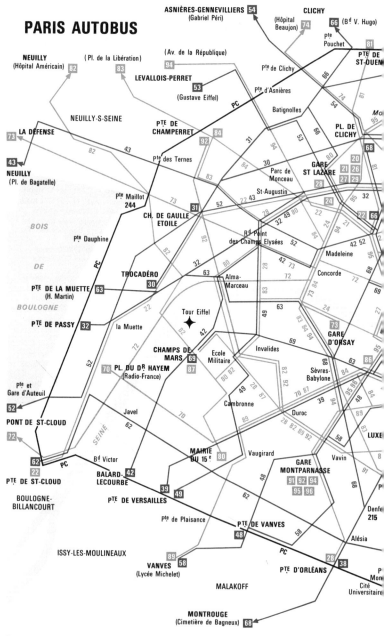

Service de nuit : *un passage par heure de 1 h à 6 h du matin.*
Night services : *hourly between 1 and 6 am.*

**NA**  Châtelet – Rivoli – Louvre – Opéra – Madeleine – Concorde – Champs Élysées – Pl. Charles de Gaulle-Étoile – Pte Maillot – Pt de Neuilly.

**NB**  Châtelet – Rivoli – Louvre – Opéra – St-Lazare – Av. Villiers – Pte Champerret – Levallois-Mairie.

**NC**  Châtelet – Rivoli – Louvre – Bourse – Pigalle – Pl. Clichy – Pte Clichy – Clichy-Mairie.

**ND**  Châtelet – Rivoli – Louvre – Bourse – Le Peletier – Gare du Nord – Bd Barbès – Pte de Clignancourt – St-Ouen-Mairie.

**NE**  Châtelet – Bd Sébastopol/R. Beaubourg – Gare de l'Est – Stalingrad – Pte Pantin – Pantin-Église.

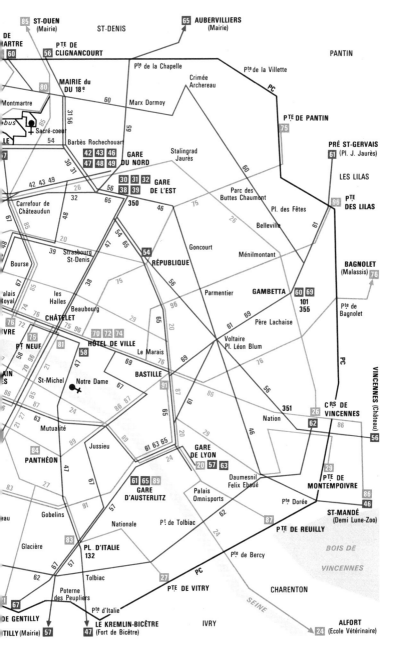

Busverkehr nachts : *eine Fahrt stündlich zwischen 1 Uhr und 6 Uhr früh.*

Líneas nocturnas : *todas las horas de 1 h a 6 h de la mañana.*

| NF | Châtelet — Bd Sébastopol/R. Beaubourg — R. Réaumur — République — R. du Fg du Temple/Couronnes — R. de Belleville — Pte Lilas — Les Lilas-Mairie. |
| NG | Châtelet — Bd Sébastopol/R. Beaubourg — R. Réaumur — République — Bd Voltaire — Père Lachaise — Pl. Gambetta — Pte Bagnolet — Montreuil-Mairie. |
| NH | Châtelet — St-Gervais/Rivoli — R. St-Antoine — Bastille — Nation — Château Vincennes. |
| NJ | Châtelet — Bd St-Michel — Denfert Rochereau — Pte d'Orléans. |
| 285 R | Châtelet — Pte Italie — Marché de Rungis *(du lundi matin au samedi matin).* |

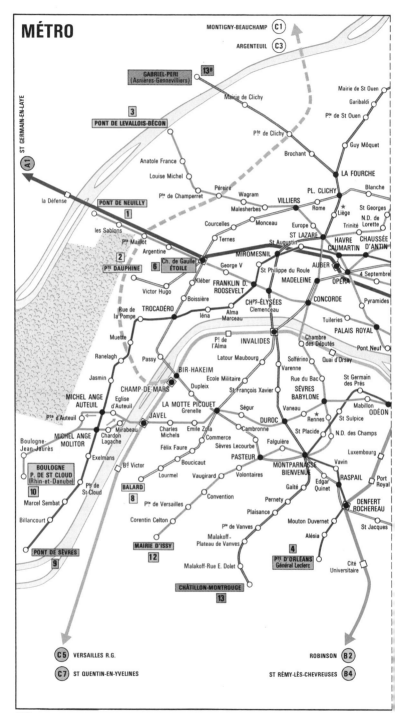

# MÉTRO

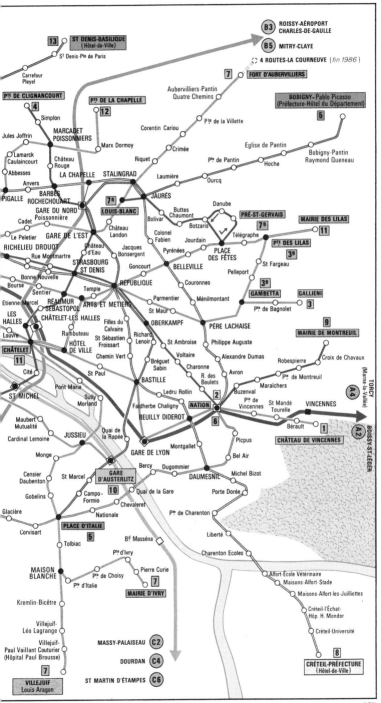

# RÉSEAU EXPRESS RÉGIONAL (RER)

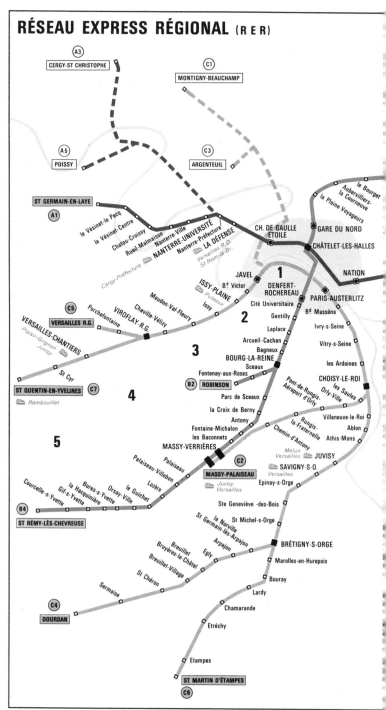

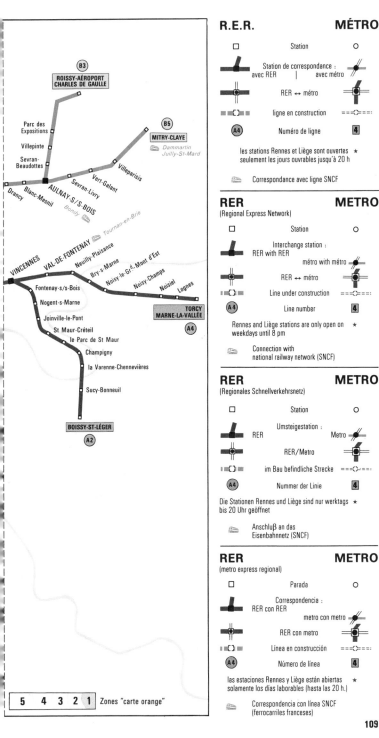

## R.E.R.        MÉTRO

☐ Station ○

Station de correspondance :
avec RER  |  avec métro

RER ↔ métro

ligne en construction ===◇===

(A4) Numéro de ligne [4]

les stations Rennes et Liège sont ouvertes ★
seulement les jours ouvrables jusqu'à 20 h

Correspondance avec ligne SNCF

## RER        METRO
(Regional Express Network)

☐ Station ○

Interchange station :
RER with RER

metro with métro

RER ↔ métro

Line under construction ===◇===

(A4) Line number [4]

Rennes and Liège stations are only open on ★
weekdays until 8 pm

Connection with
national railway network (SNCF)

## RER        METRO
(Regionales Schnellverkehrsnetz)

☐ Station ○

Umsteigestation :
RER      Metro

RER/Metro

im Bau befindliche Strecke ===◇===

(A4) Nummer der Linie [4]

Die Stationen Rennes und Liège sind nur werktags ★
bis 20 Uhr geöffnet

Anschluß an das
Eisenbahnnetz (SNCF)

## RER        METRO
(metro express regional)

☐ Parada ○

Correspondencia :
RER con RER

metro con metro

RER con metro

Línea en construcción ===◇===

(A4) Número de línea [4]

las estaciones Rennes y Liège están abiertas ★
solamente los días laborables (hasta las 20 h.)

Correspondencia con línea SNCF
(ferrocarriles franceses)

**B3**
ROISSY-AÉROPORT
CHARLES DE GAULLE

Parc des Expositions
Villepinte
Sevran-Beaudottes

**B5**
MITRY-CLAYE
*Dammartin Juilly-St-Mard*

Vert-Galant
Sevran-Livry
Villeparisis
AULNAY-S/S-BOIS
Blanc-Mesnil
Drancy
*Bondy*

*Tournan-en-Brie*

VINCENNES    VAL-DE-FONTENAY

Neuilly-Plaisance
Bry-s-Marne
Noisy-le-Grd-Mont d'Est
Noisy-Champs
Noisiel
Lognes

Fontenay-s/s-Bois
Nogent-s-Marne
Joinville-le-Pont
St Maur-Créteil
le Parc de St Maur
Champigny
la Varenne-Chennevières

**TORCY
MARNE-LA-VALLÉE**
(A4)

Sucy-Bonneuil

**BOISSY-ST-LÉGER**
(A2)

| 5 | 4 | 3 | 2 | 1 | Zones "carte orange" |

# Tableau d'assemblage
## Grands axes de circulation

# Layout diagram
## Main traffic arteries

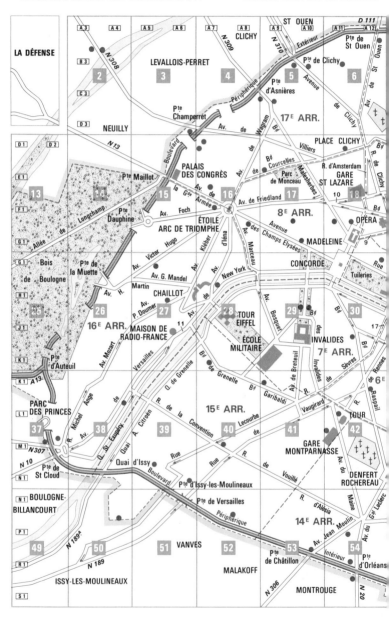

LA DÉFENSE

A 3 · A 4 · A 5 · A 6 · A 7 · A 8 · A 9 · A 10 · A 11 · A 12

ST OUEN
D 111

CLICHY

N 308
LEVALLOIS-PERRET
N 309
N 310

Pte de St Ouen
Pte de Clichy
Pte d'Asnières

Extérieur

B 3

C 3

D 3

NEUILLY

N 13

Pte Maillot

Boulevard

Pte Champerret
Av. de Wagram

17 E ARR.

de Clichy

Av. de

PLACE CLICHY

Avenue

Périphérique

2 · 3 · 4 · 5 · 6

PALAIS DES CONGRÈS

Av. de la Gde Armée

Av. de Friedland

Bd de Courcelles

Parc de Monceau

Villiers

Malesherbes

R. d'Amsterdam

GARE ST LAZARE

D 1 · D 2

E 1

F 1

G 1

G 2

H 1

J 1

K 1

K 1

L 1

M 1

N 1

P 1

R 1

S 1

13 · 14 · 15 · 16 · 17 · 18

8 E ARR.

OPÉRA

Pte Dauphine
Av. Foch

ÉTOILE
ARC DE TRIOMPHE

Av. Kléber

Av. d'Iéna

Av. des Champs Elysées

Avenue Marceau

MADELEINE

CONCORDE

Av. Victor Hugo

Av. G. Mandel

Martin

Av. H.

Av. P. Doumer

CHAILLOT

New York

Tuileries

10

9

Bois de Boulogne

Pte de la Muette

Allée de Longchamp

25 · 26 · 27 · 28 · 29 · 30

16 E ARR.

MAISON DE RADIO-FRANCE

11

TOUR EIFFEL

ÉCOLE MILITAIRE

Av. de Breteuil

Av. de Bosquet

INVALIDES

7 E ARR.

Bd des Invalides

Rue

de Sèvres

de Rennes

6 E

Raspail

Pte d'Auteuil

A 13

PARC DES PRINCES

Av. Mozart

R. Michel Ange

Av. de Versailles

Q. de Grenelle

Bd de Grenelle

Q. A. Citroën

R. St Exupéry

37 · 38 · 39 · 40 · 41 · 42

15 E ARR.

R. de la Convention

Lecourbe

Garibaldi

Vaugirard

de

TOUR

GARE MONTPARNASSE

DENFERT ROCHEREAU

N 307

N 10

Pte de St Cloud

Quai d'Issy

Rue

Boulevard

Pte d'Issy-les-Moulineaux

Vouillé

Maine

Av. du Gal Leclerc

BOULOGNE-BILLANCOURT

Pte de Versailles

14 E ARR.

R. d'Alésia

Av. Jean Moulin

49 · 50 · 51 · 52 · 53 · 54

N 189A

N 189

VANVES

Périphérique

Pte de Châtillon

Intérieur

Pte d'Orléans

N 20

ISSY-LES-MOULINEAUX

MALAKOFF

MONTROUGE

N 306

1 cm sur cette carte représente 600 m sur le terrain.
1 cm on this plan represents 600 m on the ground.

1 cm auf diesem Plan entspricht 600 m.
1 cm sobre este plano representa 600 m sobre el terreno.

● Voir 🔲 sur page atlas correspondante.

● Siehe 🔲 auf der entsprechenden Seite des Plans von Paris.

● See 🔲 on the corresponding page of the plan of Paris.

● Ver 🔲 en la página correspondiente del plano.

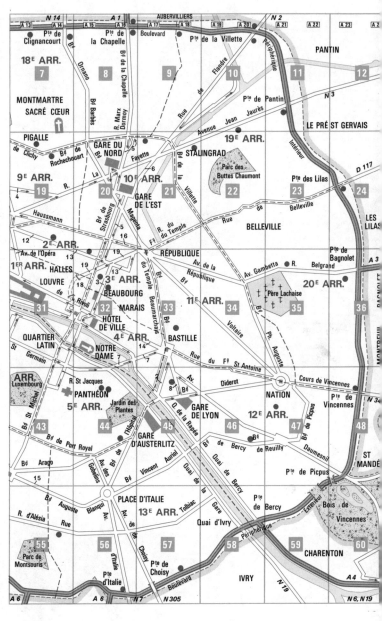

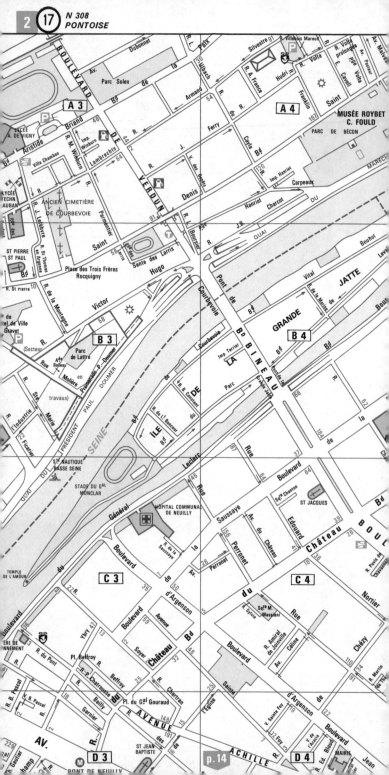

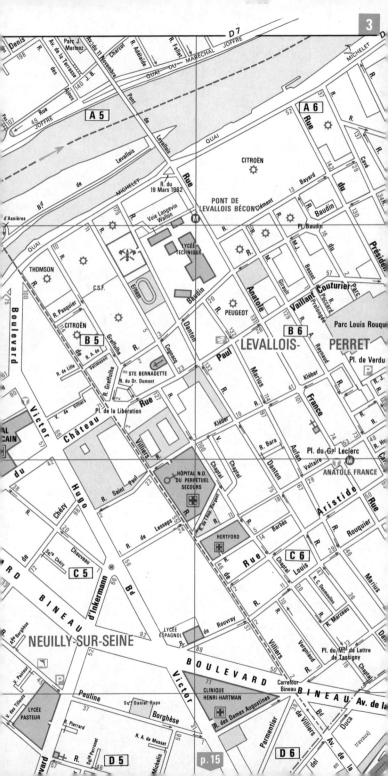

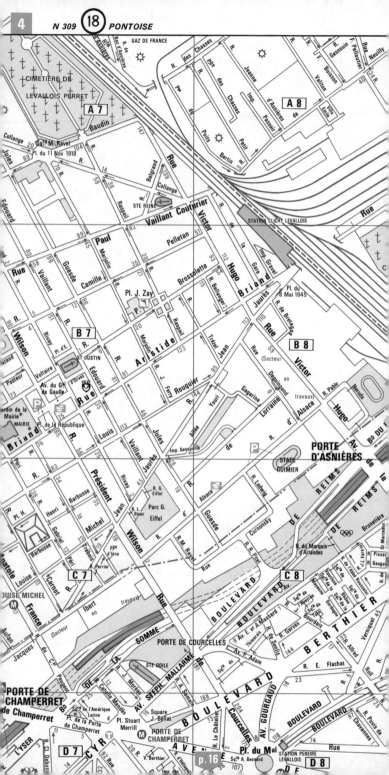

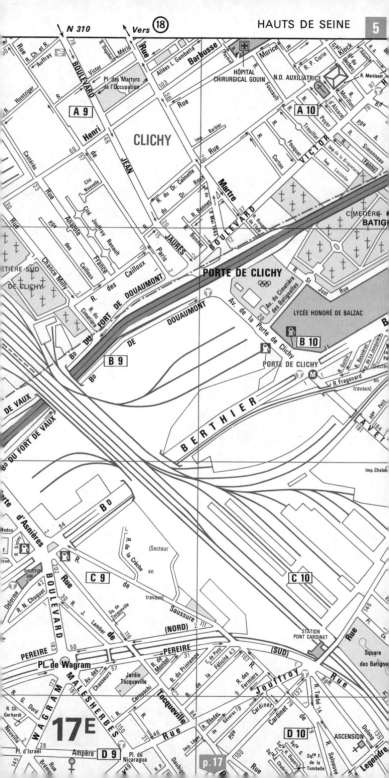

N 310  Vers (18)

Rue
R. Ch. et R.
Auffray
Victor
R. Digeard
Mérid
Rue
Allées L. Gambetta
**Barbusse**
Morice
Gal Klock
R. P. Curie
R. Martisso

PL des Martyrs
de l'Occupation
HÔPITAL
CHIRURGICAL GOUIN
N.D. AUXILIATRICE
Foucault
Mérilis
d'Alsace
R.

**A 9**
**A 10**

**CLICHY**
Imp. Barbier
Rue
R.
VICTOR
Imp. de la Briquetterie
Fanny

Henri
Rue
Rue du Dr. Calmette
Corton
Fouqué
Imp. Lacombe

JEAN
Cité
Nouvelle
Cité Jouffroy
R. du Dr. Calmette
Dr.
R. Bonnel
9 Mai 1945
**Martre**
Rouge

Anatole
Renault
France
des
R. Bonnel
2
**BOULEVARD**
**C/METIÈRE**
**BATIG**

JAURÈS
Paris
des
Cailloux
**PORTE DE CLICHY**
St Just
Rue

**CIMETIÈRE SUD**
**DE CLICHY**
Chance Milly
**FORT DE DOUAUMONT**
Av. du Cimetière
des Batignolles
**LYCÉE HONORÉ DE BALZAC**

DOUAUMONT
**B 10**

**B 9**
DE
**PORTE DE CLICHY**
R. Béraldi
R. Fragonard
(Secteu
en
travaux)

**DE VAUX**
**BERTHIER**
**AVET**

Bo DU FORT DE VAUX
Imp. Chalab

Bd
**d'Asnières**
94
R. Sidex
F.
(Secteur
en
**C 9**
**C 10**

DIRECTION
EDF
R. de la Crèche
de
Delorme
R. N. Chuquet
30
R. J.
Lambert
de
travaux)
Saussure

**PEREIRE**
**BOULEVARD**
Rue
(NORD)
**PEREIRE**
(SUD)
**STATION PONT CARDINET**
Rue

PL. de Wagram
Jardin
Tocqueville
Cernuschi
R. du Printemps
R. de la Félicité
R. des Fermiers
Jouffroy
R. Traité
Square
des Batigno

**17E**
**WAGRAM**
**MALESHERBES**
Rue
Tocqueville
Rue
Cardinet
Cardinet
de
**D 10**
ASCENSION

R. Ch.
Gerhardt
R. Doré
Imp.
PL. d'Israël
**Ampère**
**D 9**
PL. du
Nicaragua
**p.17**
Legendre

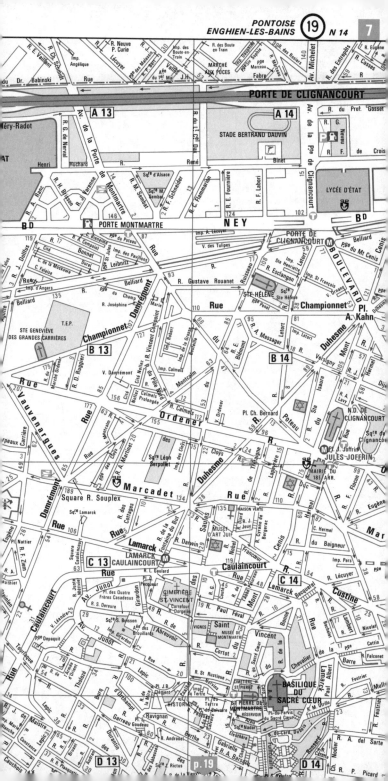

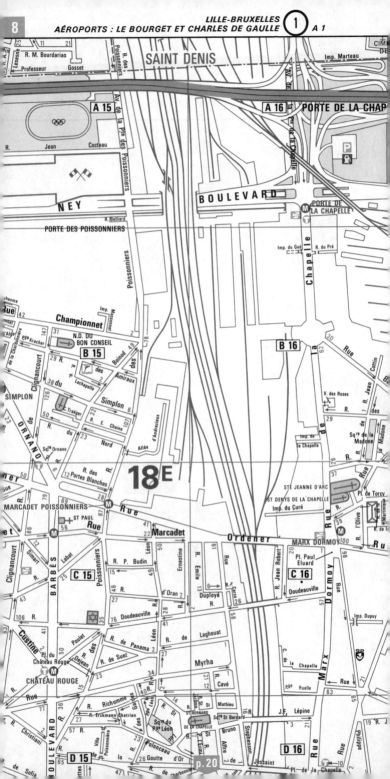

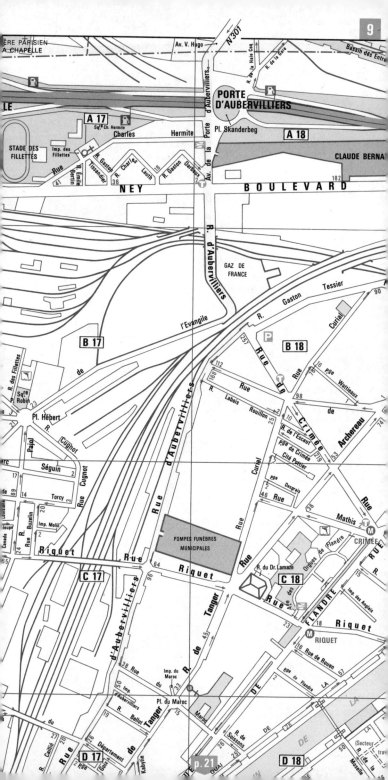

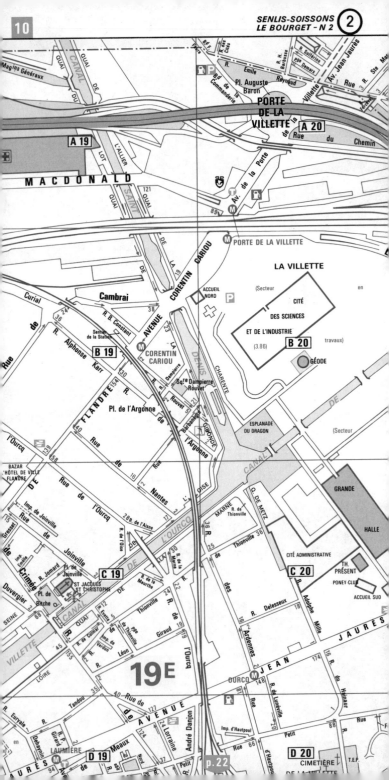

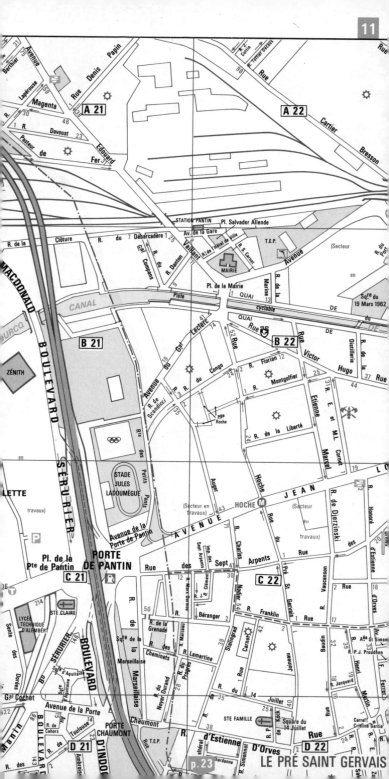

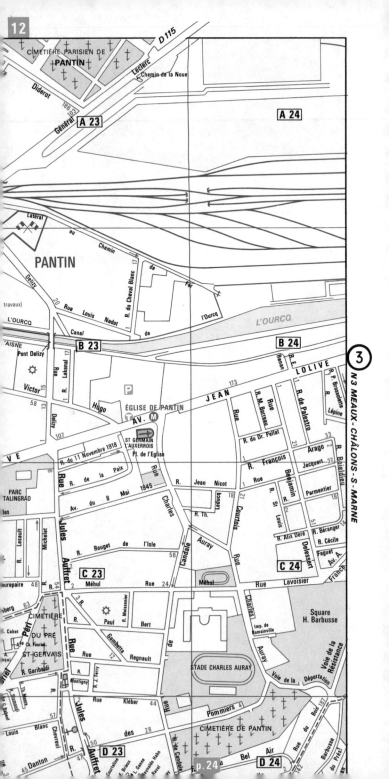

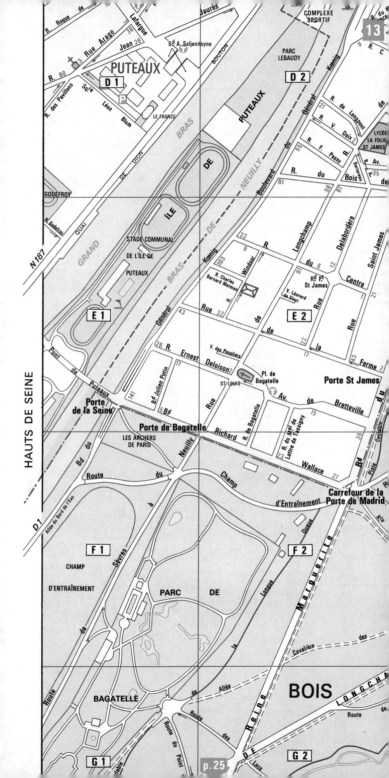

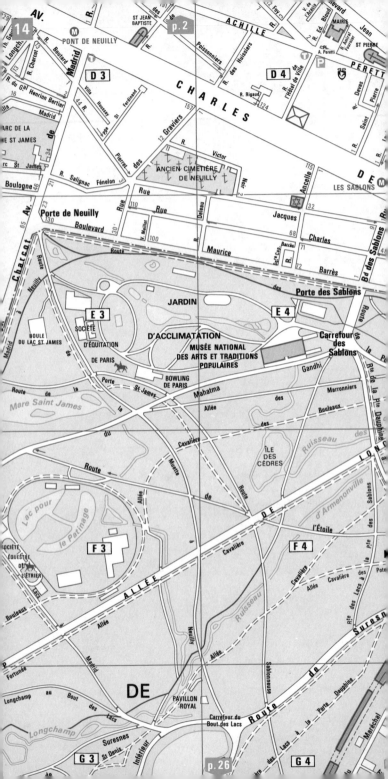

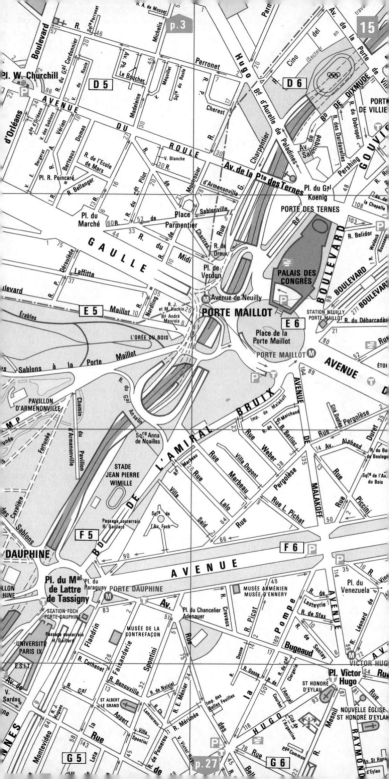

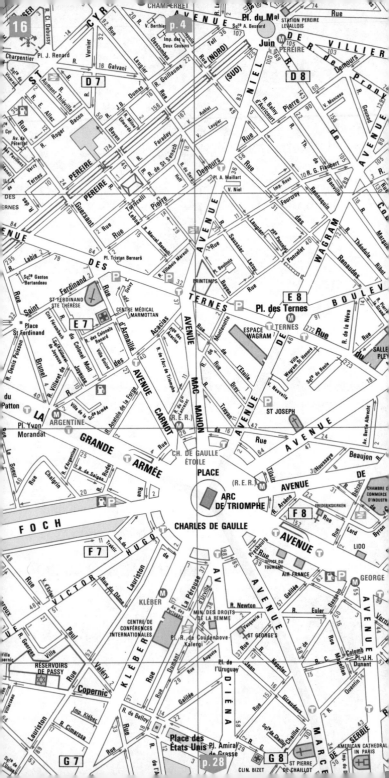

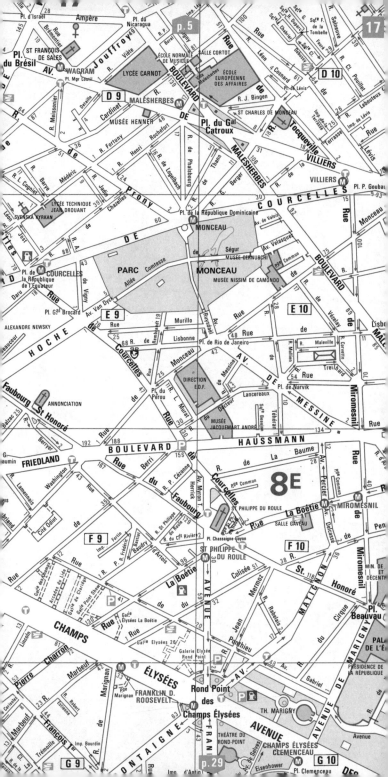

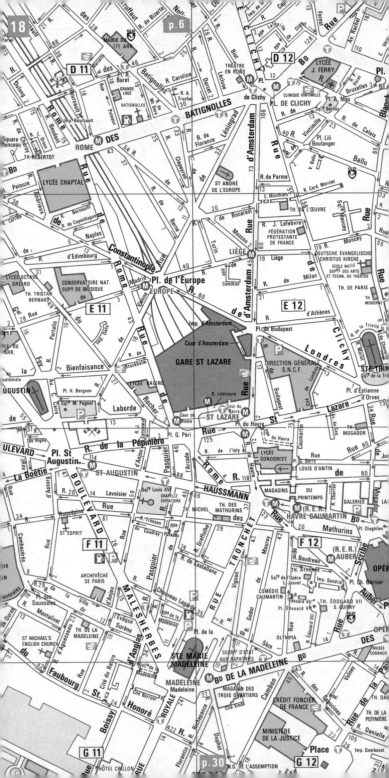

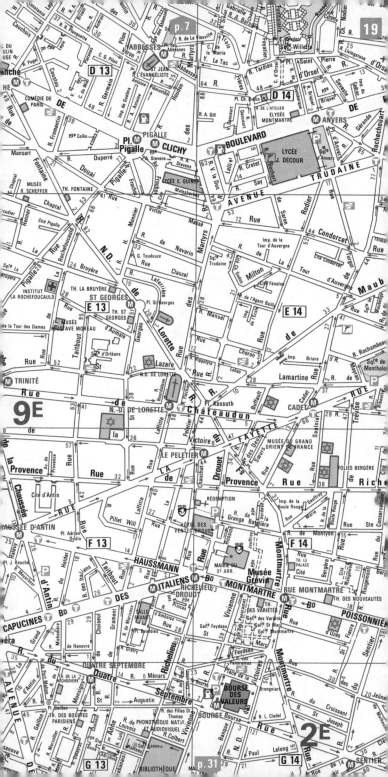

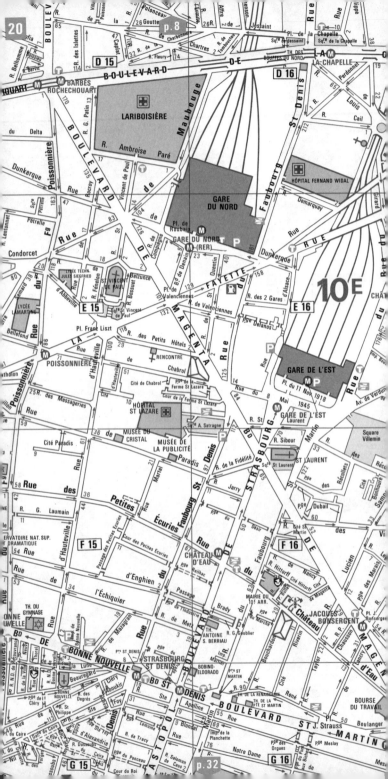

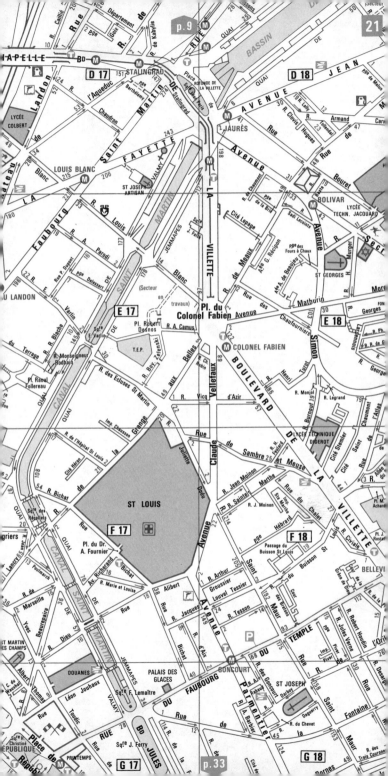

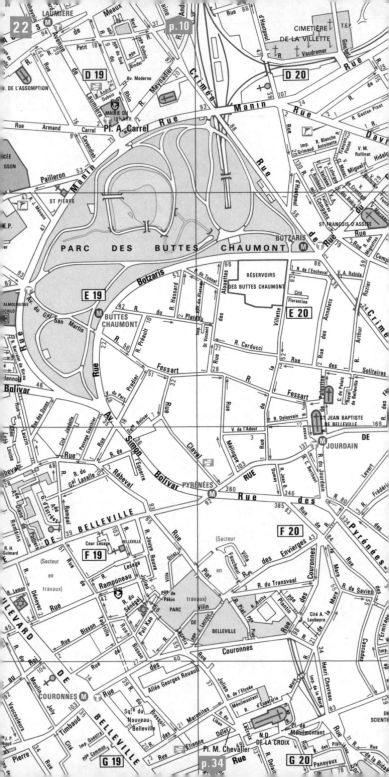

p.10

LAUMIÈRE

M T

Meaux

CIMETIÈRE
DE LA VILLETTE

T.E.P.

D 19

D 20

R. Gaston Pinot

Davi

MAIRIE DU
19e ARR.

Pl. A. Carrel

ST FRANÇOIS D'ASSISE

ST PIERRE

BOTZARIS

M T

Rue

PARC DES BUTTES CHAUMONT

RÉSERVOIRS
DES BUTTES CHAUMONT

Cité
Florentine

E 19

E 20

BUTTES
CHAUMONT

R. Carducci

Fessart

Fessart

ST JEAN BAPTISTE
DE BELLEVILLE

JOURDAIN

M

Simon

Bolivar

PYRÉNÉES

M

RUE

DE

Rue

des

Pyrénées

F 20

BELLEVILLE

F 19

des Envierges

R. du Transvaal

R. de Saviès

Cité A. M.
Loubeyre

(Secteur
en
travaux)

Ramponeau

PARC

BELLEVILLE

ÉVARD

DE

Couronnes

COURONNES

M T

Allée Georges Rouault

Sq.re du
Nouveau
Belleville

Pl. M. Chevalier

DE LA CROIX

BELLEVILLE

G 19

p.34

Rue

G 20

Panoyaux

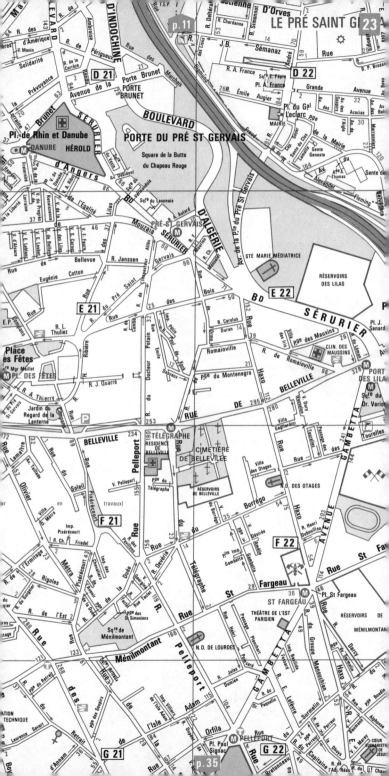

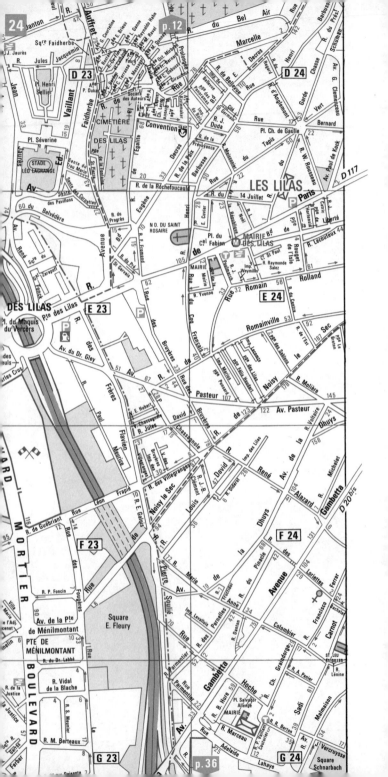

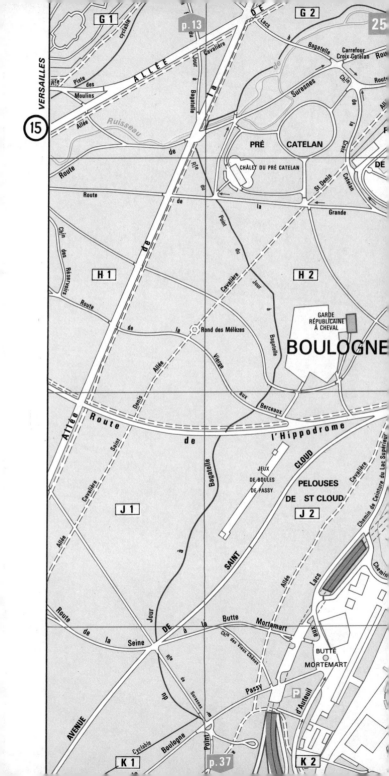

cyclable

ALLÉE

DE

Lacs

à

Bagatelle

Carrefour
Croix Catelan

Rou

Cavalière

de

Suresnes

Chin

Rout

R^te

Piste

des

à

Moulins

la

Bagatelle

Allée

Ruisseau

de

la

Croix

Ali

F

PRÉ    CATELAN

DE

Route

R^te

du

CHÂLET DU PRÉ CATELAN

St Denis

Catelan

Route

de

la

Grande

Ch^in

des

Réservoirs

Point

H 1

du

H 2

Route

Cavalière

Jour

de

la

Rond des Mélèzes

à

GARDE
RÉPUBLICAINE
À CHEVAL

Allée

Bagatelle

BOULOGNE

Denis

Vierge

aux

Berceaux

Allée

Route

l'Hippodrome

Cavalière

Saint

de

CLOUD

Cavalière

Chemin de Ceinture du Lac Supérieur

Bagatelle

JEUX
DE BOULES
DE PASSY

PELOUSES

J 1

DE   ST CLOUD

J 2

Allée

Lacs

Chemin

Allée

à

SAINT

Route

de

la

Seine

Jour

DE

à

la

Butte

Mortemart

Ch^in des Vieux Chênes

rue

BUTTE

R^te

de

MORTEMART

nb

Suresnes

Passy

P

d'Auteuil

AVENUE

Cyclable

Boulogne

Point

K 1

p. 37

K 2

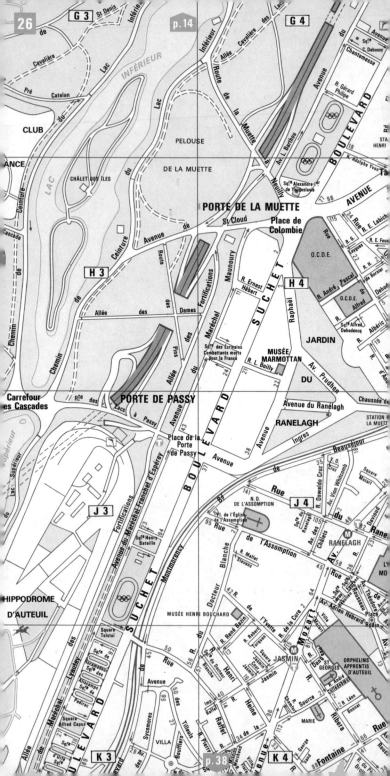

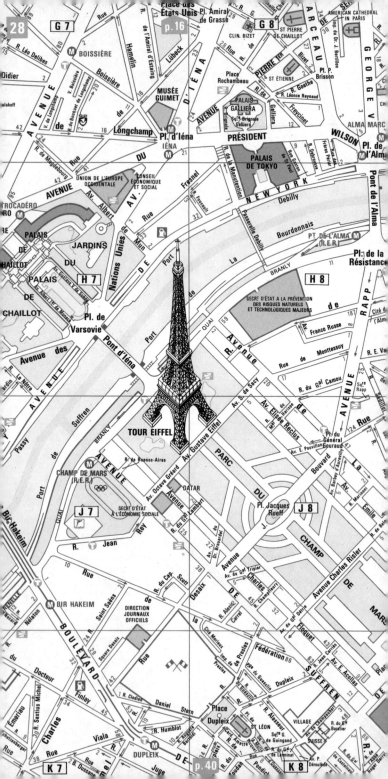

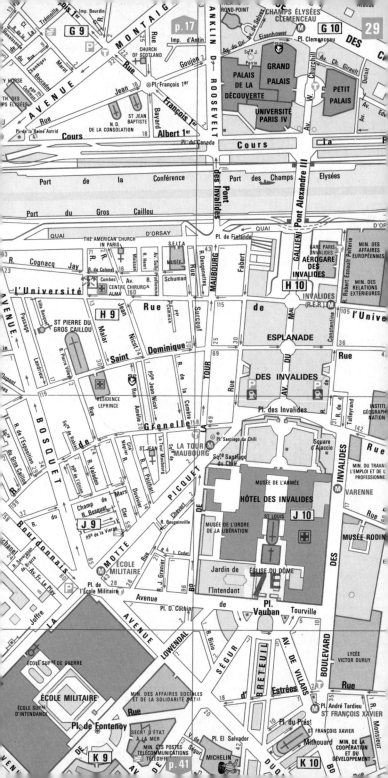

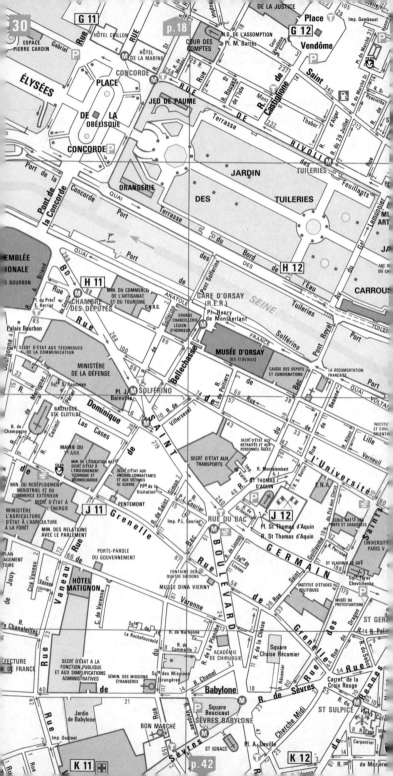

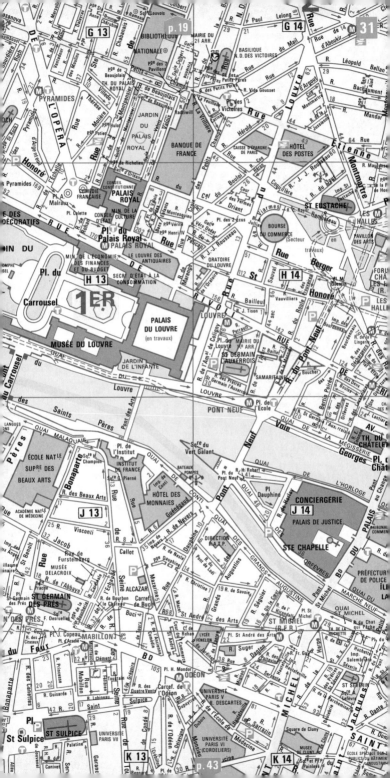

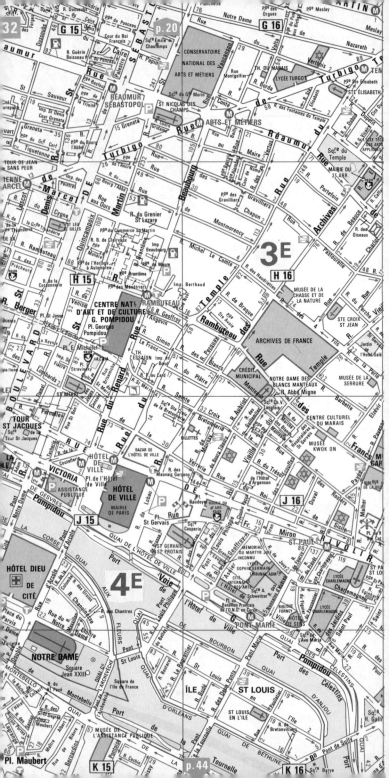

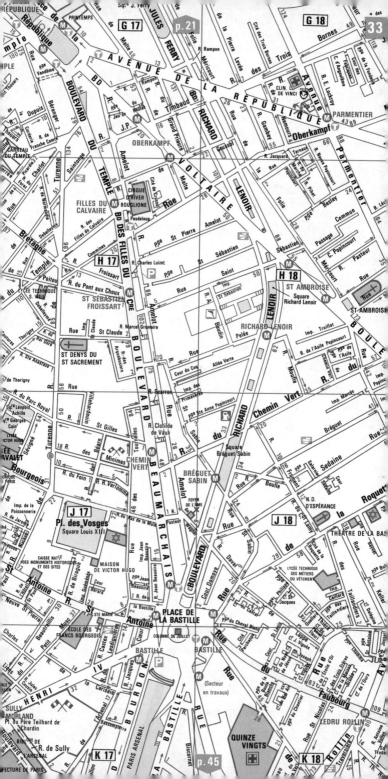

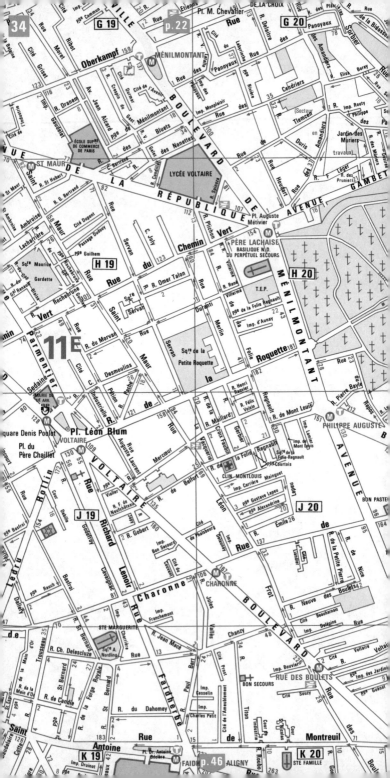

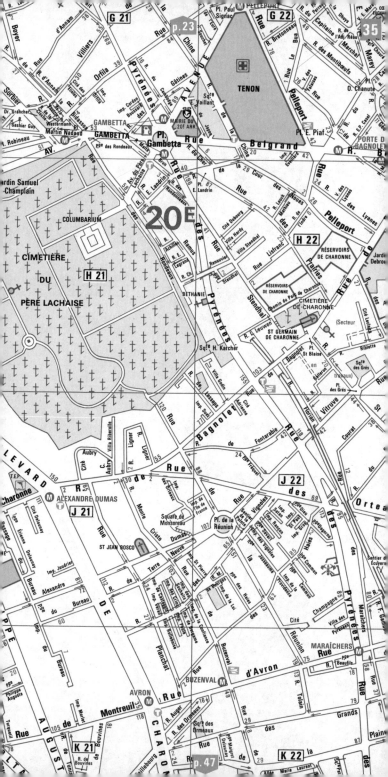

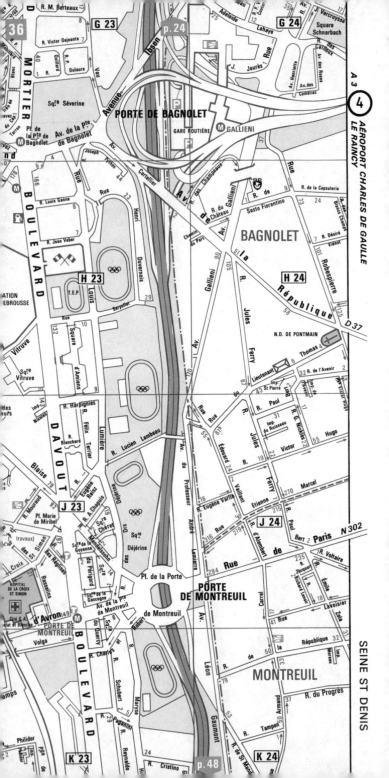

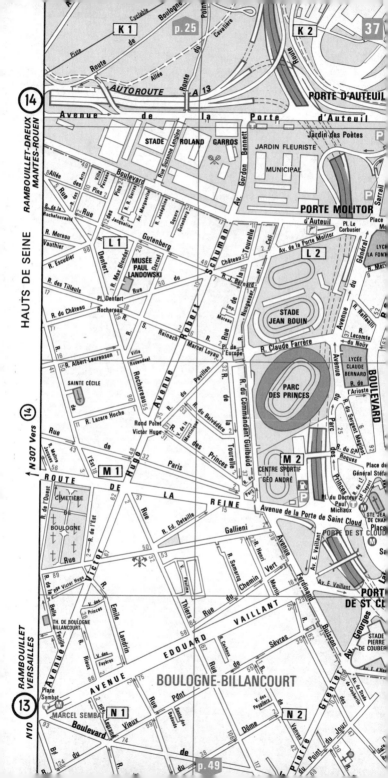

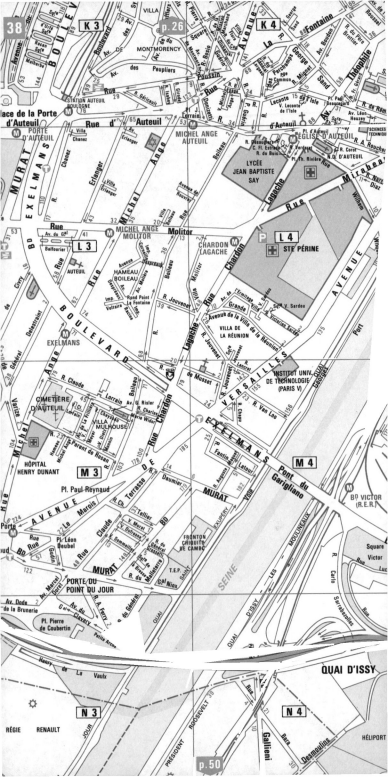

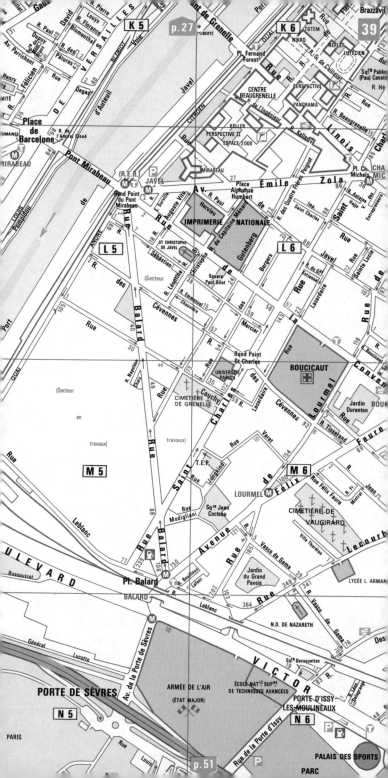

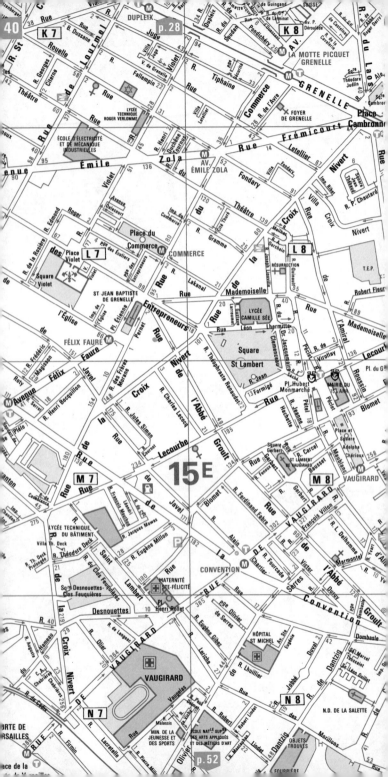

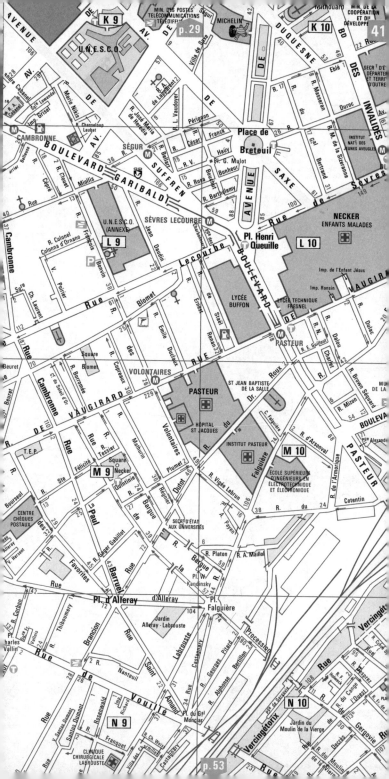

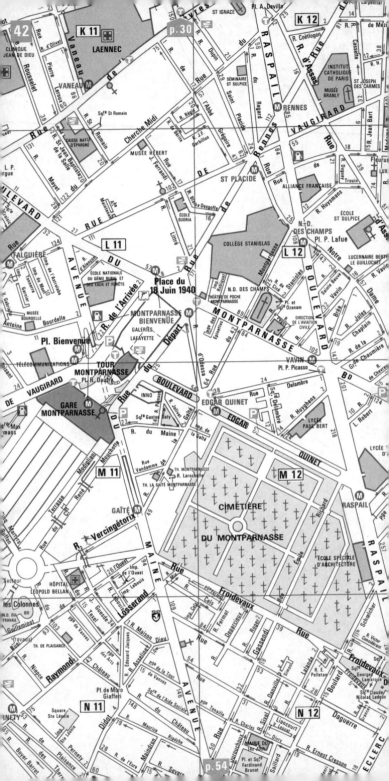

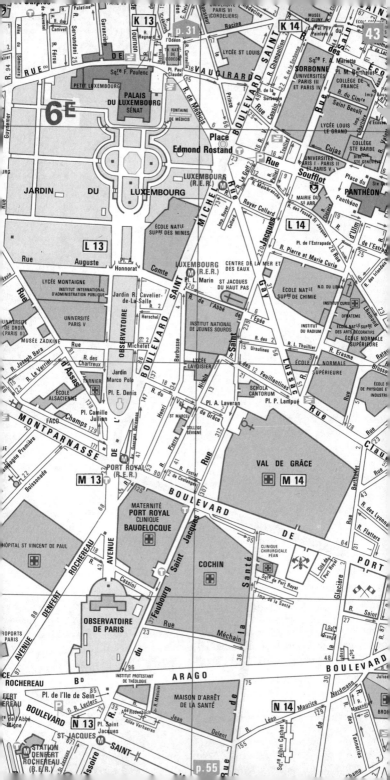

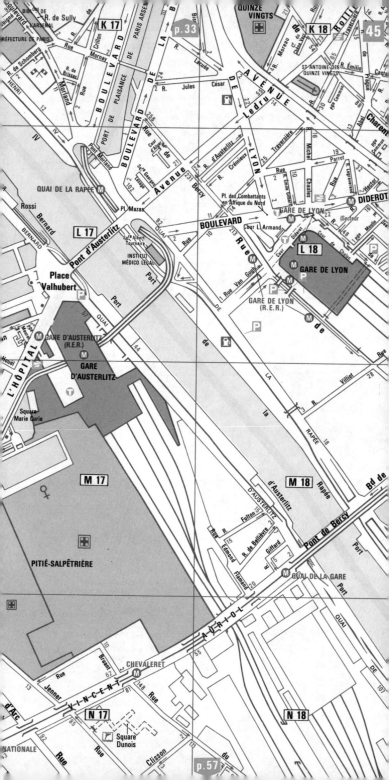

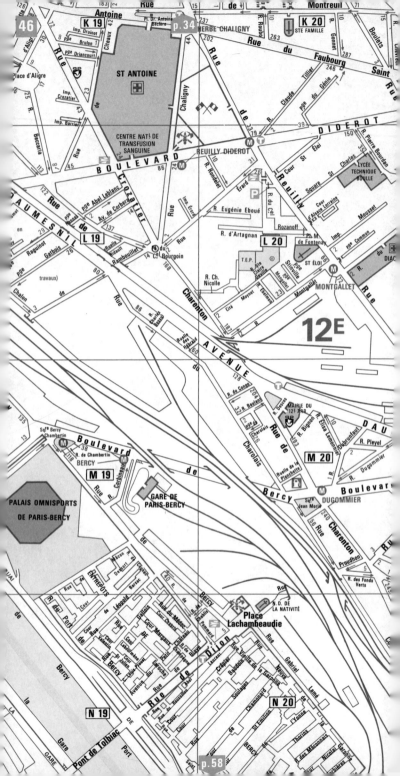

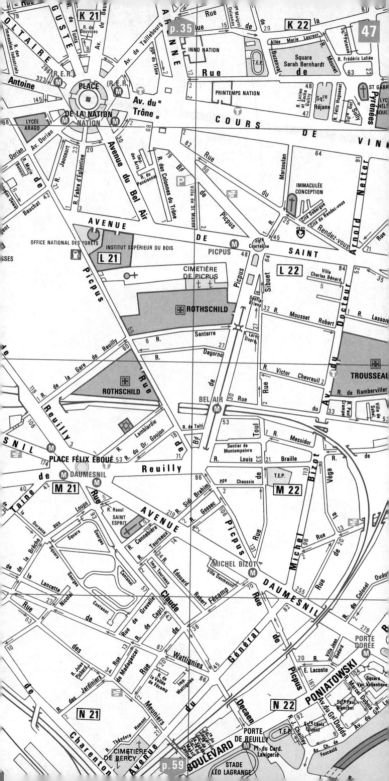

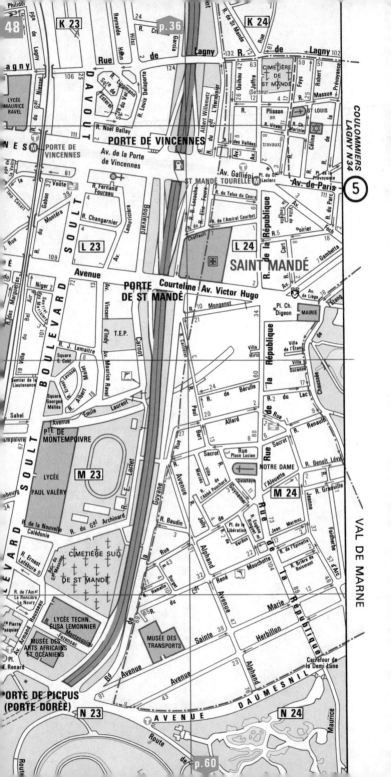

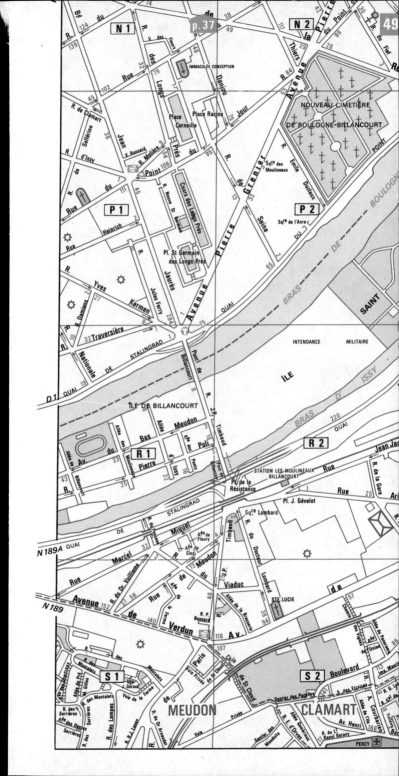

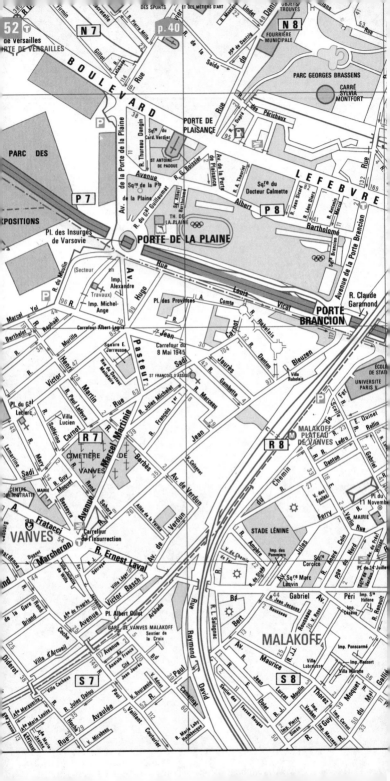

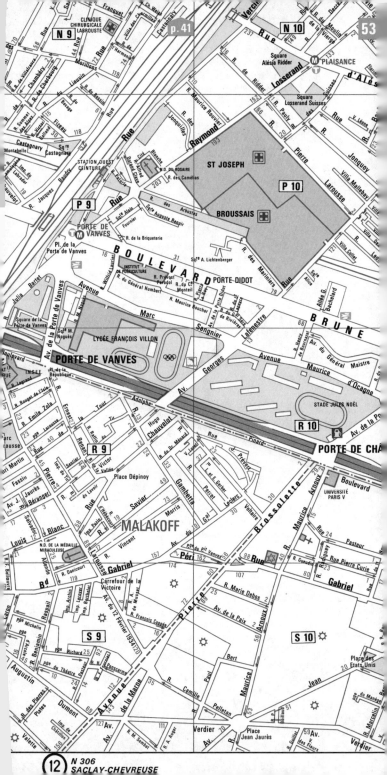

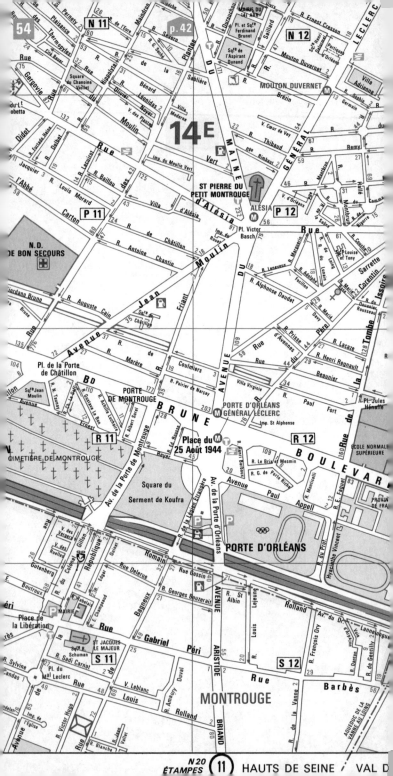

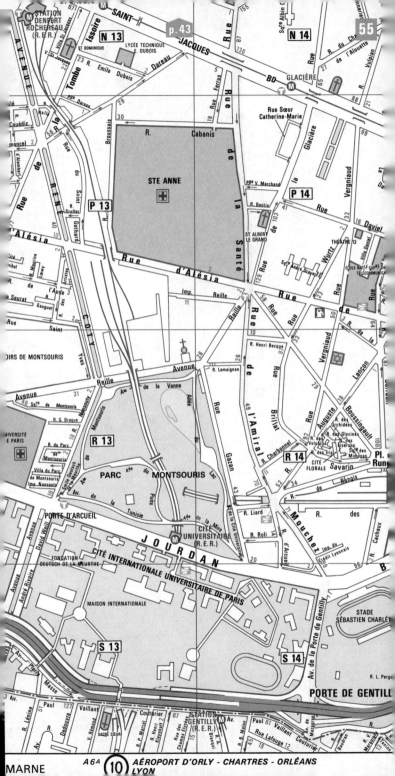

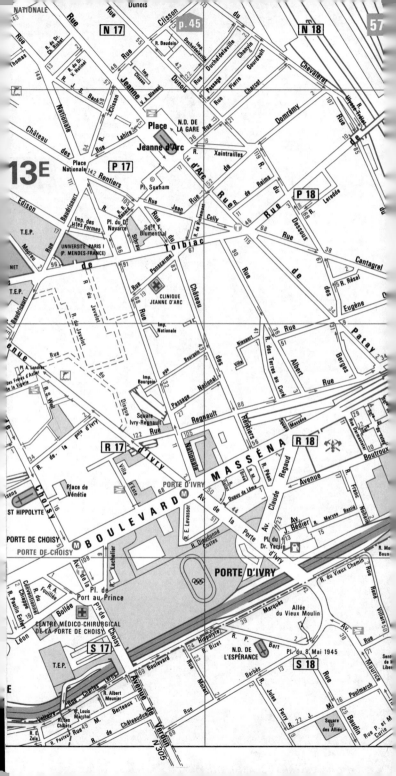

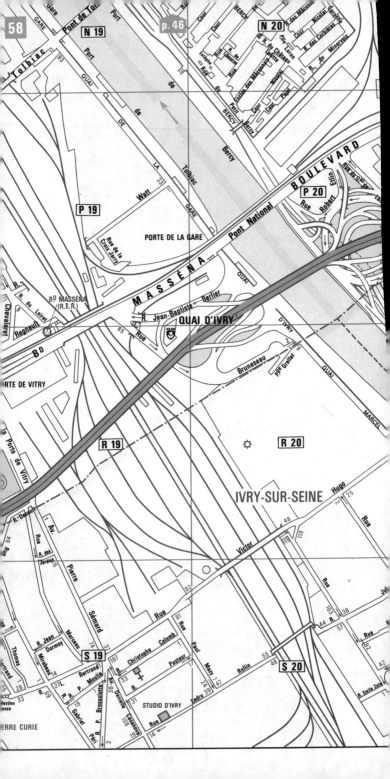

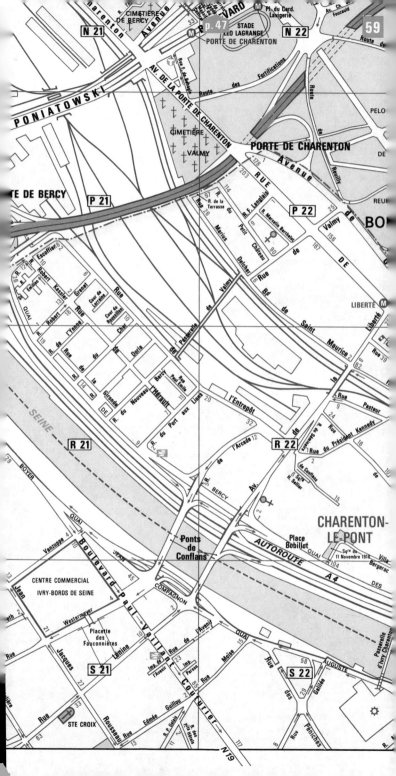

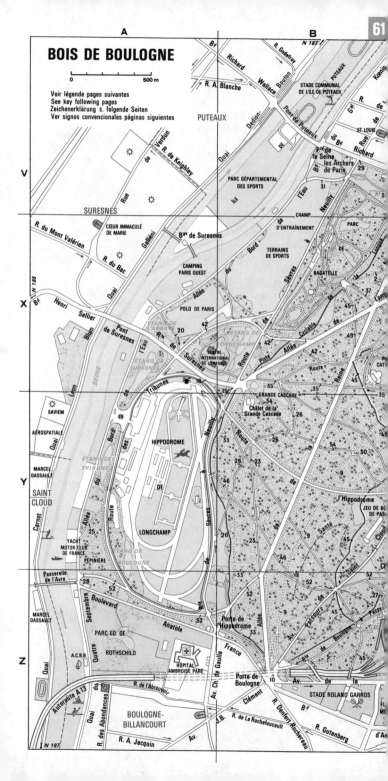

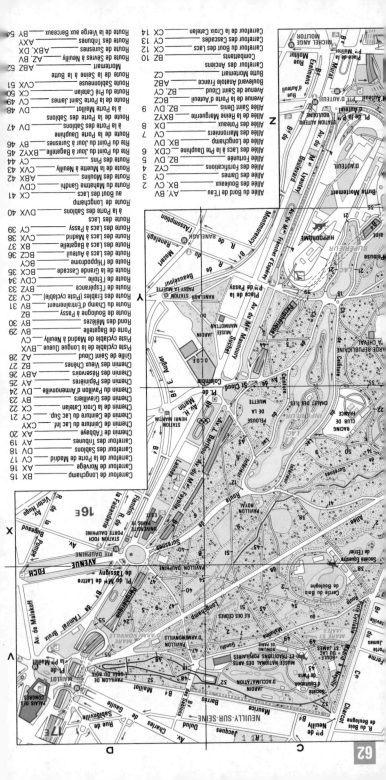

**62**

Index — Bois de Boulogne

| | |
|---|---|
| Allée du Bord de l'Eau | AY, BV |
| Allée des Bouleaux | BX, CV 2 |
| Allée des Dames | CY 3 |
| Allée des Fortifications | CYZ 4 |
| Allée Fortunée | BZ 5 |
| Allées des Lacs à la Pte Dauphine | CDX 6 |
| Allée de Longchamp | BX |
| Allée des Marronniers | CV 7 |
| Allée des Préaux | DX 8 |
| Allée de la Reine Marguerite | BXYZ |
| Allée Saint Denis | BZ, DV 9 |
| Avenue de la Porte d'Auteuil | BZ |
| Avenue de Saint Cloud | CY, BZ |
| Boulevard Anatole France | ABZ |
| Butte Mortemart | CZ |
| Carrefour des Anciens Combattants | BZ 10 |
| Carrefour du Bout des Lacs | CX 12 |
| Carrefour des Cascades | CY 13 |
| Carrefour de la Croix Catelan | CX 14 |
| Carrefour de Longchamp | BX 15 |
| Carrefour de Norvège | AX 16 |
| Carrefour de la Porte de Madrid | CV 17 |
| Carrefour des Sablons | DV 18 |
| Carrefour des Tribunes | AY 19 |
| Chemin de l'Abbaye | AX 20 |
| Chemin de Ceinture du Lac Inf. | CXY |
| Chemin de Ceinture du Lac Sup. | CX 22 |
| Chemin de la Croix Catelan | CX 23 |
| Chemin des Gravilliers | BY 23 |
| Chemin du Pavillon d'Armenonville | DV 24 |
| Chemin des Pépinières | BY 25 |
| Chemin des Réservoirs | ABY 26 |
| Chemin des Vieux Chênes | ABY 27 |
| Grille de Saint Cloud | AZ 28 |
| Piste cyclable de la Longue Queue | BVX |
| Piste cyclable de Madrid à Neuilly | BV 29 |
| Porte de Bagatelle | BY 30 |
| Rond des Mélèzes | BY |
| Route de Boulogne à Passy | CV 31 |
| Route du Champ d'Entraînement | CV 32 |
| Route des Érables (Piste cyclable) | BYZ 33 |
| Route de l'Espérance | CDV 34 |
| Route de l'Étoile | BCY |
| Route de la Grande Cascade | BCY 35 |
| Route de l'Hippodrome | BCZ 36 |
| Route des Lacs à Auteuil | BX 37 |
| Route des Lacs à Bagatelle | CVX 38 |
| Route des Lacs à Madrid | CVX 39 |
| Route des Lacs à Suresnes | CX |
| Route des Sablons à la Porte des Sablons | DVX 40 |
| Route de Longchamp au Bout des Lacs | CDV 41 |
| Route de la Muette à Neuilly | ABX 42 |
| Route des Moulins | CV 44 |
| Route des Pins | CV 44 |
| Rte du Point du Jour à Bagatelle | BXYZ |
| Rte du Point du Jour à Suresnes | BV 46 |
| Route de la Porte Dauphine à la Porte des Sablons | DV 47 |
| Route de la Porte des Sablons à la Porte Maillot | DV 48 |
| Route du Pré Catelan | CY 49 |
| Route Saint James | CX 50 |
| Route Sablonneuse | CVX 51 |
| Route de la Seine à la Butte Mortemart | ABZ 52 |
| Route de Sèvres à Neuilly | AZ, BV |
| Route de Suresnes | ABX, DX |
| Route des Tribunes | AXY |
| Route de la Vierge aux Berceaux | BY 54 |

# BOIS DE VINCENNES

Allée praticable aux autos
Alley open to cars – Kfz-Verkehr gestattet
Permitido a los automóviles

Allée réservée aux piétons – Footpath
Nur für Fußgänger – Camino para peatones

Allée réservée aux cyclistes – Cyclists' path
Radweg – Pista ciclista

Allée cavalière-Rides
Reitweg – Camino de herradura

Sens unique – Oneway road
Einbahnstraße – Direction única

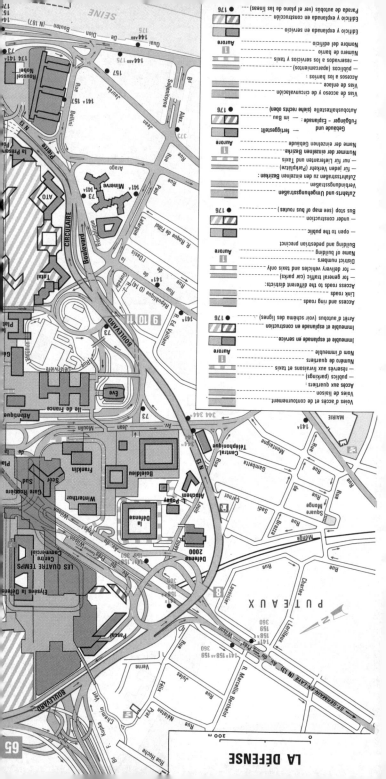

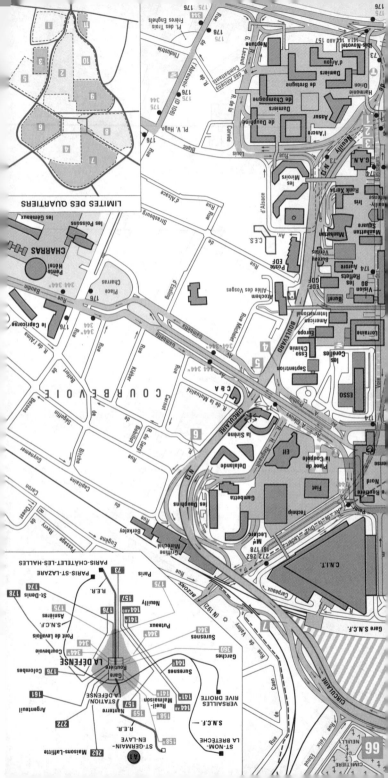

# AÉROPORT D'ORLY

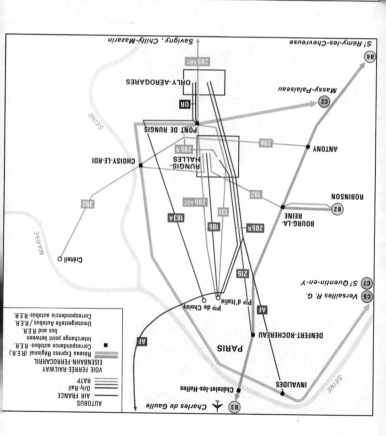

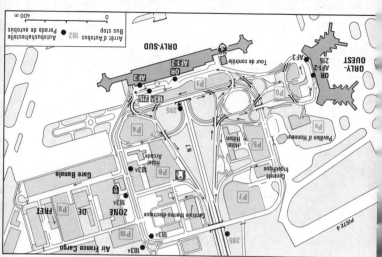

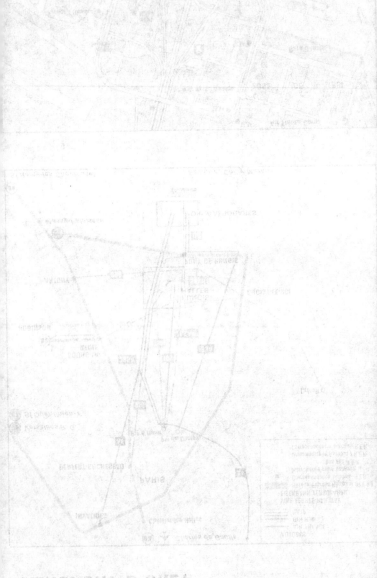

# MARCHÉ DE RUNGIS

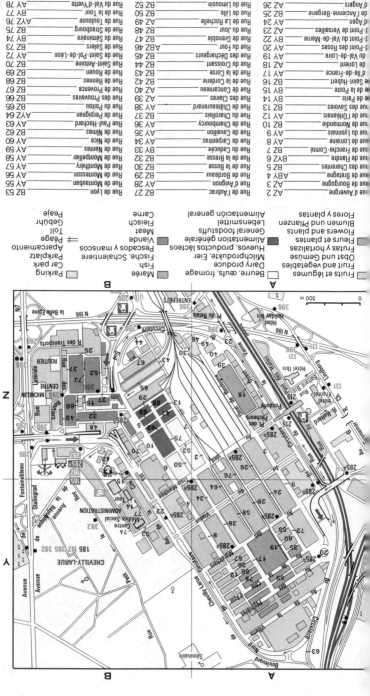

| | | | |
|---|---|---|---|
| Fruits et légumes | | Beurre, œufs, fromage | |
| Fruit and vegetables | | Dairy produce | |
| Obst und Gemüse | | Milchprodukte, Eier | |
| Frutas y hortalizas | | Huevos, productos lácteos | |

| | Marée | |
|---|---|---|
| Fleurs et plantes | Fish | |
| Flowers and plants | Fische, Schalentiere | |
| Blumen und Pflanzen | Pescados y mariscos | |
| Flores y plantas | | |

| Alimentation générale | | Parking | Car park | Parkplatz | Aparcamiento |
|---|---|---|---|---|---|
| General foodstuffs | | Péage | Toll | Gebühr | Peaje |
| Lebensmittel | Viande — Meat | | | | |
| Alimentación general | Fleisch — Carne | | | | |

| | | | | | |
|---|---|---|---|---|---|
| AZ 2 | ue d'Auvergne | BZ 27 | Rue de l'Aubrac | BZ 53 | Rue de Lyon |
| AZ 3 | ue de Bourgogne | BZ 28 | Rue d'Avignon | AY 55 | Rue de Montauban |
| ABY 4 | ue de Bretagne | BZ 29 | Rue de Bordeaux | AY 56 | Rue de Montesson |
| BZ 5 | ue des Charentes | BZ 30 | Rue de la Bosse | AY 57 | Rue de Montlhéry |
| BYZ 6 | ue de Flandre | BZ 32 | Rue de la Bresse | AY 58 | Rue de Montpellier |
| BZ 7 | ue de Franche-Comté | AY 33 | Rue du Caducée | AY 59 | Rue de Nantes |
| AY 8 | ue de Lorraine | AY 34 | Rue de Carpentras | AY 60 | Rue de Nice |
| AY 9 | ue du Lyonnais | AY 35 | Rue de Cavaillon | BZ 62 | Rue de Nîmes |
| BZ 10 | ue de Normandie | AY 36 | Rue de Chambourcy | AY 63 | Rue Paul-Hochard |
| AY 12 | de l'Orléanais | AY 37 | Rue du Charollais | AYZ 64 | Rue du Poitou |
| BZ 13 | ue des Savoies | AY 38 | Rue de Châteaurenard | BZ 66 | Rue des Prouvaires |
| BY 14 | de Paris | AY 39 | Rue des Claires | BZ 67 | Rue de Provence |
| BY 15 | e de la Poste | AZ 40 | Rue de Conceneau | BZ 68 | Rue de Rennes |
| BY 16 | le Saint-Hubert | AZ 42 | Rue de la Corderie | BZ 69 | Rue de Rouen |
| AY 17 | d'Ile-de-France | AZ 43 | Rue de la Corse | BZ 70 | Rue Saint-Antoine |
| AZ 18 | de Lorient | BZ 44 | Rue du Croissant | AY 72 | Rue de Saint-Pol-de-Léon |
| AY 19 | de Val-de-Loire | BZ 45 | Rue des Déchargeurs | BZ 73 | Rue des Salers |
| AY 20 | d-Point des Roses | AY 46 | Rue du Four | BY 74 | Rue du Séminaire |
| BY 22 | d-Point du Val-de-Marne | AZ 47 | Rue de Grenoble | BZ 75 | Rue de Strasbourg |
| AZ 23 | d-Point de Versailles | BZ 48 | Rue du Jour | AYZ 76 | Rue de Toulouse |
| AY 24 | d'Agen | AZ 49 | Rue de la Rochelle | BY 77 | Rue de la Tour |
| BZ 26 | de l'Ancienne-Bergerie | BZ 50 | Rue de Lille | AY 78 | Rue du Val-d'Yvette |
| AZ 26 | d'Angers | BZ 52 | Rue du Limousin | | |

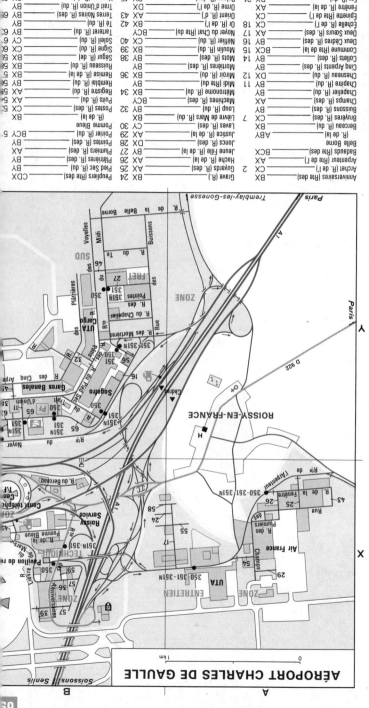

# AÉROPORT CHARLES DE GAULLE

0     1 km

**Index des rues**

| | |
|---|---|
| Anniversaires (Rte des) | BX |
| Arpenteur (Rte de l') | AX |
| Badauds (Rte des) | BCX |
| Belle Borne (R. de la) | ABY |
| Berceau (R. du) | ABY |
| Bruyères (R. des) | CX 7 |
| Buissons (R. des) | BY |
| Champs (R. des) | AX |
| Chapelier (R. du) | BY 11 |
| Chapitre (R. du) | BY |
| Chesnaie (R. du) | DX 12 |
| Cinq Arpents (R. des) | BY |
| Colles (R. des) | BY 14 |
| Commune (Rte de la) | BCX 15 |
| Deux Cèdres (R. des) | BY 16 |
| Deux Sœurs (R. des) | AX 17 |
| Échelle (R. de l') | CX 18 |
| Ferme (Rte de la) | CX |
| Fenêtre (R. de la) | AX |
| Fer (R. du) | BCY |
| Grand Rond (R. du) | BX 23 |
| Grave (R.) | BX |
| Guyards (R. des) | BX 25 |
| Hachet (R. de la) | AX 26 |
| Jeune Fille (R. de la) | BY |
| Joncs (R. des) | DX 28 |
| Justice (R. de la) | AX 29 |
| Laves (R. des) | CY 30 |
| Lièvre de Mars (R. du) | BX |
| Loup (R. du) | BY 32 |
| Machines (R. des) | BCY |
| Métronome (R. du) | BX 34 |
| Midi (Rte du) | BY |
| Miroir (R. du) | BY 36 |
| Mortières (R. des) | BY |
| Mots (R. des) | BY 38 |
| Moulin (R. du) | BX 39 |
| Neflier (R. du) | CX 40 |
| Noyer du Chat (Rte du) | BCY |
| Or (R. de l') | BY 42 |
| Orient (R. d') | AX 43 |
| Orme (R. de l') | DX |
| Paris (R. des) | BCY |
| Palais (R. des) | BY 45 |
| Pélican (R. du) | BX 23 |
| Peupliers (Rte des) | CDX 24 |
| Pied Sec (R. du) | BY |
| Plâtrières (R. des) | BY |
| Plumiers (R. des) | AX 27 |
| Poirier (R. du) | BCY 5 |
| Pomme Bleue (R. de la) | BCY 5 |
| Postes (R. des) | BX |
| Puits (R. du) | AX |
| Registre (R. du) | AX 6 |
| Remblai (R. du) | BY |
| Remise (R. de la) | AX 6 |
| Ruisseau (R. du) | BX |
| Ségur (R. de) | BY |
| Signe (R. du) | CX 6 |
| Soleil (R. du) | CY 6 |
| Tarterêt (R. du) | CY |
| Té (R. du) | BY |
| Terres Noires (R. des) | BY 6 |
| Trait d'Union (R. du) | BY |
| Verseau (R. du) | CX 6 |
| Vignes (R. des) | CY |
| Voyelles (R. des) | BY 46 |

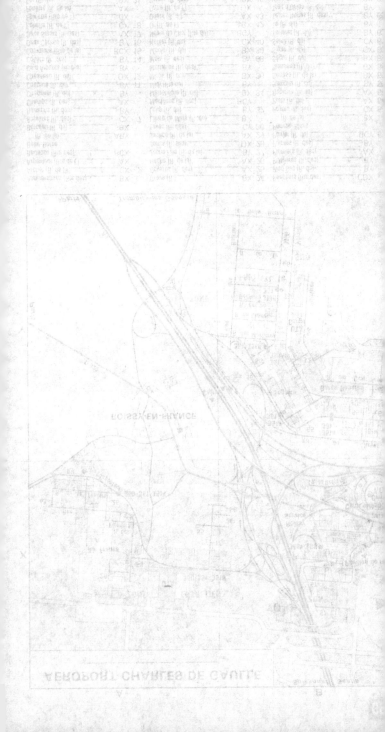

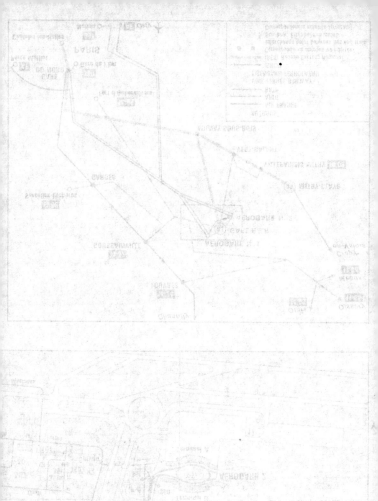

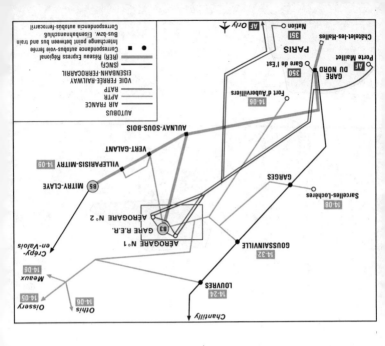
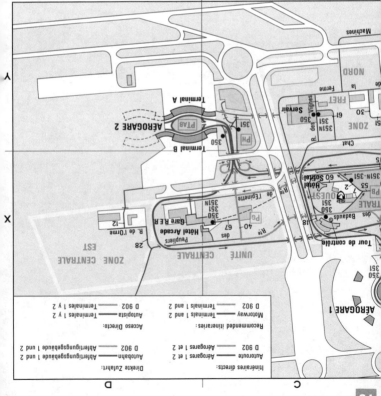

# GARONOR

A — Dépannage tous véhicules — Vehicle repairs — Reparaturdienst für alle Fahrzeuge — Taller de reparación
B — Pièces détachées PL — Spare parts — LKW-Ersatzteile — Repuestos
C — Pneumatiques — Tyres — Reifen — Neumáticos
D — Location véhicule — Vehicle hire — Autovermietung — Coches de alquiler
E — Station lavage — Vehicle wash — Autowaschanlage — Lavado
F — Pesage véhicule — Weigh-bridge — Fahrzeugwaage — Báscula
G — Service médical — Infirmary — Ärztlicher Hilfsdienst — Servicio médico

● Arrêt d'Autobus — Bus stop — Autobushaltestelle — Parada de autobus

| 148 | (RATP) — Église de Pantin — GARONOR |
| 350 | (RATP) — Gare de l'Est — GARONOR — Aéroport Charles de Gaulle |
| 627 | (TRA-RATP) — Aulnay-sous-Bois — Blanc-Mesnil - GARONOR |
| 9 | (APTR) — Fort d'Aubervilliers — GARONOR — Aulnay-sous-Bois (Rose des Vents) |
| 10 | (APTR) — Fort d'Aubervilliers — GARONOR — Aulnay-sous-Bois (Vélodrome) |

Navette intérieure — Shuttle service — Interne Autobuslinie — Autobús de Servicio interior

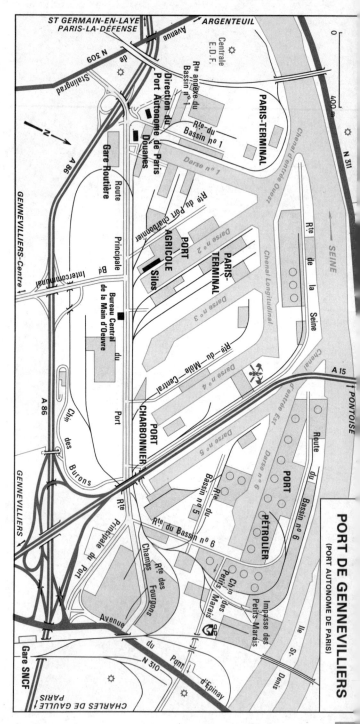

# PORT DE GENNEVILLIERS
(PORT AUTONOME DE PARIS)

ST GERMAIN-EN-LAYE
PARIS-LA-DÉFENSE

ARGENTEUIL

N 309

Avenue

de Stalingrad

Centrale E.D.F.

N 311

PARIS-TERMINAL

A 86

Route

Gare Routière

Direction du Port Autonome de Paris

Douanes

Rte annexe du Port Bassin n° 1

Rte du Bassin n° 1

Darse n° 1

Chenal d'entrée Ouest

GENNEVILLIERS-Centre

Principale

Bd Intercommunal

Rte du Port Charbonnier

PORT AGRICOLE

Silos

PARIS-TERMINAL

Darse n° 2

Chenal Longitudinal

Rte de la Seine

SEINE

Bureau Central de la Main d'Oeuvre

du

Darse n° 3

Rte-du-Môle-Central

Darse n° 4

Chenal d'entrée Est

A 15

Port

PONTOISE

N 311

Ch Burons

Principale du Port

A 86

GENNEVILLIERS

PORT CHARBONNIER

Darse n° 5

Rte du Bassin n° 5

Rte du Bassin n° 6

Rte des Champs Fourguns

Darse n° 6

Rte du Bassin n° 6

Route du Bassin n° 6

PORT PÉTROLIER

Ch des Petits-Marais

Impasse des Petits-Marais

Île St. Denis

Gare SNCF

CHARLES DE GAULLE PARIS

Avenue

du

N 310

Pont d'Epinay

0    400 m

N

72